U0143276

国家社科基金重大项目"中国近代日记文献叙录、整理与研究"

（项目编号：18ZDA259）阶段性成果

日记研究丛书

张剑 徐雁平
主编

考据与救世
晚清学政江标日记和信札研究

黄政 著

凤凰出版社

图书在版编目（ＣＩＰ）数据

考据与救世：晚清学政江标日记和信札研究 / 黄政
著. -- 南京：凤凰出版社，2023.12
（日记研究丛书 / 张剑，徐雁平主编）
ISBN 978-7-5506-4025-2

Ⅰ. ①考… Ⅱ. ①黄… Ⅲ. ①江标－日记－研究②江
标－书信－研究 Ⅳ. ①K827=52

中国国家版本馆CIP数据核字(2023)第225694号

书　　　　名	考据与救世：晚清学政江标日记和信札研究
著　　　　者	黄　政
责 任 编 辑	陈晓清
装 帧 设 计	陈贵子
责 任 监 制	程明娇
出 版 发 行	凤凰出版社(原江苏古籍出版社)
	发行部电话025-83223462
出 版 社 地 址	江苏省南京市中央路165号,邮编:210009
照　　　　排	南京凯建文化发展有限公司
印　　　　刷	江苏苏中印刷有限公司
	江苏省泰州市经济开发区鲍徐镇,邮编:225315
开　　　　本	880毫米×1230毫米　1/32
印　　　　张	10.5
字　　　　数	272千字
版　　　　次	2023年12月第1版
印　　　　次	2023年12月第1次印刷
标 准 书 号	ISBN 978-7-5506-4025-2
定　　　　价	98.00元

(本书凡印装错误可向承印厂调换,电话:0523-82099008)

"日记研究丛书"总序

　　日记作为一种文献类型和书写方式，在中国具有悠久的传统。近几十年出土的秦汉文献中，出现了"秦始皇三十四年历谱""王奉世日记""元延二年日记"这样带有逐日记事性质的简牍。命名是考古工作者所拟，反映出学界对此类文书的类型判断还不一致，但不可否认的是，它们已初步具备了日记的基本形态。

　　降及宋代，"日记"作为一种文体之名开始正式使用。当时名公巨卿多有日记，南宋刘昌诗《芦蒲笔记》卷五即收入北宋赵抃的《赵清献御试日记》，惜宋人日记存世数量不夥。明清以来，日记蔚成大观。据我们不完全的统计，仅 1840—1911 年间有日记存世的近代人物，就超过了 1100 位。时至今日，日记更成为中小学语文课外写作指导的重要内容，其数量之多，已难以具体统计。

　　在今人观念和多数工具书的定义中，日记一般指对每天所遇到的和所做的事情的记录，有的兼记对这些事情的感受。这其实道出了日记作为一种独特而又重要的文献，内容无所不包，具有百科全书性质的特点。从古人对日记丰富多彩的别称：日历、日录、日钞、日札、日注、日笺、日纂、日谱、日识、日志、小乘、小钞、小录、游录、密记、笔记、游记、客记、征记、琐记、载笔、笔略、纪略、纪程、纪事、纪闻、路程、云烟……也不难领略日记的基本特点。可以说，无论就知人还是论世而言，日记都是难得的第一手史料。日记是一人之史，尽管存在视角受限、立场局限和日常琐碎等诸多问题，但它所呈现的私人化、细节化、现场感等构成了一种独特的历史表现方式，具有其他史料所不能及的特殊价值。日记这些方面的特点，恰好能弥补正史叙事带来的缝隙，与宏大历史叙述之间的有效互动，使历史变得更加情意流转、血肉丰满。近人籍忠寅认为，"求古人之迹，高文典册不如友朋书札，友朋书札不如日夕记录"（《桐城吴先生日记序》），也道出了日记的特别之处。

尽管中国日记有着悠久的传统，但现存的大量日记主要产生于清代。尤其是最近二百年，堪称日记的集大成时期，中国日记的典范也在此期形成群体规模。人们耳熟能详的重要日记，如《曾国藩日记》《越缦堂日记》《湘绮楼日记》《翁同龢日记》等，都出现在这一时期。从各方面来说，这一时期的日记内容最为丰富、体式最为完备、数量最为庞大，可以视作中国日记的辉煌典范。这一时期的中国"历三千年未有之大变局"，古今之变与中西之争成为时代主潮。鸦片战争、太平天国运动、洋务运动、甲午战争、戊戌变法、义和团运动、清末新政、新文化运动、抗日战争……一系列令人瞩目的事件映射出政治、经济、文化、军事、思想等各个领域的新动向。此期，中西文明在"体""用"诸层面形成有意味的冲击与反应，而内生的中国本位的文化也迎来新的征程。从1840年到1949年，古老的中华文明经受了历史的淘洗、西方的冲击、时代的检验，最终以全新的姿态迎来新的发展阶段。波澜壮阔的大时代变迁，不仅见诸煌煌正史，而且在诸多私人文献里也有真切具体的传达。日记就是其中极具价值的一种。作为"准传记"和时代备忘录，日记包涵自我叙写，承载集体记忆，对于理解当代中国的"近传统"具有特殊意义。可以说，这一时期的日记是中国日记最重要的样本，可以作为分析中国日记传统、探究中国日记文化的范本。

有鉴于此，整理和研究这一时段的日记也成为当前中国日记研究的热点。例如，张剑、徐雁平、彭国忠等人主编的以日记为主要内容的"中国近现代稀见史料丛刊"，自2014年起，每年一辑，陆续在凤凰出版社推出，目前已经出版八辑，其中整理的日记超过百种。在相关典范日记出版物的引领下，最近十年，日记的影印、整理以及阅读需求不断升温,仅以近百万字和百万字以上的近现代名人日记整理成果而论,就有《翁心存日记》(2011)、《翁同龢日记》(2012,中西书局新版)、《徐兆玮日记》(2013)、《管庭芬日记》(2013)、《钱玄同日记》(2014)、《徐世昌日记》(2015)、《荆花馆日记》(2015)、《张謇日记》(2017)、《袁昶日记》(2018)、《张棡日记》(2019)、《皮锡瑞日记》(2020)、《王伯祥日记》(2020)、《徐乃昌日记》(2020)、《赵烈文日记》(2020)、《蒋维乔日记》(2021)等。此外,据闻《何绍基日记》《李慈铭日记》《叶昌炽日记》《袁昶稿本日记》《谭献稿本日记》《萧穆日记》《杨树达日记》《潘重规日记》等整理本也即将推出,成果可谓丰硕。

如上这些成果在为学界提供丰富文献的同时,也对日记研究提出了更高要求。早在二十世纪上半叶,日记就不仅是文人案头的读物、交流的谈资,而且成为文史研究的重要资料。由此催生的日记体文学,还在新文学运动中,作为文学生力军冲锋陷阵,为新文学的开拓立下汗马功劳。胡适、鲁迅、周作人、郁达夫、丁玲、阿英、赵景深等人都为日记研究和日记文学的繁荣做出过突出贡献。他们不仅将日记作为静态文献加以研究,也将其视作呈现个人生命历程的"人的文学"大加提倡,试图以此突破"载道"传统,为文学开辟抒情和个人化的新路。但总体而言,此期人们能够利用和乐意利用的日记数量还较有限,日记研究尚处于起步阶段。进入二十一世纪,日记研究特别是近现代日记研究有了长足进步,涉及政治史、环境气候、地域文化、阅读史和书籍文化、传记学和个体意识、经济史和生活史、灾难史和疾病史、易代之际的科举和教育、日记与文学、域外游记和出使日记、日记作者和版本形态、日记研究的理论和方法等诸多方面。然而,与丰富的影印和整理成果相比,日记研究仍显薄弱,还存在诸多尚待深入和丰富的空间。比如,近现代日记"有什么",这是从前日记研究关注的重心,相关研究也多从各个学科和研究目的出发,挖掘带有倾向性的材料。这固然有助于推动各领域的研究,却不免将每一部日记肢解,使得日记成为纯粹的研究客体。今后的日记研究,应当致力于恢复日记的主体性，在重视史料发掘的基础上超越史料学，即不仅将日记视作材料库，还要更加注重日记"是什么"，充分认识到日记对于中国历史人物的生命世界和文字世界的重要意义；充分认识到从琐碎的衣食住行和个人的纷杂经验中，整体展现中国文人士大夫的家国记忆与生活图景的必要性和特殊价值；进而在更高层次上揭示日记等的特质与表达方式，探讨新的研究方法，提出新的问题，总结具有中国气派的日记研究理论。这些无疑需要文学、史学、社会学等多学科学者的共同努力。

日记作为中国文化宝库中的重要文献，已经走过了两千多年的历程，今人理应充分挖掘日记的价值，使其在当前的学术研究和文化建设中发挥更为重要的作用。因此，我们特推出这套"日记研究丛书"，希望丛书的出版，能为方兴未艾的日记整理与研究提供切实有用的借鉴，同时衷心期待广大读者对我们的工作予以批评、指正和帮助。

目　录

序

日记之体，由来尚矣。逐日记事，《春秋》已然，《史记》称为"本纪"，乃国家大事之日记。私家所记日录、日志之属，肇于汉代，至唐宋已相当成熟。明清时期朝鲜半岛出使中国的使臣所撰纪行录，按日隶事，录所闻见，往往直称"日记"或"私日记"。近代以来，上自名爵显宦、文豪武将，下至商贾百工、凡庶下民，多有记日记之习惯。军国要事，官场达蹑，学术升降，亲朋网络，民风习俗，天气物价，都在记录之列；所记之人物与事件，具体、真实、丰富且鲜活，较正史典册所载为详为细。或资旁证，或可补阙，具有极高的史料价值，向为研究者所重。

就今存日记而言，以晚清民国间人所撰为最。彼时撰写日记风气更盛，而且存量较大，字数百万者亦不鲜见。据称现存近代人物日记达千馀种，但整理刊行者不过200多种。这一方面是因为，向来研经治史者都把重点放在经史四部资料的收集与剖析上；另一方面，日记整理与研究的难度相当大，故多避难取易，绕道而行。

日记整理与研究，的确存在不少陷阱与矛盾，足以令人望而止步。日记虽为当时人记录当时事，但遇到国事秘闻、官场争斗与个人隐私等时，往往避忌万端，不能直书，此其一；作者在记录某事某人时，貌似客观实录的背后，常常有着自觉或不自觉的个人偏好与轩轾，此其二；作者在记叙某物某件时，并非亲见亲历，时有道听途说之言，小道致泥之说，此其三；作者记录自己谋事攻关、临决处置时，多半会夸大自己的作用，不乏虚美之辞，此其四；有时作者怕给自己带来不必要的麻烦，在日记中用隐语、代称、字母等指代某人某事，令读者如坠迷雾，难寻端倪，此其五。况且，有人记录日记就是为了将来面世，故将自己打扮成道德模范；有人只是记录给自己看，故嬉笑怒骂，毫无遮挡。因此，相对成熟的史籍而言，在利用日记资料时，如果都视为信史，反而会被"只缘身在此山中"的作者带到深深的暗沟里。

相较而言，整理近现代人日记，还有诸多其他难点与困惑。比如有些当时作者并不避讳的事件与人物，在今日又相当敏感；有些作者臧否的人物，其子孙后代一旦闻见，则枝节丛蔓，是非频出；有些日记散存数处，或有遗缺，求全为难；更令人头疼的是，日记多为手稿，书法不拘，潦草难辨，又涂抹添改，签条夹纸，在在多有，整理为难。有鉴于此，日记整理通常的处理方式，首先就是武断地删节，或大段裁去，或个别剜空，令读者难见真相；其次就是忽略批注、签改与旁记等，使日记内容不全；而最常见的是文字识读错讹满纸，难以卒读。

信札的整理与研究，也有着类似的情况。其反映的当时各类信息动态，与日记一样具有重要的参考价值，但其整理难度，较日记往往有过之而无不及。进入本世纪前，名家手札的收藏、整理与研究，尚属寥寥。但近二十年来，相关收藏成为热门，拍卖价格飙升，已经属于文物级别。且有些手札在拍卖市场吉光一现，便无影无踪，令研究者徒唤奈何。

近十馀年，北京大学中文系张剑教授与南京大学文学院徐雁平教授振臂喝倡，身体力行，主持"中国近代日记文献叙录、整理与研究"项目，致力于近现代人物日记的整理与研究。张剑兄提出日记整理与研究要有"二全"（搜罗版本要全面，整理日记要全息）与"三度"（创新度、难易度和重要度），可谓实获我心。在他们的引领下，一批年轻学者在日记整理与研究方面成绩突出，本书作者黄政就是其中的一员。

对江标其人其学做个案研究，是作者谋划已久的事项。正如本书所言，江标是"近代史上经常被提起的名字"。江氏生长于文献大邦苏州，人文蔚兴，代有硕学。如果生活在清中叶，江标很可能成为顾广圻那样的校勘学家,或者黄丕烈那样的大藏书家。但江标出生在第二次鸦片战争末期,此时的清朝已是将倾之大厦,任人宰割,危在旦夕,这就注定了宗尚考据的江标从学立业的路途与他的乡先贤截然不同,而他一生的轨迹也的确成为一份别样的时代标本,值得探赜索隐。

近几年中,黄政先是整理《江标集》出版,其中不乏自己辑佚所得的信札多件,此后又整理刊行《江标日记》。今又撰成研究专书,可谓一锹一铲,水到渠成。匆读本书,我感觉有如下特点:

第一,对江标一生学术的变化与成就进行了详细分析与总结。江氏由早期的擅长词赋,熟习《文选》,到继承考据宗风,整理与研究并重,重视小学、金石诸学,辑佚《仓颉篇》《声类》,撰写《说文经字疏证》《黄丕烈年谱》《宋元本行格表》等系列著作。作者评价江氏《宋元本行格表》"属于版本学独立的开端之一",而"其文字音韵训诂、目录版本、校勘辑佚等方面的系统实践,比叶德辉稍早,都在实际上显示出后来的文献学学科的轮廓"。而随着国势日蹙,江标的目光自然转向西北史地、东南海路,学英文、希西风,将学术研究与救亡图存相结合。可以说江标在人生的每一阶段,都有着傲人的成绩。"此种成功肇基于其天性禀赋","同时根植于苏州、京师浓厚的乾嘉朴学氛围和沪上丰富的西学资源"。正可谓自幼至大,南来北往,学凡三变,随时而更。

第二,对江标一生的功名实绩做了全面考察。江氏从参加科举考试,到出任湖南学政,再至被革职软禁,从一个传统的士子到改革派官员,其成长与变化之过程,可谓备经曲折,壮怀激烈。他从沉浸于经解和诗赋,在科考策论中纸上谈兵,到甲午战争期间,将勘界、出使、军工、铁路、矿业、国债、议院等直面政体和时事的话题大量发布于考题中,重心一步步从书斋考证转向广学济时。江氏不仅刻书办报,购置仪器,大声疾呼,引领革新风尚,而且积极培育人才,试图实业兴国,找出救国之道。也就是作者所说的,"江标一生志业可用考据和救世来概括。他生命短暂，但在这两方面都取得了较为突出的成绩"。

第三，对江标学术渊源与好恶取舍、往还师友，穷源溯委，纵横别辨。江标生于人文渊薮之地，其学术脉络直承乾嘉间钱大昕、顾广圻、黄丕烈、洪亮吉、汪中、孙星衍、邵晋涵、阮元、凌廷堪、江藩等人遗风。而受其家境影响，幼岁失怙的洪亮吉对他少年时代的影响最大，以为励志之楷模；成人以后则更多地以阮元为榜样，希望像阮氏那样为学为政。舅父华翼纶与妻兄汪鸣銮是最先影响江标学行的亲友，后来所交师友如叶昌炽、费念慈、李文田、吴大澂、潘祖荫、沈曾植、王懿荣、李盛铎等，对江标学行皆有良好的助益。而江氏的学生辈，如毕永年、杨毓麟、唐才常、樊锥、胡元倓、谭延闿、蔡锷、石陶钧诸人，后来事迹皆可歌可泣，彪炳史册。在凄风苦雨、家国衰亡的巨变时期，诸人相互提携，交相砥砺，造就了一代熠熠生辉的英杰群相。

第四，在资料的占有上，作者由里及外，对江标别集、日记与手札极其熟悉，"在对此案例的探索中，日记、信札等材料为我们观察其复杂肌理提供了最重要的支撑"。同时，对江氏所著、所校、所刻之书有深入的学习与钻研，对其交往的师友与其科举、仕宦等行实有足够的了解与把握，有的放矢，竭泽而渔，故所得结论颇令人信服。

江标在被蒙冤革职、戴罪籍后的一年多时间里，一方面不以荣辱撄心，颇有玩兴；而另一方面则"常怀屈子之忧"，了无生人之趣。本书对这段时间江氏的心态起伏以及他与各方的互动，未做细致深入的分析与论述，如果后续有新出材料，似有扩展之必要。

在对江标的整体评价方面，作者认为"从著述和政治影响力而论，江标不属于晚清最优秀者之列"，大约属于学界所言之"经世小儒"，或有人认为是晚清时期"身份地位不大不小，而对于历史实际进程产生过重要影响的中等人物"。窃以为这些评价略有偏低。的确，江标学术不如吴大澂、潘祖荫、沈曾植诸人成果卓著，而事功也不如晚辈唐才常、谭延闿、蔡锷那样轰轰烈烈。但他只活了区区 40 岁，其宦海生涯也在逝前因废锢而终止,如果天假其年,寿考以终,恐怕学术成就与宦海功绩不会小于上述诸家。历史固然不能假设,但其已经取得的成就,已呈井喷泉涌之状,而其影响也是深远的,他以孜孜矻矻的勤勉与鲜活辉煌的实绩,为后世立下了"江标式"典范。

我对日记与手札的整理实属外行,对晚清学术更鲜涉及。黄政因寄籍门下数年,因师生之谊,抬举我给他的大作写序,只好拉杂说些偏远之谈,书中更多致思细节,读者自可阅读品味。如今学术界评判学者的成绩,是大项目与大刊物发表论文的量化标准,我则更希望作者在完成规定产量以图生存的前提下,能够坚持沉潜学海,苦坐板凳,不追时髦,稳健前行,取得更好的成绩。

漆永祥

癸卯(2023 年)盛夏芒种后一日匆书于京北紫石斋中

引　言

江标(1860—1899)是近代史上经常被提起的名字,讨论最多的是戊戌之前其出任湖南学政期间的改革功绩,但时务学堂、南学会、《湘报》等湘中新政高潮是在其离任之后,故戊戌叙事的高光时刻往往离其较远;其藏书、金石等领域的成就常见于相关论著,限于材料,评述亦多简略;虽学术水准可观,却未能列入《清儒学案》①。而事实上,他对清末著名革命人才的拔擢培养、对乾嘉学术的自觉继承和发扬传布都值得系统表见,其追求考据和救世的成长史是一个具有足够历史景深的近代学术史案例。

在青少年时期,江标即以辞章与考据兼重。他熟习《文选》,擅长词赋,十六七岁即跟随吕耀斗和舅氏华翼纶学词,"花盦、草堂诸刻,未尝一日废也"(《红蕉词自序》);同时在家乡苏州深厚绵远的考据学风熏陶下,又从事于小学(文字、音韵、训诂)和校雠之学(目录、版本、校勘),与少年好友一起搜集《说文》版本,钻研讨论。此种兼顾在其室名、字号上也有直接表现。他在二十岁前后用过多个字号,如怀珠阁主、倚雯楼主、师郲室主、笤诹主人等。怀珠阁主使用最早,十五岁

---

① 从师承看,江标以俞樾、叶昌炽为业师,以潘祖荫、李文田为座师,与叶昌炽、李文田关系尤为密切,学术上亦受其指导和沾溉,故与《清儒学案》的《校邠学案》《南皮学案》皆有关联(李文田被列入《南皮学案》)。《校邠学案》下所列吴大澂、王颂蔚、叶昌炽、管礼耕、袁宝璜诸人均为江标师友,学术偏好和著述方向亦近似,故将江标归入该案最为合适。在学术成就和维新贡献上,《校邠学案》下的袁宝璜、《南皮学案》下的蒯光典远不及江标,故《清儒学案》未收江标实为缺憾。

左右即作《怀珠阁感事诗》。弱冠后"师郰室主"使用较多,如光绪八年(1882)在《申报》上发表《题邹翰飞茂才潇湘侍立图》时落款"师郰室主元和江标建霞氏稿"。大约是与好友张炳翔研习《说文解字》时同时所取,江号师郰室,张号仪郰庐,都是表示尊崇许慎及其小学的志趣。与友人论学时往往以"师郰"自称,致曹元弼的信札即是如此。又有"笞詻"之号,其日记稿纸即用此名。据《说文》,笞字有两义,一曰"折竹箠也",一曰"颖川人名小儿所书写为笞"。"箠",《说文》曰"击马也",为竹制。汉代又指鞭笞之刑具,汉景帝时"丞相刘舍、御史大夫卫绾请:笞者,箠长五尺,其本大一寸,其竹也,末薄半寸,皆平其节。当笞者笞臀"(《汉书·刑法志》)。若取此意,可理解为自我鞭策。但就当时习惯而言,以理解成第二义为佳。俞樾曾著《儿笞录》,是幼儿学字之书[1]。江标反复研习《说文》,常谓"古人识字为读书,今人读书不识字"[2],故"笞詻"应意为初学识字之庐。

　　江标二十五岁左右外出游幕谋生,缠绵秾丽的诗词减少,增加的是对乾嘉学者、学有专长的各位师友的歌咏(详本书第一章第一节)。登进士后,在访日期间为诗人孙点诗集作序时言:"标与君异可相期谋为国富强之奇术,区区之诗,君异将不屑为,标亦不屑为君异叙。"[3]此种由词章到实学(经史考据、经济之业)的转变,正是乾嘉时期的典型现象在光绪朝的闪现。有学者指出,乾嘉学者群中存在弱冠前后从醉心于诗赋到沉浸于经史考据的普遍转向,涉及王鸣盛、钱大昕、朱筠、赵翼、任大椿、洪亮吉、汪中、孙星衍、邵晋涵、王昶、程晋

---

　　①　王先谦《俞樾荫甫前辈以孙得乡举赋诗志喜奉和》:"亲见清芬承祖砚,回思佳课《儿笞》(君著书有《儿笞录》,疏举字义,以示儿辈学书者)。"《葵园四种》,岳麓书社,1986年,第532页。

　　②　《连江舟中偶成截句》,《江标集》,凤凰出版社,2018年,第303页。

　　③　《孙点嘤鸣馆百叠集序》,《江标集》,第209页。

芳、凌廷堪、江藩等著名案例①。

　　江标的转向与其选择私淑的前贤直接相关。其日记自陈："读《阮文达年谱》，十五岁出应试，二十一岁入学，标适与同。读《洪北江年谱》，早岁孤露，寄食外家，标适与同。读《黄仲则年谱》，二十四岁入安徽学使笪河先生幕，标去年应湖北学使高勉之（钊中）编修聘，事亦略同。自惟愚材，何敢仰希先哲，然自幼即与诸先生颇所私淑，故记之以自勖。"②幼年失怙的经历对其影响很深，故他竭力从前贤故事中汲取慰藉，但他并没有选择久远时代的刘勰、范仲淹等少孤成才者为榜样，而是极重洪亮吉，后来又有意从各书中集出类似顾广圻、蒋光煦的"少孤而爱书者"③。在这里，我们可以在实事求是的学术风气之外，看到乾嘉学术对后世更有温度的影响，即对精神成长的指引和鼓舞。

　　如果说科举之路通达之前，江标主要追寻洪亮吉的成长印记和学术规模，那么登进士后，他更多步武的对象就是阮元。入翰林院时，至孔庙、韩文公祠行香礼毕后，新翰林循例须各出书二本，请教习书月日，向例用《大学》《尚书》，唯独江标"取阮文达故事"，用自藏《资治通鉴》《文献通考》善本之首册，"人皆以为异，又有惜其两书之佳而书月日为可惜者，更不足与语矣"④。任湖南学政期间，更仿阮元在浙江学政任上请人作《修书图》之例，乞时任湖南巡抚吴大澂为其作《修书图》，又将湖南学政衙署的坐室题额"修书宦"。他在《修书图序》中历陈阮元著述刻书之富，继以自身撰述和学政业绩相比照，如

---

① 李瑞豪《从辞章到经史：乾嘉学人之普遍转向》，《文艺评论》2011 年第 4 期。

② 《江标日记》（上），光绪十年四月二十二日，凤凰出版社，2019 年，第 2 页。

③ 同上书，光绪十年八月二十四日，第 42 页。

④ 同上书，光绪十五年六月初四日，第 373—374 页。

参修国史、在学政任上编书倡导学风等①,显示出其人生重要步骤都在追法乾嘉先贤的足迹,虽然水准和影响不能相提并论,但乾嘉学术和学风传布的过程已然清晰可见。

可惜江标生活的同光年间已不是阮元所处的承平之世。其幼年在太平天国战争的惊扰中度过,青年时代不断从《申报》等途径得知清廷战败、赔款、割地的消息,训诂、辑佚、金石等有助矫正"今人读书不识字"的学风,却无法解决国防、外交等方面的新问题。因此,他入翰林院后请假赴日考察;回国后与日本使馆诸人频繁往来,了解外务实际,为成为出使人才而储备学养;翻译《咸同以来中俄交涉记》,欲对中俄帕米尔勘界有所助益;甲午战起,他草拟条陈,在出兵策略和对外谈判上给出建议;督学湖南时,改革经学古学场科目,调整录取侧重点,改革长沙校经书院章程,百计筹资新建藏书楼,迅速响应李端棻的《推广学校议》,创办校经学会、《湘学新报》,录取和培养了一批后来成为著名革命志士的湘中士子;卸任学政至被革职之后,继续与友人从事维新事业,积极支持创办新式学堂甚至大学。从甲午到戊戌的历史巨变时期,他以逐步铺开、多方援结、循循善诱的行事方式把时人视为保守派营垒的湖南推向变革的主舞台,走出了一段与激进变革不同的卓有成效的维新路线。

江标具体是从何种进学路径去追法乾嘉学术的?其著述成果诞生于怎样的学术环境或学术生态?著述价值在相关学术领域的历史流变中居于何种位置?他在传播新学过程中寄寓了何种眼界,如何避免水土不服和虚浮蹈空?在进学和改革过程中出现了何种缺憾?这是本书感兴趣并力图展开探求的。

此种探寻需从其日常阅读、思考及交际中求得踪迹,故江标日记成为最理想的史料依托。此外,与曹元弼、李盛铎、盛宣怀、汪康年、缪荃孙、陈宝箴等人的互通信札,其师友翁同龢、李鸿藻、李文田、叶

---

① 《江标集》,第 197 页。

昌炽、缪荃孙、皮锡瑞、张荫桓乃至日本人白岩龙平、西村天囚等人的日记，以及沪上报纸，也为确认其行迹的时间、地点和内容提供了丰富细节。由于江标大量手稿毁于其寓所火灾，上述史料遂成为我们勾勒其生命历程的核心材料。

第一章　日记和信札等所见江标考据 习尚的养成(1860—1889)

第一节　从侧艳诗词到《说文》研习

江标曾有诗回顾自身成长经历:"我生识字初,人笑非书种。跳荡为嬉戏,闭户倦弦诵。弱冠忽知文,自爱群儒从。"①其实不尽确切,其"爱从群儒"的时间要更早一些,但弱冠左右的确经历了从喜爱侧艳诗词到沉浸于考据学问的转变。

一、从《绮怀诗》到《红蕉词》

清末民初的相关资料经常提及江标工于诗词。当时除了词集《红蕉词》一卷,江标并无诗集刊布,但时人仍就其散见的诗作给予颇高评价。其中汪辟疆《光宣诗坛点将录》比之于明末苏州才子汤传楹,称其"诗工殊深,风致娟然";易宗夔《新世说·文学》谓其"上掩玉溪、冬郎,次回《疑雨集》不足道也",以为可追晚唐李商隐、韩偓,胜过晚明诗人王彦泓,显示出对江标描绘闺怨阁愁文字的重视,而清末民初正是江南流行《疑雨集》的阶段②。

今考《笘誃日记》《三借庐赘谭》《申报》等资料,确实可见一些儿

---

① 《江标日记》(下),光绪二十一年乙未三月初七日,第 599 页。

② 参耿传友《论晚清民国王次回诗歌的流行》,《文学遗产》2018 年第 6 期。

女缱绻之作,典型者莫过于《怀珠阁感事诗》《秋风词》《倚雯楼绮怀三十首》诸题,三题内容均见其好友邹弢《三借庐赘谭》(以下简称《赘谭》)。其中光绪五年(1879)所作《秋风词》在《赘谭》卷七,《赘谭》所录是对原本百首绝句的节选;长篇古体诗《怀珠阁感事诗》在《赘谭》卷五,按卷数次第当作于《秋风词》同时或更早;《倚雯楼绮怀三十首》于光绪九年(1883)载于《申报》,《赘谭》卷十二部分收录,作于光绪七年(1881)夏,原属专集《写蚕集》[①]。又,江标好友评价其光绪六年(1880)的《无题》诗时写道:"情种愁根一样痴,夜阑剪烛话当时。三生杜牧扬州梦,卅首西昆艳体诗。曾有青衫留别泪,只无红豆寄相思。愿君身作司香尉,莫使飘零好护持。"[②]以"留得青楼薄幸名"的杜牧戏比,又明确指出"艳体诗"之名,道出作品特质。江标光绪十年(1884)的《题秋闺夜怨图》更是直言"吾本三生狂杜牧"[③],表明此时不仅天生情志未敛,更有意效法杜牧式的性格和审美趣味。

以内容来看,江标此类题材作品是有所师法的。其《怀珠阁感事诗》道:"空廊鹦鹉傍侬啼,团扇多情屑麝脐。留得一双金约指,教人忍想手如荑。""无限柔情乱若丝,断肠诗句寄将谁。博山香篆帘初动,烧尽红笺侧艳词。"描摹环境言动、衣香鬓影之细腻,与韩偓《香奁集》、王彦泓《疑雨集》颇多类似。另有诗题径言"戏仿唐人宫词"[④],学习香奁之意尤为明显。又有《秋风词》曰:

> ……废苑寻春追瘦蝶,空楼设槛祭牵牛。秋风偶到城西路,天上兰香邂近遇。……美人家住横塘曲,门外春波怜绿缘。兰

---

① 《江标集》,第265—266、272—276页。
② 张炳翔《读江建霞无题诗,戏书其后》,《江标集》,第464页。
③ 《江标集》,第281页。
④ 《癸未二日下旬,襄校余暇戏仿唐人宫词,即所谓本事诗也,梦盦亦同道中人,见之当为惘然》,《江标集》,第271页。

桨年年惯采菱,枣帘悄悄常藏玉。一从选入长干里,飘零只为饥寒起。秋月新愁品洞箫,春风旧恨吹罗绮。天然生小惯娇痴,乱挽云鬟松簪珥。前生合是绿衣人,一转双瞳剪秋水。……

对比吴伟业《圆圆曲》:

> ……红颜流落非吾恋,逆贼天亡自荒宴。电扫黄巾定黑山,哭罢君亲再相见。相见初经田窦家,侯门歌舞出如花。许将戚里箜篌伎,等取将军油壁车。家本姑苏浣花里,圆圆小字娇罗绮。梦向夫差苑里游,宫娥拥入君王起。前身合是采莲人,门前一片横塘水。……

从结构到语句,模仿痕迹一目了然。自乾隆帝在藩邸时称赞吴伟业诗歌以后,清人普遍对吴伟业诗持赞赏和效法态度[①],晚清时学习吴氏古体长篇者颇有其人,以樊增祥(1846—1931)为代表[②],江标应当也是受到这种时风影响。

友人在为江标弱冠所成诗集《怀珠集》作序时也提到,该集"古体则得力于骏公,近体则堪侪乎仲则"[③]。骏公即吴伟业,仲则即乾隆朝诗人黄景仁(1749—1783)。黄景仁科名不济,一生淹蹇而诗名藉甚,与好友洪亮吉被时人称为"二俊"。袁枚《仿元遗山论诗》称誉道:"中有黄滔今李白,看潮七古冠钱塘。"随手翻阅其集,即可见才情四溢的词句,如"大千烦恼意,合眼未能忘"(《西岩石佛像》)、"晓来谁唱

---

① 王于飞《七言歌行的演变与"梅村体"》,《苏州大学学报》(哲学社会科学版)2002年第3期,第47页。

② 参李亚峰《近代"长庆体"叙事歌行的发展及解构》,《苏州大学学报》(哲学社会科学版)2007年第6期。

③ 张炳翔《江建霞〈怀珠集〉序》,《江标集》,第460页。

横江曲,恶浪无情也白头"(《横江阻风》)等①。黄氏最负盛名的诗作之一是《绮怀十六首》,寄托了对过往爱恋的怀念和感慨,大量学习了李商隐诗的艺术技巧②,产生了"似此星辰非昨夜,为谁风露立中宵"等清代传颂的名句。江标也作有《绮怀三十首》,但无论是词句的力量与格局,还是情感的厚重程度,都与黄氏诗作差距明显,毕竟少年之作,缺乏黄氏的涵泳之功和阅历沉淀。惟《怀珠阁感事诗》中"一载光阴一刹那,天孙依旧渡银河。桂堂东畔风微动,十二珠帘尽起波"一首,与黄景仁诗风差近。

江标在词作方面的学习对象更加广泛。据《红蕉词》自序,其十六七岁时跟随吕耀斗和舅氏华翼纶学词,"花盦、草堂诸刻,未尝一日废也"。吕耀斗(1828—1889),字庭芷,江苏阳湖(今常州)人,是常州词派后期名家,其《鹤缘词》善于比兴,多离乱之思,曾经词学名家谭献润色。而江标参加乡试以前《红蕉词》的集中创作,则是因翻检朱彝尊、吴嘉等名家词作,爱而效之;其中多无题之作,自陈是仿照缠绵情事主题的朱彝尊《琴趣》、龚自珍《无著词》体例。

江标早年钟情侧艳缱绻的诗词,主要源于年少多情的气质禀赋,另外也与江南士人流连声色的风习有关。其《倚雯楼绮怀三十首》小引即自道:

> 忏情盦主一别已三年矣。愁逐镜开,带知腰细。雪南花北,缘短心长。积思如痗,束句若笋,排而比之,铿然成韵。想有心人见之,当不怨郎尽负心也。③

---

①　黄景仁《两当轩集》,《清代诗文集汇编》,第 424 册,第 300、312 页。

②　参蒋寅《说黄景仁〈绮怀〉其七》,《古典文学知识》2011 年第 6 期;蒋寅《为谁风露立中宵——说黄景仁〈绮怀〉之十五》,《名作欣赏》2011 年第 34 期;蒋寅《说黄景仁〈绮怀〉十六》,《名作欣赏》2012 年第 16 期。

③　《江标集》,第 272 页。

当时茶楼伎馆乃至私宅宴饮上的侑觞女子,主业是歌舞弹奏,偶有兼及诗词书画者,多以风雅缘饰烟花,雅称"校书",青衿每好流连,上承晚明夙习①,近纳东洋女子,京津沪宁此风尤盛。江标受时风浸染,过沪时常携友寻访,且在《申报》上与之文字往复②。二十四岁时,与沪上日本歌伎山田美代交往颇密。萍散之后③,既为之手绘画像《东邻巧笑图》,广征名贤题诗多达数十人,部分登于报纸,以为雅事;复作《华岩寻梦图》,刻其像于砚盖;又为之创作《红蕉词》,征友人题诗。好友王韬更将江标与美代的故事写入《淞隐漫录》④。江标登第以后,又与沪上艺伎丽香主人纠葛颇久,欲娶而遭家人坚拒,其间亦有赠诗⑤。从创作环境而论,此类诗歌的确与王彦泓作品一样属于"温柔乡语"(清沈德潜批评明王彦泓语)。

　　检视江标现存诗作的整体,侧艳诗词尚不占多数。自从外出游幕谋生开始,此类作品数量相比弱冠前明显减少,以至于有人请题仕女图时,他感到"久不为此事,觉涩滞无声矣"⑥。这种减少不单是因为谋生历事对心思精力的转移,也在于学术爱好(特别是考据之学)日益占据重要的地位。

---

　　① 参赵轶峰《晚明士子和妓女的交往与儒家传统》,《中国史研究》2001 年第 4 期;何宗美、刘建华《"晚明风流"的性别因素——以女艺人文人圈形成为中心的考察》,《长江学术》2019 年第 4 期。

　　② 如光绪八年发表的《寄日本清香楼宝玉生校书》,《江标集》,第 271 页。

　　③ 冒广生题诗注言江标与山田美代于光绪癸未(1883)重阳分别,见《江标集》,第 387 页。

　　④ 王韬《淞隐漫录》卷十一《东瀛才女》,人民文学出版社,1983 年,第 504—509 页。

　　⑤ 《江标日记》(下),光绪十六年庚寅五月二十三日,第 404—406 页。

　　⑥ 《江标日记》(上),光绪十二年十一月二十七日,第 221 页。

二、研习《说文》的契机与环境

江标九岁始学唐诗①，而对考据学问的喜好与诗词爱好大致是同时开始的，"七岁受《尔雅》"，"年十有二读许氏书"②，其中最具代表性的是对《说文》的研习。起初触发兴趣的是篆刻，经过学长点拨而发现进学的正途。他在日记中对此回顾道：

> 十二岁，从徐研春（之干）师读（金匮岁贡生）。师能画，工铁笔。师出，潜取其刀刊印，手碎如糜，不苦也。孙逖先（亮祖）世兄（无锡贡生）为研星师长子（绍洙，诸生，精小学），见余所刻印，谓余曰：字宜从《说文》为是。余是时不知《说文》为何书，《说文》为何人作也，惟有《六书通》一部，见第一字下辄曰《说文》，以意为之，当是古书，于是于书肆中及人家见有《说文》之名，必翻阅之。十六岁时，过察院场书肆，见有新刻桂未谷《说文义证》一书，索价甚昂，无钱得之。旧有陈祥道《礼书》一部，取与相易，得携之以归，大喜，如获至宝焉，此为得《说文》之始。后渐推渐广，至今日而《说文》之本几备之矣……

这种与《说文》的相遇并不是偶然缘分，而是在地区环境滋养下的大概率事件。

首先是《说文》相关书籍的便于获取。太平天国战争中，各地藏书与书版均遭到严重毁损，但随着同治末年局势大定，百业渐兴，尤其在官书局的带动下，武汉、苏州、南京等地的书籍刊刻流通已得恢复，这为江标"《说文》之本几备之"的实现提供了市场环境。例如，其

---

① 《江标日记》（上），光绪十年五月初五日，第 6 页。

② 《跋元刻本〈尔雅〉》，《江标集》，第 229 页；《江标日记》（上），光绪十四年五月二十一日，第 314 页。

十五岁时曾提前从书塾下课去购买钮树玉《说文段氏注订》[①];光绪九年游幕湖北时,专门"由武昌官书局购《说文》各种书";光绪十一年从山东游幕回苏州的途中,在扬州书肆文运堂购得《仿唐写本说文木部笺异》[②]。苏州本地士人藏书也十分普遍,所以即便新刻《说文义证》价格昂贵,江标尚能以自家旧藏相易。而友朋间的借观、抄写则使其能够见到部分善本及名家批校(详见后文)。

其次是乾嘉考据学兴盛时期江苏普遍重视研习《说文》的遗风。据统计,仅《说文解字诂林》收有著作的清中叶江苏学者即有 125 人,金坛、苏州、嘉定、仪征是其分布的核心地域[③]。书院教育更使得这一学风代代相传,如考据宿儒钱大昕主讲苏州紫阳书院十六年,造就子弟成百上千。这些子弟无论学术成就高低,其对外开馆授徒、对内家庭教育都是播散《说文》学习种子的过程。江标身边的师友即有不少毕业于重视经史考据的书院:就读紫阳书院者,有叶昌炽、王颂蔚;求学正谊书院者,如查燕绪、吴大澂;就读南菁书院者,有华世芳、李平书、曹元弼、曹元忠、胡玉缙。加上官方的鼓励,特别是光绪八年、十一年先后任江苏学政的黄体芳、王先谦,提倡朴学不遗余力(详参本章第四节),《说文》之学得以借乘东风。曹元弼曾回忆道:"当是时,许、郑、马、班、程、朱之书,家弦户诵。"[④]以考据实学为导向的书院,在平日考课中有关《说文》的题目并非泛泛而论。以《诂经精舍三集》所载同治七年七月朔日浙江学政徐郙主持的官课为例,其中有一题是《说文问》,该题下分七个小问题:六书次第,引诸儒说,会意疑,

---

① 《江标日记》(下),光绪十七年辛卯九月廿六日,第449页。

② 《跋〈读说文杂识〉》《跋〈仿唐写本说文解字木部笺异〉》,《江标集》,第232页。

③ 赵成杰《地域、家学及师承:清中叶"说文学"的展开与繁荣》,《哈尔滨工业大学学报》(社会科学版)2017年第6期,第75页。

④ 《江苏现代碑传集九·吴县孙传凤传》,《江苏文献》1945年第9、10期(合刊),第13页。

阙文述，汉儒名理录，《玉篇》《广韵》引《说文》足当六朝善本否，唐本《说文》真伪若何。这七问既是作文的入手处，也提示了研习《说文》的基本视角，对于初学者而言实为拾级而上、登高望远的机会。这种学术视角随着《诂经精舍三集》等出版物播散江南各地，无形中提升了当地《说文》研习的日常水准。

道光咸丰以降，《说文》蒙求读物在江南也十分流行，如王筠《文字蒙求》《说文解字部首读》、冯桂芬《说文部首歌》、桂文灿《说文部首句读》、金士陶《说文部首启蒙》等①。此类读物降低了《说文》普及门槛，使其像《千字文》《三字经》一样简单易记，而不单停留在专家学者的研究对象层面。后来江标读到钱国祥所著《字附》时，同样有主动传之后世、为后学阶梯之意："读钱南泉先生《字附》三稿，诚可谓定本矣。此书取许书象形、指事之字，编成四言，其意盖便于初学，乃今之《苍颉》《急就》也。拟从容郎亭刻之，以诏后学，使天下人皆识字也。"②弱冠之前与江氏共习《说文》的祝秉纲受聘来教江标之子江聪，即以《说文》大家王筠的《文字蒙求》入手，"以高丽纸裁作长方形，上书楷字，下书篆字，使渠知造字之本义也"③。江标自己也手抄乡先辈黄寿凤（咸丰二年进士）的《说文部首韵语》，以其"可使小儿读之也"④，拟作江聪启蒙之用。这种代代相承、重视《说文》启蒙的风气，既是对顾炎武"读九经自考文始，考文自知音始"的学术观念的落实，也是《说文》原为小学之定位的回归。

在时代与地域环境奠定的学风基础之上，江标以极大的热情投入对《说文》的学习。在其游幕期间，即使需要校阅考卷到三鼓，也会

---

① 参吴钦根《作为启蒙的〈说文〉著述——道咸以降"说文学"之新现象管窥》，《中国典籍与文化》2016 年第 2 期。

② 《江标日记》（上），光绪十一年正月十六日，第 82 页。

③ 同上书，光绪十二年四月十五日，第 168 页。

④ 同上书，光绪十三年四月三十日，第 259 页。

将阅卷之前的时间优先用于校读《说文》相关著述[①],更自陈"年十有二读许氏书,至今十八年,未一日废也"[②],足见志趣之诚。江氏所藏的多本《说文》至今仍有留存,书内朱笔满纸,是用力精勤的明证。其整个用功过程也离不开师友切磋与助力,现存藏书题跋记载道:

> 斯时,三人(按,指时年十七岁的江标、十八岁的张炳翔叔鹏以及十二岁的祝秉纲心渊)几无日不见,见必谈此等事。余住西城沙皮巷,叔鹏住桑叶巷,相去不数十武,心渊则住东城悬桥巷。每于薄暮来谈,谈必至上灯后而始去。旁人多笑其幼年不务科举之学,专力于不亟之故书,并有以吾辈所为而戒其子弟者。斯时惟沈民丈(按,指孙传凤)闻之欣然,索观所临本,并加以墨,而郑重必附以夹签。
>
> 今忽忽已十载矣,叔鹏已迁居范庄前,余即赁心渊之屋。去年余与沈丈同客山左学幕,校艺之暇,仍以此等事为性命,往往以一字之微,断断终日。或怒目颈赤,而以为大辱,然事过即仍好如初。[③]

三位少年所住巷名今日仍存,桑叶巷、沙皮巷垂直相交,距悬桥巷不到四里,距离三人常去的玄妙观附近书肆街仅二里左右,所谓人文氛围,此即一斑。这种少年抛开举业、共事考据的场景记载并不多见,是光绪朝考据学流衍的重要细节证据,而"以此等事为性命"之语尤其凸显出这种集体学术氛围的纯粹以及乾嘉遗泽之醇美。

另外,江标二十四岁在湖北学政高钊中(1833—1907)幕府期间,与湖北通志局陶方琦(1845—1884)的交谊对其《说文》学习也有不小

---

① 《江标日记》(上),光绪十一年四月初四日,第102页。
② 同上书,光绪十四年五月二十一日,第314页。
③ 《跋〈说文解字〉》,《江标集》,第231页。

影响。陶氏撰有《淮南许诂存疑》《说文古读考》《许君年表》等许学相关著作，曾以《淮南许注异同诂》相赠。江标从别处借得《许君年表》副本付梓①，后来还在乡会试朱卷的履历栏中写入陶氏名字，以示执弟子礼②。

就日记和藏书题跋来看，其师友共习《说文》时最基础的工作，莫过于鸠集古今版本和研究论著。他们经常互相交流《说文》相关的最新出版信息，如在山东时，长辈孙传凤曾来信告知："叔朋勇于刻书③，《说文疑疑》已将刊成矣。又云新出沈西雍《说文古本考》颇精善，钮匪石《说文考异》书局中已付刊矣。"④江氏即去信托其购买《说文古本考》⑤。与曹元弼的信中则主动提及："姚刻《说文》，世经堂已无其书，又有人有者，价须三元八扣，如要当可代购。"⑥

三、《说文》善本的校读

具体到江标校读众本的方式，可以其日记中三则记录为典型：

> 初以印校宋本，临于丁刻本上，又以海源阁所藏元刻本校之，元本谬讹实多，姑存之以见其真。⑦
>
> 以殷懋堂《汲古阁说文订》所据王兰泉、周漪塘二家藏宋本及叶石君抄宋本过临于丁刻本上，不见真宋本，亦聊以解嘲耳。

---

① 《陶方琦〈许君年表〉序》，《江标集》，第199—200页。

② 《江标日记》（上），光绪十五年己丑二月十七日，第356页。

③ 指好友张炳翔刊刻的《许学丛书》三集十四种，包括顾广圻《说文辨疑》、冯桂芬《说文部首歌》、薛传均《说文答问疏证》、钮树玉《段氏说文注订》、苗夔《说文声订》等。

④ 《江标日记》（上），光绪十年八月初二日，第37页。

⑤ 《致孙传凤（三）》，《江标集》，第65页。

⑥ 《致曹元弼（二）》，《江标集》，第67页。

⑦ 《江标日记》（上），光绪十一年三月二十六日，第100页。

《说文订》系鄂中重刊,讹字颇多,假郎亭所藏原刻本校之,并校鄂本讹字。①

　　至丁亦康寓,并见德臣(惟普),出示许印林先生手校《六书音韵表》,又过临校本孙《说文》,假之而归。②

其中"孙《说文》"是指嘉庆间山东按察使孙星衍覆宋本《说文》;"印校宋本"是指印康祚(1787—1841)批校的孙星衍刊本《说文》;"丁刻本"是指光绪间丁艮善(1829—1893)据汲古阁旧藏宋监本重校刊行的《说文》;"海源阁所藏元刻本"《说文》,当时一般称宋本,其实是宋元递修本,先后经汲古阁毛氏、嘉庆间额勒布、道光间汪喜孙收藏,后由汪喜孙赠予海源阁杨以增(今藏中国国家图书馆);"殷懋堂《汲古阁说文订》所据王兰泉、周漪塘二家藏宋本及叶石君抄宋本",是指乾嘉学者段玉裁在江南借阅到青浦王昶(1725—1806)所藏宋刻《说文》(今藏日本静嘉堂文库)、吴县周锡瓒(1742—1819)所藏宋刻《说文》、周锡瓒所藏吴县叶树廉(1619—1685,又名叶万,字石君)抄本,并将其版本异同写入《汲古阁说文订》;所谓《汲古阁说文订》的"鄂中重刊"本,是指同治十一年(1872)湖北崇文书局所刻,而"原刻本"是指嘉庆二年(1797)吴县袁氏五砚楼所刻。

　　这几段话显示出江标校读《说文》的两个方面,第一是收集并比对了多个版本。

　　首先需要先回顾清代《说文》主要版本的情况。在康熙末年汲古阁毛晋、毛扆父子校刻《说文解字》之前,清儒一般读到的是南宋李焘的《说文解字五音韵谱》,《韵谱》按韵排列,始东终甲,与许慎原书按部首排列、始一终亥的体例大为不同,故令读者与许书原貌有了直接的隔阂。直至毛氏汲古阁根据赵均抄宋本加以校刻,始一终亥的《说

---

① 《江标日记》(上),光绪十一年四月初三日,第 101 页。
② 同上书,光绪十一年四月二十四日,第 109 页。

文》版本才开始广泛流行,推动考据学潮流兴起的朱筠在安徽学政任上刊行的椒花吟舫本《说文》便是以汲古阁本为底本。

至乾隆末年,段玉裁在撰著《说文解字注》的过程中,见到江南藏书家所藏多种早期刻本和抄本,注意到汲古阁本《说文》有前后剜版之分,且文字与宋本《说文》颇有异处,于是将校勘成果撰成《汲古阁说文订》[①]。段氏《说文订》在学界产生了重大影响,使学者们对《说文》早期版本的需求更加迫切,于是有了嘉庆间两淮盐政额勒布(1747—1830)在扬州刊刻的藤花榭翻宋本《说文》和嘉庆间山东督粮道孙星衍的平津馆覆宋本《说文》。这两个刻本的底本实际都是额勒布所藏宋刻《说文》(据今人深入研究,此宋本其实是宋元递修本的一种。前述王昶旧藏宋本也是宋元递修本,但经过元代两次修版,印刷较迟)[②]。光绪七年(1881),山东丁艮善也刊行了宋本《说文》,自称"据汲古阁旧藏宋监本重校刊",这个汲古阁旧藏宋监本后来为额勒布、海源阁递藏,所以丁刻本与平津馆本、藤花榭本所用底本是一致的。这三种重刻本中,平津馆本的流传更广,影响更大,近代以来流行的同治十二年(1873)番禺陈昌治一行一篆本就是据其重新排版校刻的(中华书局1963年影印本《说文》即据陈昌治本)。同时由于孙星衍聘请主持校勘的是主张"不校校之"的顾广圻,平津馆本遂更忠实地保留了宋刻底本的面貌。

江标起初阅读的平津馆本《说文》还不是嘉庆原刻,而是同治十三年(1874)东吴浦氏翻刻本(今藏复旦大学图书馆),后来又陆续收

---

① 详参董婧宸《从本校到理校:段玉裁〈汲古阁说文订〉及其在〈说文〉学史的影响》,《汉语史研究集刊》第27辑,四川大学出版社,2019年,第71—85页。

② 详参董婧宸《孙星衍平津馆仿宋刊本〈说文解字〉考论》,《励耘语言学刊》第28辑,中华书局,2018年,第219—234页;董婧宸《藤花榭本〈说文解字〉底本及校刊考》,《文献》2019年第6期;董婧宸《宋元递修小字本〈说文解字〉版本考述》,《励耘语言学刊》第30辑,中华书局,2019年,第80—105页。

得额勒布、藤花榭刊本(今藏苏州图书馆)和丁艮善刊本(今存上海图书馆,据日记知为日照优贡丁汝蓝所赠①)。当时在书肆上集齐这三个翻宋本并不十分困难,但书缘匪浅的是,江标因为其妻族兄、山东学政汪鸣銮的关系,见到了海源阁所藏的这三种翻刻本的底本,即当时一般所称"北宋小字本":

> 郎亭招观北宋小字本《说文》,为东昌杨氏物。有毛、季两家图印,又阮文达、顾千里等印。道光间为汪孟慈物,后归杨至堂河帅,装潢颇精,后有山阳丁晏一跋。然此书虽为至宝,而印本颇有模糊,其纸系用高丽纸,余疑为元翻本。②

这则日记表明:他是在汪鸣銮处阅览而不是在海源阁内,说明海源阁出借了此本给汪鸣銮,因此有足够的时间详读;同时显示他怀疑此书并非通常认定的北宋本,而是元代翻刻本,依据是印刷和纸张。在今人确定的宋元递修本的性质面前,江标所作元翻本的结论不够准确,论据也较薄弱③,但眼光仍有其敏锐之处。海源阁本对江标理解《说文》内容也有所启发:

> 标尝疑许君曾见石鼓文。今书中所引籀文,如"囷""员"等文,与今石鼓无异,一也;尝见北宋刊《说文解字》(海源阁杨氏藏本),籀文起止笔画粗细如一,古文则起止皆作尖形,籀文与石鼓

---

① 《江标日记》(上),光绪十年九月初十日,第47页。
② 同上书,光绪十年七月十九日,第33—34页。
③ 同上书,光绪十年八月二十五日:"元大德本《后汉书》征、竟、敬、慎等字皆缺笔,据此则杨氏所藏北宋本小字《说文》决为元板无疑矣。"第43页。

同,二也。今翻刻北宋本《说文》,籀文起止皆作尖形,大讹。①

当时翻刻本将籀文和古文的字形都处理成笔画起止为尖锐形,而海源阁原本的籀文则是起止粗细如一,能在字形构架和笔画上完全对应上石鼓文,令其对许慎撰书时的文献基础和字形溯源有更多思考。而此前钱大昕在评论《汗简》时说:"古文中丰而首尾锐,小篆则丰锐停匀,叔重采录古文,而以小篆法书之。"②表明钱氏所见《说文》刻本的古文笔画都是起止粗细如一的,跟光绪间的翻宋本走了两个极端。

校读各种善刻的过程也是梳理和熟悉《说文》版本源流关系的过程。在上述光绪十年(1884)七月观览海源阁本《说文》的同日日记中,江标即试图厘清现存真宋本的问题:

> 盖此书惟王述庵司寇家藏为真宋本,今归平湖陆存斋观察(心源)皕宋楼,有阮文达跋,云毛晋刻《说文》即据此本,则此书必有毛氏图书矣。然按《竹汀先生日记钞》,云王本行二十字,分注字疏密不匀,大约每行三十字,今陆氏《藏书志》云每行大十八字、小二十五字,则行款已有参差矣。[毛氏藏宋元刊本之精者,则以"宋本""元本"椭圆式印别之,又以"甲"字印钤于首,今皆无之。两书行款一据首页,一据卷末,故各有参差,非两本也。二十日又记。]陆氏所藏果真本邪?
>
> 黄荛圃亦有一本,行款皆同,惟有钞补,千里曾收入《百宋一廛赋》中,夸为希有,实则元翻。《竹汀日记》中所云黄荛圃出示

---

① 《江标日记》(上),光绪十二年十一月初二日,第211页。此札记复称海源阁本为北宋刊本,不知是惯称,还是后来改变了此前元刻本的判断。

② 钱大昕《潜研堂文集》卷二十七《跋汗简》,《嘉定钱大昕全集》(增订本),凤凰出版社,2016年,第9册,第430—431页。

宋小字本《说文》与述庵家无异，惟卷末多一行，有"十一月江浙等处儒学"字，黄本今不知归谁氏。

其分析依据主要是行款等外观信息，文献来源是《竹汀先生日记钞》和目录专书。其中提到阮元跋说毛晋所刻《说文》的底本即后来王昶所藏宋本，则此时江标应当尚未读过《汲古阁说文订》，因为段玉裁在《说文订》自序中已经清楚交代了其所用三种宋本的行款与汲古阁刻《说文》的底本情况：

　　玉裁自侨居苏州，得见青浦王侍郎昶所藏宋刊本。既而元和周明经锡瓒尽出其珍藏，一曰宋刊本，一曰明叶石君(万)所钞宋本。已上三本皆小字，每叶廿行，小字夹行则四十行，每小字一行约二十四五六字不等。一曰明赵灵均所钞宋大字本，即汲古阁所仿刻之本也。一曰宋刊大字《五音韵谱》。三小字宋本不出一辙，故大略相同而微有异。赵氏所钞异处较多，稍逊于小字本……①

这也说明江标此前在其所藏《读说文杂识》中跋记的"由武昌官书局购《说文》各种书"②不包括湖北崇文书局出版的《汲古阁说文订》。

　　观览过海源阁本《说文》之后四个月，江标在随汪鸣銮校试过程中，于潍县书肆见到了汲古阁原本《说文》、明刊本《五音韵谱》以及"初印未剜本汲古阁《说文》一函"，其中汲古阁原本和初印未剜本都以价贵未得③，但具体面貌应可资其加强版本印象。

　　至次年四月，江标才开始过临"鄂本"和嘉庆五砚楼原刻《汲古阁

---

①　《续修四库全书》，上海古籍出版社，2002年，第204册，第329—330页。

②　《江标集》，第232页。此本今藏华东师范大学闵行校区图书馆。

③　《江标日记》(上)，光绪十年十一月二十七日，第68页。

说文订》中的宋本校勘条目。在校完《说文订》的当天①，他在藤花榭本上题写了跋语，概述了明以来《说文》版刻源流，今对比之下可知主要是基于《说文订》段玉裁自序。该跋中还记录了闻自汪鸣銮的信息，言孙星衍平津馆刊本是根据钱侗的影抄宋本上板。钱侗影抄的是王昶所藏宋刻本，确实被孙星衍用以校勘，但平津馆刊本上板时根据的是额勒布藏宋刻本，即江标坚称为元翻本的海源阁藏本②。当然，证明这一过程细节的孙星衍致顾广圻信札③并未收入孙星衍的文集，汪鸣銮和江标未能细考，理固宜然。而其随时留意之心，已是用功之迹，令人联想到朱筠弟子借录王昶所藏宋本《说文》的事迹，见于王昶诗中自注：

> 曾来访我西湖上，午夜烧灯校《说文》（畏吾为竹君高弟，知余有宋板《说文》，时方随眐西湖，寻至寓所，尽五日夜功，校毕乃去）。④

故江标与友人的校读实乃乾嘉之遗风。

---

① 《江标日记》（上），光绪十一年四月初四日，第 101 页。

② 钱侗在王昶幕下帮助刊刻《金石萃编》，得以借观王昶藏本《说文》，今王昶本卷末有"乙丑闰六月钱侗借观"跋文。嘉庆十三年（1808）正月，钱侗携抄完的影写王昶本《说文》至孙星衍德州道署交付。孙星衍得以同时展阅影抄王昶本和额勒布这两帙《说文》。孙星衍旧藏钱侗影抄王昶本，《平津馆鉴藏书籍记》《孙氏祠堂书目》著录，今藏上海图书馆。见董婧宸《孙星衍平津馆仿宋刊本〈说文解字〉考论》，《励耘语言学刊》第 28 辑，中华书局，2018 年，第 222—224 页。

③ 信札今存中国国家图书馆，著录名《孙渊如先生书札》。录文见陈鸿森《孙星衍遗文续补》，《书目季刊》第 48 卷第 1 期，2014 年，第 78—79 页。

④ 王昶《春融堂集》卷二四《长夏怀人绝句·福建李员外畏吾（威）》，《续修四库全书》第 1437 册，第 612—613 页。

江标校读《说文》的第二个方面是过录了多种名家批校。

校勘批语的传抄过录是古人读书的传统方法。有心者抄录的版本异同及学者评论,对传抄者而言能省却寻觅之苦、校对之劳、审断之思。出版商则广泛采用多色套印技术,直接将名家批校和评语印在页面天头或夹行,制成新版,常见于举业用书。对考据学者而言,清代硕学何焯、惠栋等人的经史批校,都是争相传写的学术资源。《说文》的批校传抄尤其普遍,如惠栋《读说文记》被众多士子竞相移录,包括江声、桂馥、江藩、钱泰吉等著名学者①。

据日记所载,江标过录的《说文》批校来自印康祚校平津馆本、段玉裁《汲古阁说文订》、许瀚校平津馆本、许瀚校《说文义证》等。从其过录获得文本的方式和内容的渊源两个角度来看,其传抄一则继承了吴地的《说文》学风,二则受到北方《说文》学重镇山东的助益,是乾嘉以来南北《说文》学术圈良性互动的延续。

印康祚本应该是江标过录最早的批校,"余尝于丙子(光绪二年,1876)岁借张氏藏本,过临于此浦翻孙本之上下方"②,当时年仅十七岁。印氏本人籍隶太仓州宝山县,但长居苏州,与苏州藏书名家叶廷琯交好③,此《说文》校本即藏于叶氏楝花盦,后又藏于江标好友张炳翔处。其批校内容"大都本惠氏《读说文记》、段氏《汲古阁说文订》,间附校按,俱极精博"④。惠栋是考据学吴派祖庭,其《读说文记》被梁启超称为"清儒《说文》专书之首"⑤。段玉裁撰《说文订》时亦曾寓居苏州,所借宋本也多来自苏州藏书名家周锡瓒。因此,印氏批校本

---

① 参吴钦根《借阅、传抄及过录与清代〈说文〉学的展开》,《古典文献研究》第 18 辑下卷,第 15—31 页。

② 《跋〈说文解字〉》,《江标集》,第 231 页。

③ 参印康祚《鸥天阁杂著》,《清代诗文集汇编》,第 554 册。

④ 《江标集》,第 231 页。

⑤ 梁启超《中国近三百年学术史》第十三讲,中华书局,2020 年,第 349 页。

承载的是乾隆中期以来吴地《说文》学风的绵远流泽，江标的抄录其实也象征着吴地考据学风和藏书的薪火相传。

到山东之后，江标既看到了海源阁所藏宋刻原本，又承日照优贡生丁汝茝赠以丁艮善所刻仿宋本《说文》，承日照丁亦康赠以道咸间名贤与许瀚札数十通、桂馥《说文义证》原本以及许瀚手校《六书音韵表》①，又从丁亦康处借得过临许瀚批校的《说文》，惜日记中未见摘录相关校语。通过清人高鸿裁过录的何绍基和许瀚批校《说文》、许瀚《说文校本录存》《五音韵谱校本录存》(三书均藏中国国家图书馆)的许氏跋语，可知许瀚校过汲古阁未剜本和叶树廉抄宋本，还曾采择不知名批校本中的校语②，则江标所见许瀚批校内容大概不出此范围。

江标与日照丁氏等人的文献交往集中在光绪十一年(1885)数月之中，但此前已与山东学者的《说文》研究文献接触颇多。据其日记，早在十六岁时(1875)即已开始研读曲阜桂馥的《说文解字义证》，并评价道："此书以所校异文、逸文为最精，严氏《校议》所不可及，惟严氏引书多志卷数，桂多失志，是差于严也。"③后来又学习安丘王筠的《说文解字释例》。光绪十年(1884)，从汪鸣銮处得见王筠稿本六种，其中两种与《说文》有关：

---

① 《江标日记》(上)，光绪十一年四月二十七日、五月十八日，第 109、112 页。

② 袁行云《许瀚年谱》，齐鲁书社，1983 年，第 52—53 页："……道光壬辰，何子贞得毛氏未剜本于武林，携如京师，校其异同，于孙本甚备。又得龚定庵所藏明叶氏抄本覆校之，叶本亦出宋小字本，惜未校毕而旋淛。癸巳二月，瀚偶见之，辄度一过……""癸巳嘉平，袁君环之得一本于吴山，不知谁氏校阅，沾字改字，多依小徐，及已剜改毛本，亦有凿空私改者。兹择其校语之确有依据者录之……"第 58—59 页："……癸巳腊尽，偶见于吴山陶氏宝室书肆。概阅校语，亦复得失相参，而注处与宋本及唐宋人引《说文》暗合，致足贵矣，爰录而存之。凡五百四十二条……甲午元旦录毕记。"

③ 《江标日记》(上)，光绪十年五月初四日，第 4 页。

一为《说文韵谱校》,为道光十三年所成,后志一行云:"既校之后,覆阅原书,则其谬误尚多,遂手写一册,故'考异'目中惟有所引据者存之,其余一切删除。乙未五日朔记。"则似阅三年后又有定本也。盖此书分为挩文、羡文、重文、错见、考异五类,此书非手写之本,故不仅"考异"有说也。能求得手写本刻之,善矣。一为《检说文难字》,字论笔画,余已命张仆录存矣。①

当时即有刊刻之意。此后不久,又在汪鸣銮处见到栖霞郝懿行的《说文广诂》十四卷,"盖始东终甲,从《韵谱》次也","于通假尤详。惟引书及《正字通》,引佚书不注引见某书,殊为疏忽"②。

又与同在汪氏学政幕府的孙传凤分校莱州翟云升未刊本《说文辨异》(共十册)③。翟氏传世最著名的是《隶篇》《覆校穆天子传》《焦氏易林校略》,其《说文》著作有《说文形声后案》《说文辨异》《肄许外篇》三种,但至今只有抄本[潍县高鸿裁辨蟫居、潍县郭裕之(一作郭祐之,高鸿裁表兄)松南书庐抄本]而未见刊刻,今《山东文献集成》也未见收录影印,故江标所校实为稀见之本。

上述山东《说文》文献的作者中,桂馥(1736—1805)主要生活在乾隆朝,郝懿行(1757—1825)大体生活在乾隆中后期和嘉庆朝,翟云升(1776—1858)、王筠(1784—1854)活跃于嘉庆、道光朝,江标得见批校的许瀚(1797—1866)的学术活动则主要在道光、咸丰朝。

许瀚字印林,山东日照人,嘉庆二十年(1815)补生员,道光十五

---

① 《江标日记》(上),光绪十年六月初一日,第23—24页。另外四种为《菉友臆说》《菉友杂著》《徐沟笔记》《史记校》。日记统称这五种为未刻书,但《说文韵谱校》其实此前已有杭州朱氏抱经堂和归安姚氏咫进斋刻本。《菉友臆说》后被江标刻入《灵鹣阁丛书》。

② 同上书,光绪十年十月十五日,第57—58页。

③ 同上书,光绪十年十一月十九日,第67页。

年(1835)中举,曾任滕县训导,先后入多位学政幕府,著有《济宁直隶州志》《拟史籍考校例》等。精训诂,重音韵,辑《尚书韵》《左传韵》等;对吉金碑版研究深入,曾为吴式芬校勘《攈古录》;读书勤勉而富见识,为师友校书近百种,其批校本现存尚有四五十种,其《古今字诂疏证》即后人从批校中辑成。许瀚虽无《说文》专著传世,但曾与王筠、许梿等合校桂馥《说文解字义证》(今藏中国国家图书馆),曾抄录王念孙《说文解字校勘记》残稿①,与之订交的张穆、苗夔、王筠、许梿等人均擅长许学,在京师期间观览叶志诜、刘喜海、李璋煜、吴式芬等人所藏金石,更有裨于文字考订。

刊刻仿宋本《说文》的丁艮善(1829—1893)即许瀚弟子,赠书借书给江标的丁惟禔(1863—1895,字亦康)家藏许瀚多种遗稿,曾与王懿荣计划刊刻之,都继承了山东《说文》研习的学风。丁惟禔后来还与江标成为同榜举人、同榜进士。

就此观之,江标在山东期间接触的当地《说文》文献和学者,其实已经构成了乾嘉以来考据学在北方的标志性连续脉络,与江南考据学的长期传承遥相呼应。如果把目光聚焦到许瀚一人,那么学派的意味会更加浓厚。许瀚十九岁(1815)受时任山东学政王引之拔擢,补沂州学生员,有师生之谊;入京后既在王引之主持《康熙字典》修纂时考充校录,被甄录叙官,又曾登门谒见问学②;道光七年(1827)《经义述闻》在京师增订重刊时,许瀚参与校勘③;在具体学术见解上,于古韵分部问题称"予则以高邮王文简师廿一部为宗"④。那么今天将

———————

　　①　许瀚跋王念孙《说文解字校勘记》,道光二十八年九月,《续修四库全书》,第212册,第9页。

　　②　袁行云《许瀚年谱》,第25—26、36、39页。

　　③　许瀚著,崔巍整理《许瀚日记》,河北教育出版社,2001年,第33页。

　　④　许瀚著,曹汉华等辑校《攀古小庐文集》(上),齐鲁书社,2022年,第190页。

许瀚视为高邮王氏后学,当可成立。王念孙、王引之父子是戴震后学,则许瀚可归入考据学所谓皖派之列。由此,自吴地至山左谋生游学的江标便在汪鸣銮的提携下,在《说文》研习上同时受到吴派、皖派两大考据学脉的滋养,既是其个人的幸运与机缘,也成为学术发展的历史样本。

四、《说文》专题研究与著述尝试

在研习《说文》的过程中,江标一面就篆字书法勤习不辍,一面逐渐形成条例和问题意识。这种意识形成的轨迹在日记和信札中尚能发现一二,如曾据《说文》"一曰"辞例而怀疑刊刻有所讹误:

> 读《说文》"一曰"之义,如示部"祥"作"一云",言部"讼""诎",死部"㱿",竹部"笒","曰"字上疑皆脱一"一"字。糸部"绖","口"字疑"曰"字之讹。

又"专求读若之义",并请教同乡学者管礼耕(1848—1887):

> ……今日读许书,如"瑂,从玉,眉声,读若眉","噍,从口,集声,读若集"等,标谓既曰"眉声",何以再曰"读若眉"? 此处殊不可解。不知郑注"读若"有此例否,不知诸家注许书曾言及此否,明日拟询申季丈。[籀友于声读同字之例亦未能通,见《说文释例》。][1]

直到任职湖南学政时,其《沅湘通艺录》中尚有《说文读若释例叙》的文题。

江标日记里歌咏乾嘉考据学的组诗中,有一首专门"述许学之

---

① 《江标日记》(上),光绪十二年十一月初一日,第210页。

盛"："谁知百载盛绝学，首推段桂王严张。引经逸字义层出，操戈谁得入君室。"①当中包含了"引经"和"逸字"两个方面，这也代表了他研习许学的两大着手之处。

首先，引经的研究主要是结合经书，疏证《说文》说解与经文，考证异文。王引之门人许瀚《〈说文解字〉宜立十表》中即有"引经"一项②。

以经文为纲、考订异文及其正误的工作，也是乾隆以后才受到普遍重视，是乾嘉以降书院教育中经常考察的话题。嘉庆朝江藩主讲淮安府山阳县的丽正书院，就曾在策问中以"《说文》引经皆古文"为题，学生中不乏善对者，丁晏即"详对近万言"③。相关论文和著作屡见不鲜，见诸刊行者有吴玉搢《说文引经考》、程际盛《说文引经考》、柳荣宗《说文引经考异》、陈瑑《说文引经考证》、雷浚《说文引经例辨》、承培元《说文引经证例》、沈家本《说文引经异同》等，近人马宗霍《说文解字引经考》总其大成。

在引经层面，江标没有相关著作，但在给曹元弼的信中提及了相关见解：

> 若郑注《周礼》并存故书、今书，注《仪礼》并存古文、今文，陈兰坡先生谓即后来校书之法。师鄦又谓，鄦书引经，同一语也，而文各有异，此犹见古人兼取各本之意，正可为后人引书知版本之师法。此足以见鄦、郑二君之大，吾二人师之之幸也。④

---

① 《江标日记》(上)，光绪十二年十一月初一日，第 210 页。

② 许瀚著，曹汉华等辑校《攀古小庐文集》(下)，齐鲁书社，2022 年，第 1050 页。

③ 丁晏《颐志堂感旧诗·江郑堂师》，《清代诗文集汇编》第 587 册，第 25 页。

④ 《致曹元弼(十六)》，《江标集》，第 74 页。

他将许慎引经与郑玄注经并论，并将引经"同一语也，而文各有异"的现象理解成《说文》引用了今古文的不同本子，而不是理解成许书在节引经文。这可能是受到王鸣盛《蛾术编》的提示和影响①。

此外，学界又有以字为纲，侧重探讨《说文》与经书的本字及通转假借问题的著述②，代表是钱大昕《说文答问》，列举 323 字，薛传均作《说文答问疏证》为之阐释③。后有陈寿祺《说文经字考》补充 304 字，郭庆藩作《说文经字考辨证》为之羽翼，并著《说文经字正谊》，得 217 字。俞樾《说文经字》在钱、陈书外又补 99 字。江标作为俞樾弟子，曾为《说文经字》作疏证，惜其书未传④，今本《说文经字疏证》是俞樾另一门人宋文蔚所作。民国间丁福保编刊《说文钥续集》，收录了薛传均《说文答问疏证》和钱人龙《说文经字考疏证》，凸显了此类著述在解锁《说文》堂奥方面的重要地位。

其次，就逸字而言，主要是指根据金石材料，增补今本《说文》所无的古籀。这是江标关注和从事的重点，他在给好友曹元弼的信中提到：

> 近读吴悫斋先生跋自书大篆《孝经》曰："自汉儒以隶书写经，而孔壁经文不可得而见，仅散见于郪氏书中，许书所引经文

---

① 王鸣盛《蛾术编》卷十六《引经用古文》、卷十七《说文引周礼》，《续修四库全书》第 1150 页，第 186—187 页。

② 参胡朴安《中国文字学史》第三编《文字学后期时代·清·经字》，上海书店，1984 年，第 530—542 页。

③ 此书颇受重视，先后经福建学政陈用光、常州知府兼署扬州府李璋煜梓行，其中李氏刻本刊行前经刘文淇(1789—1854)、张穆(1805—1849)校订。参薛传均《说文答问疏证》卷首张穆序及张穆题识，《续修四库全书》第 204 册，第 261—262 页。

④ 宋文蔚《湖楼笔谈说文经字》，商务印书馆，1934 年，第 1 页。又见俞樾《春在堂杂文》四编卷七《宋澄之湖楼笔谈说文经字疏证序》。

如居字作凥，侬字作㑥，皆许所引《孝经》古文，即孔壁书，知郷书正文不尽小篆也。"

标谓郷氏生当东汉之时，时已通行隶书，小篆之存恐已不能完五百四十部之文，故据壁书、鼎彝而补小篆之未备。古、籀之文散见于正文者甚多，近儒以为《说文》收古、籀之略，皆因同于小篆者而删去之，不知古、籀之散见于正文，以小篆所未备而存之也。其自叙曰："其称《易》孟氏、《书》孔氏、《诗》毛氏、《礼》、《周官》、《春秋》左氏、《论语》、《孝经》，皆古文也。"今说解所称，皆不在重文之列，是古、籀不专在重文中之确证也。缪论乞指正是幸。[1]

其中的"正文"是指《说文》的字头。又有信曰：

标亦谓许君专志复古，万无五百四十部仅取小篆之理。惟《叙》语有曰"今叙篆文，合以古籀"，似五百四十部不必尽是大篆，确有所证。且《叙》又云："称《易》孟氏、《书》孔氏等皆古文也。其于所不知，盖阙如也。""不知"者，不知古文也。"盖阙"者，阙古文也。古文不足，而以小篆补之，故曰"今叙篆文，合以古籀"（此篆文决为小篆）。[2]

他反复强调了自己对许慎《说文解字叙》中"今叙篆文，合以古籀"的解读异于"近儒"。其中近儒"以为《说文》收古、籀之略，皆因同于小篆者而删去之"的看法，应当是指段玉裁等为代表的乾嘉先辈。段氏认为：

---

① 《致曹元弼（五）》，《江标集》，第68页。又见《江标日记》（上），光绪十一年十一月初五日，第141页。
② 《致曹元弼（六）》，《江标集》，第68页。

　　许重复古，而其体例不先古文籀文者，欲人由近古以考古也。小篆因古籀而不变者多，故先篆文正所以说古籀也；隶书则去古籀远，难以推寻，故必先小篆也。其有小篆已改古籀，古籀异于小篆者，则以古籀附小篆之后，曰古文作某，籀文作某。此全书之通例也。其变例，则先古籀后小篆，如"上""下"。先古文而后篆文者，以"旁""帝"字从"上"，必立"上"部，使其属有所从。凡全书有先古籀后小篆者，皆由部首之故也。①

这实际上是对许慎《说文解字叙》"今叙篆文，合以古籀"的解释。即《说文》以小篆作字头是通例，以古文、籀文作字头则是变例，出现变例是因为要让一个部首之下所有字形中的共同构件都能明显符合这个部首，如果某字的小篆字形构件与该字居处的部首不一致，那就将该字的古籀字形列为字头，而将小篆列入重文。所以按段玉裁的意见，字头选用不是字形材料足与不足的问题，而是许慎编书体例的形式贯通问题。

　　但到同治、光绪年间，看法已经大变。当时金石学者往往认为：许慎所见金石材料少，才用了秦汉时的小篆字形作字头，即所谓"古文不足，而以小篆补之"；而时下不断有吉金碑版出土，须以这些未经传写讹误的早期金石文字来订补许书的不足。陈介祺（1813—1884）即有言："今世无钟鼎字，无通许书字、正许书字、补许书字矣。"②

　　乾嘉时期，段玉裁、桂馥等学者也用吉金和汉碑补正《说文》篆籀，但非常有限，所据材料也多为金石摹本，如《金石录》《历代钟鼎彝器款识》《积古斋钟鼎款识》之类。大量直接采用当下出土金石的拓本来订补《说文》，大约从道光朝变得普遍，光绪间吴大澂的《说文古

---

　① 　段玉裁《说文解字注》，上海古籍出版社，1988 年，第 764 页。
　② 　吴大澂《说文古籀补》陈介祺序，《续修四库全书》，第 243 册，第 395 页。

籀补》是典范和高峰。江标踵继了这一新潮流,自陈道:

> 昔尝怪许书重文所写大篆与今日所见古金文拓不同,思欲以拓本补重文,似为可据,十年以来稍稍藏集,未富也。前年见吴愙斋世丈所撰《说文古籀补》,补辑之愿益深。去冬为郑盒先生书刻阳湖庄氏述祖《说文古籀疏证》,又恨庄氏说解颇精而篆文谬讹不可指数,摹写日促,未及一一校正为憾,且校亦大非易事也。①

这段话概括出其在订补篆籀问题上的两大阶段。

一是想法的产生。此条日记作于光绪十二年(1886),对照"十年以来"之语,可知早在光绪二年(1876)十七岁读《说文》时,他已有为订补字形而积累吉金拓本的计划。此后可能还在与师友交往中加强了这一想法,如其日记提到陶方琦也曾"收求吉金拓本,补《说文》古籀之缺",只是不确定陶氏是否成书②。

二是见到吴大澂《说文古籀补》之后的实践。当时一批学者都计划从事此类撰著,吴书是最早出版流行的③。且由于吴大澂所见吉金甚富,摹录逼真,书成之后遂广受好评。光绪十年(1884),吴氏表亲汪鸣銮将该书刻本赠予江标,江氏感叹"其中引字皆据真拓本摹刻,鼎彝之外兼及古匋器、古玺文,此为自来金石家所未知者,精美无比"④,在致业师叶昌炽的信中更赞为"二千年来绝学"⑤。

---

① 《江标日记》(上),光绪十二年正月十七日,第153页。
② 同上书,光绪十一年二月二十七日,第92页。
③ 吴书初刻于光绪九年(1883)。孙诒让(1848—1908)《古籀拾遗》虽成书在吴书之前(同治十一年,1872),但刊刻在后(光绪十四年,1888)。
④ 《江标日记》(上),光绪十年十二月初四日,第70页。
⑤ 《致叶昌炽(十七)》,《江标集》,第46页。

江标在吴书的基础上发展了自身对《说文》篆籀的看法,如前引致曹元弼札,又如日记中的随手札记:

> 愙斋丈谓,许书所据古籀皆周末七国时文字,虽存篆籀之迹,实多讹伪之形,今以古金文证之,多不相类。标实疑许书古籀百不可信一,盖自隶草兴而篆学废,即如小篆之文,衡以今存东汉金器之字,已多不合六书。许书屡经写刻,小篆之不讹者,类有说解耳,若大篆则后人无从取证,笔画之讹,恐不待雍熙之刊也。①

这是对许书古籀字形的不信任。又据"《盂鼎》'文王''武王','文''武'二字皆有王旁,确非从玉"指出许慎将玗字归入玉部之误,证成汪中、吴大澂之说②。又利用古钱币、古匋文对吴书作续补:

> 观泼民所拓金类小品,乞其卫字空首币拓本,成《说文古籀补续补遗》,有十余字,一即卫币,余皆古匋器文也。③

其中提到所据古钱拓本来自孙传凤,而剩下的古匋器文大概来自江氏自己的收藏。江标游幕山东期间又著有《古匋录》,自许"矜阮翁未见之奇"④,可惜《说文古籀补续补遗》和《古匋录》均已亡佚,无从申论。

前引日记又提及"去冬为郑盦先生书刻阳湖庄氏述祖《说文古籀疏证》",是指为潘祖荫《功顺堂丛书》收录的《说文古籀疏证》底样手

---

① 《江标日记》(上),光绪十二年十一月初二日,第211页。
② 同上书,光绪十四年四月十八日,第307—308页。
③ 同上书,光绪十一年正月初十日,第81页。
④ 同上书,光绪十二年十二月十七日,第226页。

写篆字。事实上此书的整理工作直接托付的对象是管礼耕[1]，由江氏日记则可知其中的篆籀是转托给江标完成的[2]。虽因时间迫促，来不及对庄书中的大量篆书讹误逐一订正，但在书篆和阅读过程中，江标强化了对以吉金订补《说文》古籀的认同。如庄述祖有言："此书以钟鼎校《说文》，非以《说文》校《说文》。然必以钟鼎校《说文》，始能以《说文》校《说文》。"江氏认为"此论甚确"[3]。庄氏此语其实是针对段玉裁而发，段氏《尔雅匡名序》有言：

> 　　然则谓《说文》为纲，谓《尔雅》《方言》《释名》《广雅》诸书为目，可也。然则其读之也宜何如？一曰以《说文》校《说文》。何谓以《说文》校《说文》也？《说文解字》中字多非许旧，则自为钮铻，即以《说文》正之，而后指事、象形、形声、会意之说可明也。[4]

段玉裁校《说文》是要恢复许慎原书旧貌，减少内容上的龃龉，但实际上武断之处反而违背了许书原貌；而庄述祖的目标不是单就《说文》已经采纳的材料来"复许"，而是要从《说文》缺失或许慎未见的先秦材料来"订许"，江标坚定继承了庄氏的思路。

　　清末民初有些学者在这两方面对庄、吴两家以钟鼎校说文的做

---

①　刻成后潘祖荫的跋语并未提及江氏，表明他可能并不知道江标的参与："庚申乱后，原稿流转至粤东，为张振轩宫保(按，指张树声)收得，以归庄氏。甲申春，余奉讳里居，假录副本，凡四册，不分卷，不标目，部首属字颠倒陵杂。取原目检校之，约存十之四，丛残剩稿，未易卒读。爰属元和管明经礼耕理董之，分为六卷，就所存者重为编目，并附原目、条例于后，付诸梓人。"《说文古籀疏证》，《丛书集成初编》影印本，中华书局，1985 年，第 118 页。

②　《江标日记》(上)，光绪十一年八月二十八日至九月十九日，第 126—128，131 页。叶昌炽《缘督庐日记》也有提及，只是非常简略。

③　同上书，光绪十一年九月三十日，第 136 页。

④　《续修四库全书》，第 188 册，第 180 页。

法不无批评。如章太炎专门作《说文古籀补匡谬》，在字形点画、本字判定、训诂等方面对吴大澂书多有纠正。章门弟子马宗霍对吴大澂的批评也极为严厉：

> 吴氏《说文古籀补》出，人以其依《说文》部居，且冠名以《说文》也，方谓其主许宗许，而不知其与乱许无以异。近则《补补》《三补》之作，方兴未艾，偏闰夺正，而吴氏实作之俑，不有以裁之，召陵之绪，其几于息矣。①

目前也有著作延续《说文》原有框架，将新出古文字字形排比于各部首之下，申述六书，补缀新说，将重点放在厘清许说来历、还原许书所处历史阶段方面，而不是评断许慎具体解字的是非方面，如季旭昇《说文新证》。但这种研究思路的分途从庄、吴开始已经不可弥缝。尤其是近几十年来，出土甲骨吉金和简牍材料为学者们探究字形演变脉络提供了丰富资源，许书的字形来源和讹误可能逐渐清晰起来，段玉裁意欲将《说文》内在体系极度圆满化的思路所存在的问题也越加明显。现今文字学家就表示："想来许慎如能见到像小篆一样系统的古文或籀文，相信他会把古籀立为字头的。"②这不是要否定许慎体例的合理性，而是说在不同时代的学术材料基础上，自有不同的著述方法。江标身处新材料爆发的初期，积极加入了新范式的潮流。

五、对《尔雅》《仓颉篇》《声类》的考订辑补

除了《说文》，江标对其他小学书也进行过深入学习，关注点集中在《尔雅》《仓颉篇》和《声类》三书。

---

① 斯彦莉《文字源流除〈说文〉外不可妄求——马宗霍整理，章太炎著〈说文古籀补匡谬〉书稿》，《浙江档案》2020年第4期。
② 赵平安《说文小篆研究》(修订版)，上海古籍出版社，2022年，第123页。

　　江标七岁受《尔雅》①，较为集中的研习时段则在弱冠以后，日记所见在光绪十一年至十三年间。其相关活动主要是抄写《尔雅》，并以《说文》正体校正《尔雅》中的俗字，拟作《尔雅古字考》，又拟根据经疏作《尔雅古本考》。其中《尔雅古字考》的撰述主要缘于《说文》《尔雅》本身的密切关系以及江标本人对字形训诂的重视，直接启发应是来自严元照《尔雅匡名》和孙星衍《尔雅正俗字考》，特别是严氏书。他从朱绪曾《开有益斋读书志》看到，朱氏将《匡名》与邵懿辰《尔雅正义》、郝懿行《尔雅义疏》、周春《尔雅广疏》、钱仪吉《说文雅厌》诸书并列，并将邵、郝、严三家采入朱氏自撰《尔雅集释》，凸显出《匡名》的学术价值②。江标撰述的具体做法也是学习《尔雅匡名》，其日记载：

　　　　灯下读徐母江篆书《尔雅》③，校其假借字，拟一宗《释文》各本为主，各本之字仍非许书正体者，始从许书改写，他日成书时，名之曰《尔雅古字考》，附录于篆文之后。"④

正与《匡名》体例相仿：

　　　　经文全录字体悉遵《释文》，《释文》所不出者用石经。
　　　　此书大旨以《说文》校《尔雅》，而《说文》不载之字，亦有本有

---

① 《跋元刻本〈尔雅〉》，《江标集》，第 229 页。

② 《江标日记》（上），光绪十一年三月十二日，第 95 页；四月十三日，第 106 页。

③ 徐母江（1865？—1885），字保大，上海人。据姚文枏称，其小学之精为上海第一人。受学政黄体芳拔擢，惜英年早逝。江标久闻其名，但始终未曾谋面。光绪十二年，徐氏叔父将其遗稿交与江标整理，此处徐氏篆书《尔雅》当即其遗稿。参《江标日记》（上），光绪十一年七月二十一日，第 121 页；江标《沪渎怀人绝句·徐咏梅颂增》，《江标集》，第 288—289 页。

④ 《江标日记》（上），光绪十二年十一月二十八日，第 221 页。

而传写佚脱者,亦有虽不见于《说文》、实出经师之手,断难斥为俗作者,不可专据今本《说文》而遽改《尔雅》也……①

且《匡名》当初曾参校元代雪窗书院单注本《尔雅》,江标恰在汪鸣銮处见过已归海源阁的该版本②,后来又购得巴陵方功惠翻刻雪窗书院本校读。

《匡名》在光绪间颇受研究者重视,先后经湖州陆心源守先阁(光绪十一年)、江阴南菁书院(光绪十四年)、上海蜚英馆(光绪十五年)、广州广雅书局(光绪十六年)等多次刊刻,江标后来所购即是陆心源刻本③,其从事《尔雅古字考》的时间点也刚好在这个密集刊刻时期的前端,与时风同步。

在研习《说文》《尔雅》的同时,江标还在从事《仓颉篇》和《声类》的辑佚注释。

《仓颉篇》的辑注大约持续四年。早在光绪九年(1883)就幕于湖北学政高钊中处时,江标已开始研读孙星衍辑本《仓颉篇》。时在湖北通志局的陶方琦告知,日本有刻本慧琳《一切经音义》一百卷(又称《大藏音义》)可资补辑④,但当时并不易得。光绪十年(1884),江氏在孙星衍辑本《仓颉篇》上加注,以玄应《一切经音义》校其卷次,发现孙辑本颇多讹误,如将玄应之语误作《仓颉》正文,又有不少漏辑条目。玄应书之外,他还从《史记》《汉书》《文选》《列子》诸书采补数十条⑤。由于此前闻得陶方琦也已完成对孙辑本的续补,且利用了日

---

① 严元照《尔雅匡名例言》,《续修四库全书》,第 188 册,第 184 页。
② 《江标日记》(上),光绪十年七月初九日,第 31 页。
③ 同上书,光绪十二年正月二十四日,第 154 页。
④ 《陶方琦〈许君年表〉序》,《江标集》,第 199 页。
⑤ 《江标日记》(上),光绪十年五月初三日、五月初五日、五月二十八日,第 4、5、14 页。

本刊本《大藏音义》，篇幅较孙本几乎成倍①，他便寄信给在湖北通志局的好友查燕绪，托其抄录陶本②，具体后续结果今未见于日记。光绪十一年（1885）九月，他在苏州得见《大藏音义》，从中辑佚《仓颉》《声类》，本拟数日毕事，但辑至《大藏音义》第六十卷时因病中辍③。十一月，在节衣缩食之后终于购得出版不久的《古逸丛书》，从其中的《玉篇》古抄本采录佚文。光绪十三年（1887）二月至闰四月，再次借得《大藏音义》，完成了卷六十一至卷一百的采辑。其间闻知吴县书贾朱记荣尚未刊行的《孙溪朱氏经学丛书二编》内收录了嘉兴陈其荣补辑的《仓颉篇》《字林》等书，感到"先声夺人，余之所辑更不可缓矣"④。随后继续从希麟《续一切经音义》《文选注》中钩稽佚文。

其《仓颉篇》辑注工作至少持续到光绪十三年，而十二年底在致其师俞樾的信函中已称《仓颉篇疏证》四卷⑤，可知其正式书名与大致规模。该书未能流传下来，但具体内容可借其藏书批校窥见一二，即孙辑本《仓颉篇》（今藏上海图书馆）和玄应《一切经音义》（今藏华东师范大学图书馆）。今检江氏校本《仓颉篇》，批注满纸，浮签众多，所补内容为某字在《史记》《文选》《玉篇》《字林》《太平御览》等书中的具体出处。如"饵，食也"，孙书原注仅云"《文选注》，《一切经音义》"，

---

① 《致叶昌炽（十三）》；《跋〈一切经音义〉》，光绪甲申二月初二日条。《江标集》，第 42、233 页。

② 《江标日记》（上），光绪十年六月十一日，第 26 页。

③ 同上书，光绪十一年九月二十日，第 132 页。《致曹元弼（十六）》，《江标集》，第 75 页。

④ 同上书，光绪十三年二月初一日、二月初二日、闰四月十七日，第 241、262 页。陈其荣辑本是在陈鳣所校孙星衍辑本基础上，补以慧琳《一切经音义》等书，校订而成。正式成书于光绪十五年，实际刊行是在光绪十八年的徐士恺《观自得斋丛书》中。见陈其荣《仓颉篇》自序，《丛书集成续编》影印本，台北新文丰出版公司，1989 年，第 471 页。

⑤ 同上书，光绪十二年十二月十七日，第 226 页。

江批补曰:"[《文选》卷]二十二谢灵运《游南亭》一首注,又四十三嵇叔夜《与山巨源绝交书》注。"并多考证,如"彴"字页浮签曰:"彴,《释言》:徇,遍也。《释文》本又作侚,樊本作彴。""术,《字林》:足中道曰术。《月令》孟春:审端经术。郑注依《周礼》改术为遂。《吕览·孟春纪》注云:端正其经路。是高诱不改字……"此外偶有补充字头,如穴部补"穷"字,疒部补"痏"字,水部补"湼"字,纟部补"缳"字。

江标此书用到了光绪年间东瀛归来的古本《玉篇》、杜台卿《玉烛宝典》、慧琳《一切经音义》等,故采录条目肯定要比此前的任大椿(1738—1789)、孙星衍、马国翰(1794—1857)、黄奭(1809—1853)诸本更加丰富。而同时代人中,陈其荣、诸可宝(1845—1903)、曹元忠(1865—1923)对孙辑本的订补,陶方琦、顾震福(1872—?)的辑本,也采用了这些新出材料[①],不过陈、诸、曹、顾四家成书都在江标之后,顾辑本的评价也不高,江辑本至少当与陶方琦辑本相伯仲。

后来的辑本以王国维(1877—1927)《重辑仓颉篇》最为精审。而现今随着安徽阜阳双古堆汉简、甘肃玉门市花海乡烽燧遗址汉简、甘肃敦煌马圈湾烽燧遗址汉代木觚、新疆和田尼雅遗址汉简、甘肃永昌水泉子村古墓汉简以及北京大学藏汉简的出土,《仓颉篇》的整理又进入了全新的阶段。

《声类》十卷,曹魏李登撰,收字较《说文》多两千余字,按五声分列,大约亡于北宋末。江标《声类》的辑佚与《仓颉篇》在材料来源上大体相同,时间上也有重叠,整体略晚。大约始于光绪十一年,主要在汪鸣銮广东学政幕府中进行,十四年正月誊录第一稿,作自序约千言,后又增补重抄[②]。据其《修书图自序》言,"玉堂清暇,往往喜辑录

---

①　孙启治、陈建华《古佚书辑本目录(附考证)》,中华书局,1997 年,第 95 页。

②　《江标日记》(上),光绪十四年正月二十四日、四月二十二日,第 299、308 页。

之学,先成《声类考逸》二卷"[1],则在进入翰林院之后仍有考订,最后书名为《声类考逸》。其湖南门生刘肇隅曾见此稿本[2],今不传,疑毁于其上海寓所之火灾。

该书宗旨和内容可见其致曹元弼的信札:

> 尝谓自来以声为经之书,莫古于此。盖以五声命字,不立诸部,尚无四声之缪。自平侧严而此书废。今传仅有《广韵》一书为最古,然仅供唐人词赋之要,非汉魏学者有用之书也。今所辑本,较任、章、陈三家二倍之,似足以存也,惜不能与君商榷其疑耳。[3]

札中对《广韵》的评价当然并不准确和公允,但其欲求声韵之学早期面貌的志趣与研求吉金字形、汇辑《仓颉》故训的小学研究思路是一以贯之的。从中还可知他在辑佚考订时对比过前人成书,即任大椿、章宗源(1751—1800)、陈鳣(1753—1817)的《声类》辑本。其中任辑本影响较大,王念孙(1744—1832)、黄奭、曹元忠的增补本都是以任辑本为基础。陈鳣《声类拾存》辑得佚文二百余条[4],则江标辑本当在四百条以上,较前人有大幅进步。

综上来看,江氏对《说文》的订补、对《尔雅》古字和《仓颉篇》《声类》的辑考是同步推进的,显示出其小学研习的系统性。这种系统性首先是由各书本身内容和性质决定的,同时也体现了江氏对汉魏经师基础功夫的尊崇,以及对乾嘉诸儒研究路径的自觉效法和继承,比

---

① 《江标集》,第 197 页。

② 《修书图》刘肇隅题诗第三首自注,《江标集》,第 414 页。

③ 《致曹元弼(十九)》,《江标集》,第 76 页。

④ 陈鳣《简庄文钞》卷二《声类拾存自叙》,《清代诗文集汇编》,第 436 册,第 19 页。

如任大椿、陈鳣等人对文字声韵各书辑佚的兼顾。

而这种研习方式也不止他在从事,好友费念慈的著述路径亦是如此。费氏著《说文经字疏证》;又从管礼耕处借得段玉裁、钮树玉、臧镛、顾广圻诸家的《经典释文》校本,过录其校文,拟作《释文校证》;并同样注意到慧琳《一切经音义》征引的唐前小学诸书,从中辑佚《仓颉篇》、校《释文》①。

不过,江标这种效法和继承是不全面的。一是其年尚少,未得小学名师指导,故认识水平与前贤尚有明显差距;二是未能在扎实的小学基础上真正深入专经研究。乾嘉名儒孙星衍早年也致力于《尔雅》校理,但他是为了《续经典释文》的撰述规划:

> 欲撰《续释文》,此事茫无涯。先抽《尔雅》篇,虫鸟苦究推。削其偏旁加,古是而今非。广撅郭(舍人)樊孙,高(诱)郑(康成)乃其枝。参军小蛆龉,叔重吾纲维。蹉跎未终成,行役以自携。(《中州送邵太史(晋涵)入都》)②

后来又专注于《尚书》,撰成《尚书今古文注疏》,由此奠定了学术地位。尽管江标也表现出了对字词训诂、经书异文、诸经源流这几个领域(即《经典释文》涵盖的领域)的兴趣,但这种兴趣没有进一步发展成对某部专经的完整校理和系统研讨。较江标年长十岁的皮锡瑞则在专经研习方面获得了贯通,他细读汉唐注疏,又遍阅清人考据专著和《清经解》《清经解续编》,先后撰成《古文尚书辨证》《尚书大传笺》《古文尚书疏证辨误》等,涵盖对本经内容的梳理、对早期传注的阐释、对本朝名作的纠缪补遗,学习和著述的路径明晰,同时不废小学,

---

① 钱伯城、郭群一整理《艺风堂友朋书札·费念慈(四十五)》,上海人民出版社,2018 年,第 424 页。

② 孙星衍《澄清堂稿》卷上,《清代诗文集汇编》,第 436 册,第 281 页。

辑有《释名补注》等。当然,也有靠辑佚工作取得显著学术声望的案例,如乾嘉学者严可均(1762—1843)。严可均在小学著述《说文校议》《说文订订》《说文解字翼》《说文声类》《尔雅一切注音》、金石著述《唐石经校文》《平津馆金石粹编补编》《铁桥金石跋》之外,辑成高达741卷的《全上古三代秦汉三国六朝文》,为后世提供了重要工具书。但纯粹凭借辑佚很难达到《汉学师承记》中各重要学者的水准,所以江标的这种遗憾对今天从事经部文献研究的研究生和学者来说,应该是值得借鉴的经验教训。

第二节　金石拓本的搜求与研习

文字、音韵、训诂之外,金石学在苏州同样氛围浓厚,晚清引领金石学风气的巨擘潘祖荫、吴大澂的收藏和研究活动即与其家乡苏州密不可分,当地中小收藏家更是不胜枚举。前文已提及,江标早岁读《说文》即开始注意结合"今日所见古金文拓",后来又深受叶昌炽、汪鸣銮的直接影响,笃好吉金碑版。不只是过眼诸多家收藏器物与拓本,自身也积累拓本颇富;既将所学用于《说文》的字形订补,也勤奋临习拓本,并有专门的金石著述。

一、吉金拓本的积累与学习

江标师友中收藏吉金拓本者颇多,潘祖荫、吴大澂、汪鸣銮之外,尚有中小型藏家,如潘祖荫族兄潘钟瑞(1823—1890),潘祖荫族侄潘志万(1840—1899)①;江氏业师叶昌炽;与江氏同在汪鸣銮幕府中,曾寄示盂鼎和项敦拓本的管礼耕;家藏钟鼎拓本数百件,包括散氏盘

---

　　① 《江标日记》(上),光绪十一年十二月末:"候潘硕庭,出示古金拓本两大册,皆精美之品。滂熹斋、恒轩所藏之器居多,他如两櫑、养闲诸家,亦间有之,属题语于上,为考谬数事。"第149—150页。

和铝鼎精拓的海宁蒋望曾(1856—1890);曾以所藏汉雁足灯旧拓征得十多家题跋的汪鸣銮之侄钱宝镕(1865—?);等等①。至于江标自身的吉金拓本收藏情况,历来不甚清楚。

今从江标日记中可探知,早在光绪十二年六月前后,他就曾新装"古金拓本三册",并请潘志万题跋②,次年八月潘钟瑞来其家中,称"遍观其所收金石拓本,可云富有"③。在江标光绪十二年五月的日记册中,列有数页吉金器名,虽别无标题和说明,但结合"古金拓本三册"的装池时间与友朋评价,此数页器名应当就是请潘志万题跋的吉金拓本合册所收。诸器按鼎、尊、钟、簋、敦、戈、卣、爵、盘、角、壶、鬲、觯、匜、簠等类排列,多达438种,如果编成吉金专书,几可比肩收录493器的薛尚功《历代钟鼎彝器款识法帖》,也远超从数十种到一二百种不等的当时一般的吉金录体量。如果对照江标致吴大澂札中关于搜集金石拓本收获与意图的自陈:

> 举凡彝器之属,固略识名矣,他若周钵齐化之奇,瓦豆泥封之品,莫不一一搜罗,斤斤自守,得片纸以为珍,获一观以为福。其意盖欲博则续阮、吴之款识,成此巨编;精则补《说解》之重文,申兹古义者也。④

则这三册拓本在规模上正足以"续阮、吴之款识"。

其中器物主要是食器、酒器及水器,乐器和兵器较少。具体数

---

① 《江标日记》(上),光绪十一年九月十二日、十月二十一日、十二年正月初五日,第129、138、151页。《为钱冠瀛题汉建昭雁足镫旧拓》,《江标集》,第286页。

② 同上书,光绪十二年六月初二日,第178页。

③ 尧育飞整理《潘钟瑞日记》,光绪十三年八月十五日,凤凰出版社,2019年,第453页。

④ 《致吴大澂(一)》,《江标集》,第81页。

量在 10 种以上者包括：鼎 79 种，簋 15 种，卣 33 种，鬲 20 种，敦 98 种，簠 17 种，壶 23 种，尊 21 种，爵 14 种，盘 16 种，匜 13 种，钟 20 种，戈 13 种。其中大盂鼎、颂鼎、毛公鼎、窦鼎、智鼎、匽侯旨鼎、师遽方尊、趠尊、虢叔钟、邵钟、颂敦、虢季子白盘、散氏盘等都是名器，其铭文已成为现在先秦史研究的经典史料。有些拓本当时并不易得，如盂鼎拓本可能是叶昌炽所赠，虽然"用墨不甚精湛"，但潘祖荫对原器"宝若肤理，不肯传本，故人间希有藏者"①，能得一纸，已属有幸。

除在苏州期间请潘志万题跋，江标还将这三册拓本携至广东，请时任广东巡抚吴大澂审定，吴氏为之题语十余处②。此后又专门致信吴大澂（即上文所引），请"赐以秘籍之文，成复斋之全册，除已有者编目附鉴，惟未睹者拜手诚求"，今考其日记，大约未能立即如愿。但当年年底，他不仅从吴处获赠新石印毛公鼎拓本和散盘、智鼎、虢盘、盂鼎诸拓本，还被允许至巡抚署中"手拓秦权、邵钟二文"③。如此厚爱，离不开汪鸣銮的纽带联系（吴为汪的表兄，而汪为江的妻族兄），也能看出吴大澂对此晚辈的认可。

这些拓本是支撑江标《说文》学习的重要辅助，也是其一心要踵继吴大澂《说文古籀补》的重要驱动和支撑，还可能是后来《灵鹣阁丛书》所收藏器目录的订正依据。

如果将焦点从《说文》转到吉金本身，则江标学习金文尚需要另外的参照文本，即吉金专书以及他处零散讨论吉金学术的文字。从日记来看，其早年熟稔的吉金专书包括方朔《枕经堂金石跋》、阮元《积古斋钟鼎款识》、吴大澂《恒轩所见所藏吉金录》、潘祖荫《攀古楼彝器款识》等。结合其所作《述考藏吉金诸家》的诗作：

---

① 《江标日记》（上），光绪十二年正月元旦，第 151 页。
② 同上书，光绪十三年二月十九日，第 246 页。
③ 同上书，光绪十三年十二月二十三日、二十五日、除夕，第 292 页。

诸城《金苑》空山《录》，簠斋《印举》廉生《目》。山左文章重吉金，南方绝学神胶续。两罍《款识》恒轩图，楼名攀古人间无。吁嗟乎积古斋倾世不扶，小沧浪畔多菰蒲。①

可见除了阮、吴、潘诸家，他可能还阅览过牛运震（号空山）的《金石经眼录》、诸城刘喜海的《金石苑》、陈介祺的《十钟山房印举》等要籍。又在日记中列有吉金书单并附注版本，含吕大临《考古图》（通行本）、赵九成《续考古图》（通行本）、薛尚功《历代钟鼎彝器款识法帖》（阮元刻）、王厚之《钟鼎款识》（阮元摹刻本、叶志诜影刻阮本）、王黼《宣和博古图》、王俅《啸堂集古录》（明刻本）、梁诗正等《西清古鉴》（武英殿本）、阮元《积古斋钟鼎彝器款识》（通行本）、冯云鹏/冯云鹓《金石索》、吴荣光《筠清馆金文》（自刻、粤刻）、刘喜海《长安获古编》、杨守敬《望堂金石文字》等②。此简短书目前一天的日记正好摘录了潘祖荫《攀古楼彝器款识》序言中胪列宋代吉金学者的部分③，那么此书当是依照潘序按图索骥，拟备书单而后一一寻览。《筠清馆金文》即是此后两月所得，且以吴大澂"在珲春时所撰钟鼎彝器释文考"的相关内容过录于书中④。

江标此前对阮元《款识》已有收藏和阅读。到山东不久即承汪鸣銮赠予初印本，并借得汪鸣銮过录潘祖荫批校的本子，过临其批注，

① 《江标日记》（上），光绪十二年十一月初一日，第 209 页。其中"廉生《目》"应当是指王懿荣的《汉石存目》，但因为诗注已明确指吉金诸家，所以这里用石刻目录其实与诗注不尽相合。如果是指王懿荣的《福山金石志》，则"目"字容易引起误会，且《福山金石志》当时流传并不广。

② 同上书，光绪十二年五月二十八日，第 175 页。

③ 参潘祖荫《攀古楼彝器款识》自序，《续修四库全书》，第 903 册，第 2 页。

④ 《跋〈筠清馆金文〉》，《江标集》，第 233—234 页。

次年又在扬州购得阮书原刻①。研读之后，已能利用阮书来鉴定友人管礼耕所藏拓本②。

　　从出现频率来看，江标对阮书的重视明显超过其他吉金专书，评价《筠清馆金文》时也是说"此书足为《积古斋款识》之后一劲敌"③。一方面无疑是源于阮书本身的价值。该书成于嘉庆间，集合阮元友人江德量、朱为弼、孙星衍、钱坫、赵魏、何元锡、张廷济等 12 人所藏器拓近 500 件及阮氏自藏数十件，体例上继承南宋薛尚功《款识法帖》而规模已经超过，与阮元主修的以碑版为主的《山左金石志》《两浙金石志》同为当时引领金石风气之作。其书前所附《商周铜器说》（上下篇）是重要的学术史回顾；其正文的释文考证④则博采经传训诂与宋人金石专书，间引时人考辨（如吴东发），得到学者普遍重视。其中有关经传者更被单独辑成两卷，收入《皇清经解》。阮书在辨伪、摹写和考订上固不免疏漏讹误，但仍被后世学者视为"研究清代所见古铜器铭文的头一部书"⑤。清代学者王筠、叶志诜、潘祖荫、吴大澂等对该书均有收藏和批校，章太炎的批语还被辑为《积古斋钟鼎彝器款识识语》⑥，收入个人遗集。

　　另一方面则与现实触发的情怀有关。山东学政汪鸣銮的学署正是阮元当年督学山东时所居，江标居此学署两年，其济南所游所见，无不受到阮元《小沧浪亭笔谈》所记景观和人事的一一映衬，由此生

　　①　《江标日记》（上），光绪十年十二月初四日、除夕，十一年六月二十四日，第 70、75、119 页。

　　②　同上书，光绪十年十月二十一日，第 138 页。

　　③　《湖南学政观风题》，《江标集》，第 33 页。

　　④　主要成于阮元弟子朱为弼之手，阮元有修订。光绪间，为弼从孙朱之榛将《积古斋钟鼎款识手稿》单独出版。

　　⑤　容庚《清代吉金书籍述评（下）》，《学术研究》1962 年第 3 期，第 69—71 页。

　　⑥　《积古斋钟鼎彝器款识识语》，《制言》1939 年第 48 期。

发的怀念和崇敬考据学泰斗的心情自然强烈,前引诗作中"积古斋倾世不扶,小沧浪畔多菰蒲"之语即可为证。除了细读阮书,他随汪鸣銮到广东学政署后,还临写《积古斋图》一幅(今为私人收藏),其跋语曰:

> 积古斋在山左学署,标以襄校,下榻斋中者两载。此图乙酉秋摹于扬州旧家,犹可想见当日摩挲文字之乐。今憇斋中丞世丈恒轩中古金之富、考订之高,远过仪征。标从摹此图以进者,以其为大辂椎轮,轨辙斯在。且文达当日曾总百越,中丞适来开府,是邦文采风流,后先照耀,当亦盛美之一端云。光绪丁亥中春,江标谨记于古药洲。①

该图之原本为扬州旧家所藏,可能是阮元故旧的遗存。此次摹写虽是呈给汪鸣銮表兄、广东巡抚吴大澂,意在称颂吴氏吉金收藏之富、考订之精,以及阮、吴先后官于粤地的文采相继,但所用意象仍是阮元在山东的积古斋,表明阮元在其心目中所占据的吉金学术领域的标志性地位。

　　吉金图录和释文之外,潘祖荫《滂喜斋丛书》也对江标早年的吉金学习提供了重要参考。《滂喜斋丛书》收书 43 种,含有关金石者 8 种:吕佺孙《百砖考》、韩崇《宝铁斋金石文跋尾》、鲍康《鲍臆园丈手札》、陈介祺《陈簠斋丈笔记》《簠斋传古别录》、孙星衍《京畿金石考》、西田养直《日本金石年表》、程祖庆《吴郡金石目》。他购得该丛书是在光绪十二年初,但十一年九月已从好友曹元弼处借得数册,并有相关摘录:

> 释金文以多见为第一,考经为第二,证许为第三。有据者断

之，无据者则桂氏《说文义证》案而不断之例为至，是不可徒博，愈引愈远而愈无当也。荟萃而不能断，只益芜杂恍惚，亦奚以为。此陈簠斋说也，见《滂憙斋》刻书中。

　　陕西张二铭工伪铜器古文，大至鼎钟，小极寸许，铜造像无字者皆能补镌。又有苏、薛二人则不知其名，其始于刘燕庭先生宦秦之时，一时好尚，人遂为此奇佽云。（说见鲍臆园康与潘伯寅尚书札，已刊《滂憙斋丛书》）

　　鲍臆园又曰：阮刻《款识》及《金石粹编》弊在贪多，不能不假手于人，遂留螬隙，然开山之功甚大，吾辈节取其长可耳。

　　刘燕庭《古钱苑》一百一卷，底稿在陈簠斋处，有图无说，且金银洋钱多至数卷。（同上）①

从内容可知借阅的数册含有《鲍臆园丈手札》和《陈簠斋丈笔记》，也可窥见其关注的重点在于释文的基本原则方法和文献掌故。而前文对其积累吉金拓本和研习《说文》的讨论，正显示出他对"多见"和"证许"两条原则的身体力行。

二、为叶昌炽、汪鸣銮访碑

　　相较吉金，江标在学习石刻文献方面留下的踪迹要丰富得多。其对碑刻的兴趣始于何时已难细考，苏州本地的文化环境当然有所熏染，例如其悬桥巷住址的对面就是裱帖店②。具体来说，其早期学习离不开叶昌炽和汪鸣銮的深刻影响，特别是为两人访求碑石拓本的历程。

---

　　① 《江标日记》（上），光绪十一年九月二十二日，第132—133页。
　　② 尧育飞整理《潘钟瑞日记》，光绪十六年三月初七日："径至悬桥巷答江建霞，适他出，就其对门裱帖店取汇拓苏城井阑十四种，尚缺其二，又砖拓本四十张。"凤凰出版社，2019年，第680页。

　　叶昌炽是晚清著名金石学家,所著石刻文献理论著作《语石》称"窃谓登五岳而不携古刻以归,犹之未游也",足见志趣之笃。山东是文物大邦,传世古刻既多,晚近新出者亦复不少,叶昌炽自然不会错过托熟人搜访的机会。江标致叶昌炽札中也兴奋地表示:

　　　　汉碑新出土者,西汉有《河平三年麃孝禹碑》,东汉有《琴亭国李夫人灵第门》,又《孔子击磬图》《君车图》,字绘皆完,笔势奇伟。此外晋魏以下造像、佛座、经幢、墓铭,不可以数计。①

叶昌炽托其搜访当地以及河南的六朝以后、唐以前石刻,并开列"中州碑目"。江标平时在齐鲁新得碑拓零种,即随时随札附寄,但自身经济实力有限,遇到价格较高的就需要叶昌炽先预寄款项了:

　　　　武梁祠全套,精者钱五千,次者三四千,其余另拓。六朝造像墓志等,每纸不过一二百文,多至四百文,如以二十余番之数,所得必多矣。②

而叶氏关注的河南碑版拓本在山东店铺里极少,购者亦不多,故其"中州碑目"难以报命。叶又请江留心各类经幢,江为之开列目录,避其重复,很快替叶购得百余种,并在随轺途中随时注意踏访,将后周显德二年经幢、汇泉寺后唐同光石幢、赵州景祐幢等拓本寄赠③。在

---

　　①　《致叶昌炽(十五)》,《江标集》,第44页。
　　②　《致叶昌炽(十三)》,《江标集》,第42页。
　　③　叶昌炽《缘督庐日记》,光绪乙酉六月初七日、丁亥八月二十日,江苏古籍出版社,2002年,第2册,第1040页;第3册,第1358页。《江标日记》(上),光绪十年六月二十九日,第30页。《致叶昌炽(十四、十八)》,《江标集》,第43、47页。

江标等人的辅助下,叶昌炽收获经幢数百种,斋号即称"五百经幢馆",江氏还为之作《五百经幢馆图》①。在苏州时,江标曾与叶昌炽、孙传凤一起赴虎丘访碑拓碑,一路颇有古刻,如宋道义乡经幢、嘉定《修造南新桥题记》、寿圣寺龙德二年经幢、绍圣乙亥题名等,此行亦是"专为鞠师访幢而来"②。

江氏自己也有搜集石刻的计划,自言到山东后"立志不收隋以后拓本",又言"过曲阜孔庙、紫云山、武氏祠,手拓各石,齐梁以下,不屑加毡蜡也"③,立限颇严,但实际上更多是附属于为汪鸣銮访碑的活动。而汪鸣銮之所以需要幕客搜访碑拓,并不完全是出于个人收藏喜好,而是为了续纂阮元的《山左金石志》。

光绪九年至十一年(1883—1885),汪鸣銮出任山东学政,上距阮元出任山东学政(1793—1795)恰好90年。汪氏本身嗜好小学金石,还有意效法故事,拟招金石专家尹鹏寿④、丁培基入幕:

> [光绪十年]夏间回省,郎亭先生拟招精于金石者来署,仿文达公积古斋故事,如尹生彭寿(诸城人,著有《诸城金石志》,工于篆,家藏有西汉朱博颂残石及六朝造像),丁生培基(潍人,曾有校《益都金石志》,已刊),皆好古之士,拟罗致也。⑤

---

①　《江标日记》(上),光绪十三年正月二十四日,第 240 页。

②　同上书,光绪十四年九月十七日,第 326、327 页。

③　《致叶昌炽(十六)》,《江标集》,第 45 页。《连江舟中偶成截句》第一首自注,《江标日记》(上),光绪十四年五月二十一日,第 314 页。

④　尹鹏寿,生于道光间,卒年不详,山东诸城人。光绪十一年拔贡,琅琊书院山长。笃好小学金石,富于收藏,著有《国朝治说文家书目》《说文类编》《说文部读补注》《汉隶辨体》《石鼓文汇》《周秦石刻存目》《山左南北朝石刻存目》《诸城金石志》《山东金石志》《撷华斋古印谱》《斠经室集初刻》等。

⑤　《致叶昌炽(十三)》,《江标集》,第 42 页。

随后又有续修和重刊阮志之议①,并在观风考试中以《拟续山左金石志序》为题,而考生所答也提供了不少新出鼎彝碑版资料②。

就续修阮志的必要性而言,汪、阮相隔的近百年间,山左新出青铜器即有新泰县出土的杞伯鼎,胶州灵山出土的陈猷釜、左关鋘,肥城出土的铸子叔黑颐鼎、铸子叔黑颐簠等③,碑版及拓本更不胜枚举,故续修工作确当其时。

就可行性而言,阮元修志时动员了全省官民提供拓本,而汪鸣銮任学政时,当地仍有陈介祺、孙文楷、尹鹏寿等大小藏家可资凭借。事实上汪氏与此诸家也有所交往:汪曾遍观孙文楷所藏匋器、吉金、玺印、古泉拓本④;陈介祺去世时,汪为其神主点主⑤;尹彭寿所著《汉隶辨体》的刊本即是请江标书写题名、汪鸣銮作序;尹彭寿子尹元鼐(? —1892,字伯圜/伯元)擅长毡拓,被吴大澂招入幕中,专事吉金全形拓⑥,贴过的吉金拓本也被汪鸣銮收藏⑦。此外表兄吴大澂也收藏宏富,可资凭借。虽然汪氏幕中人才远不及阮元麾下之美盛,但碑拓访求尚可进行,主要承办者即江标、孙传凤。

江标在日记中详细记录了在武梁祠、济宁州学、曲阜孔庙等处的

①　《致叶昌炽(十五、十六)》,《江标集》,第44、45页。

②　叶昌炽《缘督庐日记》,光绪丁亥正月二十三日:"阅山左观风卷,中有《拟续山左金石志序》,罗列新出各种,颇有可采,节录于此……"江苏古籍出版社,2002年,第3册,第1268页。

③　杨士骧等修,孙葆田等纂《山东通志》卷一四七《金石》,《石刻史料新编》第2辑,台北新文丰出版公司,1979年,第12册。

④　《江标日记》(上),光绪十一年四月三十日,第110页。

⑤　同上书,光绪十三年二月初七日,第242页。

⑥　详参:白谦慎《吴大澂和他的拓工》五《吴大澂的拓友陈佩纲、尹元鼐、黄士陵》,海豚出版社,2013年;唐存才《金石全形拓初考》,《书法》2019年第7期。

⑦　《江标日记》(上),光绪十四年正月二十九日:"尹伯圜偕牧夫来谭,见所帖李山农金文一册,皆郎丈藏本,有食白虎敦。"第296页。

探访过程,清晰描述了建筑与碑石保存的格局样貌。其中曲阜孔庙先后到访四次,先是随汪鸣銮通览,后三次则是与孙传凤专门前往拓碑,包括《居摄》《坟坛》《五凤》《礼器》《史晨》《百石卒史》《汝南府君》《孔宙》《鲁相谒孔庙》诸刻。其实地所获拓本之精审,往往胜于阮志所录:

> 再至孔庙,题名于《孔褒碑》侧,并手拓《汝南府君》额及《孔宙》《百石卒史》《史晨》各碑上下向来未拓之字。观汶民属拓工拓《鲁相谒孔庙》残碑阴侧,此从来金石家皆未著录,其阴帖木栅,拓者不能施纸墨,其侧为楷书,多模糊不可辨,属郭映晖拓汉石全分。(三日记)[《山左金石志》已收入矣。其侧为唐贞元诸官题名,可识也。(十日记)以石志细,较新拓者多几字,可知阮氏所得本亦未甚精也。]①

在泰山经石峪所得竟比阮志多数百字②,一路所经,即使是废寺亦不舍弃③,所购拓本亦有为阮书所未收者:"汉魏六朝碑,共六百文,得承元□年造像四纸,云石在青州府城垣上,为《山左石志》所未收者。"④

大约经过半年查访,江标就整理出阶段性的《山左金石志》未收碑目,并寄示叶昌炽,今见于《缘督庐日记》中⑤。该清单收录碑版52种,大部分为造像,按时代先后,简要记录所载地点、字体等信息。其日记对《高贞碑》的难字还有考证⑥。此前他曾在汪鸣銮处见到碑估

---

① 《江标日记》(上),光绪十年闰五月初三日,第 15 页。
② 同上书,光绪十年八月三十日至九月初一日,第 44 页。
③ 同上书,光绪十年闰五月二十一日,第 19 页。
④ 同上书,光绪十一年三月初一日,第 93 页。
⑤ 叶昌炽《缘督庐日记》,光绪乙酉十月廿七日,江苏古籍出版社,2002年,第 2 册,第 1086—1092 页。
⑥ 《江标日记》(上),光绪十一年四月初五日,第 103 页。

送来的《秦汉六朝碑目》，"虽为估人以此作售拓本之部录，然于出土各石详加年月地名，是亦好古者所必需"①，江标遂录存一本，而上述清单可能也参照了这份贾人的拓本销售目录。该清单止于隋朝，符合江标自身"立志不收隋以后拓本"的定位，更多可能是对应叶昌炽"六朝以后、唐以前"的托其访碑的断限。但续补阮志是汪鸣銮的要求，显然不能局限于此，所以江标给汪鸣銮准备的清单版本则很有可能不止此数。

可惜汪鸣銮于光绪十一年（1885）十月卸任②，距离《山左金石志》续修动议仅一年，显然无法完成。书虽未成，对石刻的亲身踏访、对拓本的广泛观览已经让江标受益匪浅。如在武梁祠观汉画像及残碑，令其大开眼界，表示"皆黄小松、李铁桥之所未见者也，阅百年重见如此之多，甚为快事"③。在汪鸣銮处，江标不仅为其整理藏拓④，还经常得其赠送拓本，并学得拓碑之法，付诸实践：

> 又以寸许阔条拓《礼器》《史晨》《百石卒史》，一石一纸，精拓存之，以较素称为佳拓者，皆不如也。此法郎亭为余言。⑤

> 近拓工于此二种皆不能有精拓，盖因五凤石质甚粗，用大墨包扑之则皆模糊矣。居摄二刻皆刻在石堪中，更不易施毡椎。余以新絮小墨包细审其文而手摸之，穷日之力，得此三纸。⑥

对前人关于山左石刻的评述，也能以自身经验识其讹误：

---

① 《江标日记》（上），光绪十年七月二十七日，第36页。
② 《山东学政汪鸣銮题为岁科考试完竣遵例报满事》，光绪十一年十月初九日，中国第一历史档案馆藏，档号02-01-005-023804-0084。
③ 《江标日记》（上），光绪十年四月二十九日，第3页。
④ 同上书，光绪十一年四月二十九日、三十日，第110页。
⑤ 同上书，光绪十年五月十五日，第11页。
⑥ 《跋五凤二年刻石与居摄坟坛刻字》，《江标集》，第225页。

全谢山谓五凤石刻为重摹本(见《鲒埼亭集》卷三十七跋),谓《张猛龙碑》书法不佳(见同上),谓唐太山摩厓为前明俗吏更以"忠孝廉节"四大字,镵其上旧文,为所毁者半(见同上)。标按,此更不然。余亲至山顶读铭文,无有为大字所掩者。曾闻旧时有拓工来拓此石,天寒笼火其下,致石毁损,今下段字为后人补刻,先生或以此而讹。①

江标自己所得拓本也颇多,得龙门造像一百种、《延光残碑》、《朱博颂》、《嵩高灵庙碑》、《爨龙颜墓志铭》、《吊比干文》、广固造像、鲁彦昌造像、天保二年/天统三年造像、舍利塔下铭、翻《皇甫君碑》、《百石神君碑》、《舍利碑》等②。这些眼界与实践的积累,都是金石学研习的宝贵经验和必由之路。离开山东后,其拓本积累和研读仍在进行,如友人赠予的《裴岑纪功碑》《刘平国碑》《唐姜行本勒石纪功碑》等,这些原石远在甘肃和新疆,当时拓本颇难求得③。到广东后,还见到了汪鸣銮收藏的精拓唐代墓志集册。但正如江标自己所言,"到粤后得书籍碑版不及齐鲁百分之一"④,其早年最重要的积累都得益于山左。

和金石有关的活动促成了江标的学术成长,也成为他在山东时最兴奋的记忆。其致友人的《鲁游杂事诗十六截句》中,有六首和金石有关,总结了各处访碑的经历和汪鸣銮续修《山左金石志》之事:

> 永平石刻满云峰,北派居然是大宗。四十三番亲手拓,墨花

---

①　《江标日记》(上),光绪十二年十一月初七日,第 213 页。
②　同上书,光绪十年七月初四日、十一年正月十一日,第 30、86 页。
③　同上书,光绪十一年九月初七日、十二年十一月初九日,第 128、213 页。
④　同上书,光绪十四年五月二十一日,第 314 页。

香润一床封。

诸城名刻甲天下,秦汉文章照海涯。百里邮程悭眼福,延光残字与琅琊。

金石志收齐吉化,小琅嬛未识真文。独怜不尽山夫说,吾有新书证旧闻。

好古我闻陈李王,吉金范士富琳琅。周秦钛量新搜剔,续志重修记录藏。

访古来登孔子堂,六碑森立戟门旁。赋诗苦忆覃溪老,搜剔今难问李黄。

武梁石室纸房集,画像嵚崎尽大观。爱古重逢赵金石,归涂有约访盘盘。①

如果将视野稍加扩大,我们会发现,这种对金石专书修纂的参与,既是金石学人才培育的重要途径,也是乾嘉以来金石著述潮流的延续。

对某地的金石资料进行系统整理,有两大成书体裁:一是方志的金石门类②,二是分域金石专书。方志又分府州县志、省级通志。府州县志特立碑版门类的做法早在宋代即已出现③,清乾隆中后期,以陕西巡抚毕沅奏请重修《关中府志》为契机,其幕府诸学者如张埙、严

---

①　见《益闻录》光绪十一年(1885)第 440 期,中国国家图书馆藏。

②　相关讨论可参考刁美林《清代方志艺文志之分类体系与类目设置探析》,《史志学刊》2015 年第 4 期;孟凡港《方志中的金石类目——以〈中国地方志集成·山东府县志辑〉为考察中心》,《中国地方志》2016 年第 3 期。

③　罗愿《(淳熙)新安志》自序言"大中祥符中,颁李宗谔所纂新修图经于天下","(余)后得《祥符图经》于民间"。《新安志》卷三歙县部分有《碑碣》一门,言新安碑石"祥符中所录凡十一碑",并胪列 11 碑之名,则早在北宋真宗大中祥符年间,部分地方图经已有胪列碑碣(甚或录文)的体例。参罗愿《(淳熙)新安志》,《宋元方志丛刊》,中华书局,1990 年,第 8 册,第 7599、7643—7644 页。

长明、洪亮吉、孙星衍、钱坫等人纂修了陕西、河南的一批州县方志的金石门,带来了此后州县方志重视金石的热潮。省级通志层面,以嘉庆广西巡抚谢启昆主持纂修的《广西通志》为始,各省通志中开辟金石专门的做法成为通行体例,其后嘉庆至宣统间,吉林、直隶、山东、山西、甘肃、新疆、江苏、湖北、湖南、广东、广西、云南、四川诸省通志均设立金石专类,多者数十卷。在修纂方志金石门的过程中,督抚招徕的多为当时著名金石学者,如毕沅幕下诸人以及晚清纂修《畿辅通志》《湖北通志》《江苏通志》金石志的缪荃孙。即使不负责金石门类,也有访求碑刻、充实史料的风气。比如同治间江苏巡抚丁日昌聘请冯桂芬纂修《苏州府志》,冯氏弟子叶昌炽负责公署、学校、坛庙、寺观、释道诸门类,"凡道里桥梁、坛庙寺观、坊表金石,靡不一一考证","奔走烈日之中,蹒躅荒草之间,樵夫牧竖或以为痴"[1],这一过程无疑对叶昌炽的金石学习有直接促进。

至于分域金石专书,跟方志有交叉的部分,一些省志的金石志会单行出版,如瞿中溶纂《湖南通志·金石志》后,抽印百余部携归(见徐康《前尘梦影录》),但二者整体区分较大,分域金石专书不受方志纂修的计划和体例限制。此类专书在乾隆中前期已经零星出现,如黄叔璥《中州金石考》、朱枫《雍州金石记》等,但真正形成风气,是得益于此后翁方纲、毕沅、阮元的倡导。翁方纲在广东学政任上撰成《粤东金石略》;毕沅先后巡抚陕西、河南、山东,总督湖广,纂成《关中金石记》《中州金石记》《三楚金石记》;阮元先后出任山东学政、浙江巡抚、云贵总督,修《山左金石志》《两浙金石志》,指导其子阮福撰成《滇南古金石录》。一时间各地学者纷纷效法,府县金石专志层出不穷,今《石刻史料新编》所收清代此类著作即有 180 种左右。光绪间还有不少续修毕、阮诸志的计划,如前文详述的汪鸣銮续修《山左金

---

[1]　叶昌炽《缘督庐日记》,江苏古籍出版社,2002 年,第 1 册,第 47—48 页。

石志》之议①,广东巡抚吴大澂则请叶昌炽主持续辑《关中金石记》,浙江学政潘衍桐有心续纂《两浙金石志》,可惜都没有成功。但无论成功与否,参纂府县金石专书的地方士绅和参与续修省域专志的督抚幕客,都借此机会深入州县,访古求拓,这对个人学术兴趣、能力素养都是一次专门提升。后来他们又将金石风气播散至更大的人群范围,如江标出任湖南学政后,观风考试有《湖南金石诗》的题目,直接仿效自严长明之子严观的专著《湖北金石诗》;严观《江宁金石待访目》和尹鹏寿《山左南北朝石刻存目》则被江标刻入《灵鹣阁丛书》中;叶昌炽在甘肃学政任上继续搜集拓本,编成《邠州石室录》。

所以,江标个人既是这股金石学时代大潮的参与者,也是受益者和延续者。

三、书法临习与石刻研究

金石文字之用,大端在于书法鉴赏研习与经史考证。缪荃孙据此将清代金石学者分作两派:一以翁方纲为代表,称覃溪派,"精购旧拓,讲求笔意,赏鉴家也,原出宋人《法帖考异》《兰亭考》等书";一以王昶为代表,称兰泉派,"搜采幽僻,援引宏富,考据家也,原出宋人《金石录》《隶释》等书"。"惟考据家专注小学、舆地、职官、氏族事实之类,高者可以订经史之讹误,次者亦可广学者之闻见,繁称博引,曲畅旁通,不屑以议论见长,似较专主书法有实用矣。"②

梁启超则分作五派:一派为王昶、孙星衍辈,"广搜碑目,考存佚

---

① 叶昌炽《语石》卷二又言山东巡抚张曜(光绪十二年至十七年在任)也曾请缪荃孙续修《山左金石志》。今核缪荃孙年谱,只言光绪十七年张曜请其主济南泺源书院,该年二月至七月的缪荃孙日记也只见披阅泺源书院课卷以及很早就开始的抄录金石目的记录。见缪荃孙《艺风老人日记》,北京大学出版社,1986年,第340—387、3394页。

② 缪荃孙《艺风堂文续集》卷五《王仙舟同年金石文钞序》,又《外集·答郑叔问书》。《续修四库全书》第1574册,第130、282页。

源流";一派为钱大昕、阮元辈,"专事考释,补经翼史";一派为翁方纲、包世臣辈,"特详书势";又一派专门甄别字画石痕,辨拓本之古近;又一派专论碑文义例①。

今人又有三分之说:

> 一派专重考据,以碑文内容来补证经史缺误及金石制度本身的发展规律,以钱大昕为代表;一派长于搜罗著录,汇集前人考证题跋,为研究者提供检索之便,以王昶为代表;另一派则专门比较拓本的新旧,存字的多少,关键点画的完缺及书法特点的赏鉴,以翁方纲为代表。翁氏一派在收集研究中最重旧拓、精拓,对书法家的临习取法影响尤深……②

其中缪氏两派说影响最广,三分之说有所深化,五分则嫌过细,在派别特征概括和人物举例上皆有可议之处。比如梁启超所分"广搜碑目""补经翼史"以及"专论碑文义例"三类,在嘉道间学者冯登府(1783—1841)身上就是合为一体的,其《浙江砖录》《闽中金石志》是材料汇编,《石经考异》《石经补考》《三家诗异文疏证》服务于经典考订,而《金石综例》则是对前人《金石例》《墓铭举例》《金石要例》的发展。

即使是缪荃孙的两派说,应用在一些代表人物身上也容易误导读者。对存世书迹进行风格论析和梳理之外,清代精于赏鉴的书家还有别的典型表征。一是往往对书迹文物的保护和整理倾注心力,如工于隶书的黄易将山东兖州一带碑刻集中到济宁州学储存,在嘉祥访碑时,圈地保护和重整武梁祠,泽被后人。二是往往将书法研习与《说文》学为代表的小学研究相结合,客观上使自身的书法创作符合文字

---

① 汤志钧等整理《梁启超全集·诗文·书籍跋·叶鞠裳语石》,中国人民大学出版社,2018年,第17册,第533页。

② 刘恒《中国书法史·清代卷》,江苏教育出版社,2002年,第165页。

学学理,且富于古趣,吴大澂是这一路径的代表。他搜集大量吉金拓本,参照历代小学专书,考证金文篆籀的构件和音义,欲"使上古造字之义尚有可寻"(《说文古籀补》自序),其过程必然要结合《诗》《书》故训。这种考证不同于钱大昕对制度、史事、民族语言等方面的探讨,但仍属于考据学的范畴。虽然考释文字时不免"皮傅经传,卤莽灭裂",但他和陈介祺"对战国文字的认识大大超过前人"①。吴大澂的篆书创作也因为这种小学研究而别具古韵,与邓石如以汉碑隶法入篆体的书风截然两分,甚至还常用吉金篆体写信,在师友间扩大了吉金趣味的影响。因此,金石书迹形态的识鉴与小学研究的融合,实际上成为鉴赏与考证在具体书家身上无法截然分开的部分。

　　分派时的人物举例更需要斟酌。如王昶既纂成《金石粹编》,又擅长隶书创作,是清代隶书的代表书家之一,其个人对书史的源流高下也了然于胸,曾有诗作对此如数家珍②,而这种书法成就正得力于对金石碑版的搜集和临习,所以王昶实际上是兼综鉴赏与考据的代表。至于翁方纲,尽管他说过"不为书法而考金石,此欺人者也","其书极丑劣而足证史事者,此特千百之一二而已"③,但其本人撰有《粤东金石略》《石经残字考》《两汉金石记》,考订所在多有。在江西学政任上教育当地士子时,更明言"今人小学置不讲,文字何术能精研","岂惟厘字体,将以审经义"④。所以,从研究业绩和教学视野上看,

---

　　①　裘锡圭《吴大澂》,《裘锡圭学术文集》,复旦大学出版社,2012 年,第 3 卷,第 475—481 页。

　　②　王昶《春融堂集》卷十六《陆观察青来(燿)刻其尊人虔实先生(瓒)所临汉魏隶书各种见示因题其后》,《清代诗文集汇编》第 358 册,第 187 页。

　　③　翁方纲《复初斋文集》卷六《自题考订金石图后》,《续修四库全书》第 1455 册,第 408 页。

　　④　翁方纲《复初斋诗集》卷三十五《谷园集三·续鄱阳涤喜歌试饶州诸生作》,《续修四库全书》第 1454 册,第 682 页;卷三十八《谷园集六·发南昌述怀十六首》其四,《续修四库全书》第 1455 册,第 25 页。

翁方纲都很重视经史考证。像凌廷堪那样完全贬斥金石的书法研习价值者实属少数①。

鉴于以上事实,当我们论及清代情形时,书法鉴赏与经史考证最好只作功能本身的区分,举例应配以具体著作,而不是配以具体学者,以免造成人物极化的误解,引发不必要的争论。

乾嘉以来各位名家在书法和考证上普遍是融通兼擅,这种融通推进了两大领域的进步,也为后人树立了榜样。江标从早年接触金石开始,就沿着这种兼顾的路线进行修习。

吉金方面,他对篆书勤习不辍,其早年的篆书习字至今尚有零星遗存,日记中也经常提及为幕主汪鸣銮的文字应酬书写篆字扇面和楹帖,今天见到较多的是他为友朋著述题写的篆体书名,形态上风格各异,包括徐康刻本《吴越所见书画录》、华翼纶所著《荔雨轩文集》、赵元益《高斋丛刻》(含《音分古义》《资治通鉴刊本识误》《游志续编》《昌黎先生集考异》)、尹鹏寿《汉隶辨体》、缪荃孙《云自在龛丛书》(含《吴兴山墟名》《吴兴记》《奉天录》《三水小牍》《苔石效颦集》《定海遗爱录》)等。后来座师潘祖荫去世,墓盖篆字也由其手书。师友请题是对其篆书功力最直接的肯定。

书法日课是清儒的基本自修内容,江标起床后必书数纸的记录遍布日记,临习名家篆书和意欲自立书风的体悟也记录在日记中:

> 似篆而实非篆者,近日临邓完白之俗手也。似非篆而实篆者,何爱叟、莫偲老之篆也。世有能去此二敝者,近十年中或有人也。戊子四月,写此四幅,颇欲去此二敝,及执笔为之,不仅去

---

① 凌廷堪《校礼堂文集》卷二十二《答牛次原孝廉书(丁未夏)》:"执笔以摹之,自称鉴赏家,此钞胥之流,贱者之事,与金石文字两不相涉也……即工矣,亦仅徒隶之所长,伧子之所贵耳。人生精力有限,敝之于此,殊为可惜。"中华书局,1988年,第196—197页。

此二敝不能,即欲学此二敝亦不能也。甚矣,学书之难也。

昔人谓围棋、数学今胜于古,标亦谓篆籀之学可与二事鼎足焉。世有知此道者,当不笑其狂言也。[1]

所谓俗手篆书"似篆而实非篆",应当是指俗手对邓石如融入的隶书笔法和篆书经典运笔之间的平衡度、对邓石如在篆字间架结构上的个性化处理等方面并无深切理解,从而导致笔画、结构上畸轻畸重的现象。

所谓"似非篆而实篆",应是强调何绍基(1799—1873)、莫友芝(1811—1871)的篆书在外观上与秦李斯、唐李阳冰为代表的"圆匀瘦劲"的审美显著不同,而篆书基本的结体和运笔力度仍在。具体来说,何绍基的篆书笔画粗细不匀,起笔浓重圆顿,其余笔画则抖动明显,几乎无字不飞白,像隶书,这是"似非篆";但字形结体、间架重心、正欹疏密仍谨守规矩,这是"实篆"。莫友芝的篆书比较多样,字形偏方,经常刻意将一部分笔画拥挤粘连,与青铜铭文笔画之间的疏朗避让原则截然相反,这是"似非篆";但字形结体严谨稳重,运笔力道不输于传统的铁线篆,这是"实篆"[2]。由此来看,江标这种评价虽然极为简略而抽象,但显然是长期浸润和思考者才能道出。

至于吉金考据,江标将鼎彝拓本与《说文》篆籀研究紧密结合,已见前文所述。

石刻方面,对所得碑拓进行临摹是江标日记中常见的记录,如对《史晨碑》、《醴泉铭》、《刁遵墓志》、涿州拓本《快雪堂苏帖》、《石门

---

[1]　《江标日记》(上),光绪十四年五月二十二日,第315页。

[2]　书法史论常言何绍基"以金写篆",莫友芝"以碑写篆"。但若论清人篆书的金文特征,最典型的是钱坫、朱为弼;若论清人对汉魏篆书碑刻的取法,邓石如比较明显。所以本书不用"以金写篆""以碑写篆"这种泛论来解读江标对何绍基、莫友芝的评价。

颂》、《张猛龙碑》、龙门造像等的临习①。他对隶书的擅长程度似乎不及篆书和楷书,传世隶书作品也非常少,典型是为刘瑞芬《养云山庄诗文集》卷首所书的《贵池刘中丞公像赞》。

这种在书法层面对汉碑的重视,自然离不开乾嘉以来碑学大盛的氛围引导,包括阮元的《南北书派论》《北碑南帖论》、包世臣的《艺舟双楫》等著名的专题论著和本朝书家得力于某个具体名碑的事例,例如何绍基取法《张黑女墓志》《道因法师碑》,曾国藩高弟张裕钊(1823—1894)取法《张猛龙碑》等。这是书法界的老生常谈,在此不加赘述。

在石刻文献研究方面,江标早年的著述主要是《四照读碑记》和《古匋录》。光绪十年四月,江氏检旧藏各碑刻,"每读一种,疏其通假异文及志铭之例,题曰《四照读碑记》"②,"四照"即四照楼,是山东学政官署所在,江氏住四照楼西轩,因以为名。此书看来重在考证字句,综理体例。另外,江标在山东对秦汉魏晋砖瓦也多有留意与收藏,曾得古匋31件,将拓本分赠友人,并自刻"匋穴"印章③。后来或得友人赠送,或互观拓本,同道往来,学问相长④。所著《古匋录》一

---

① 《江标日记》(上),光绪十年五月二十四日、二十五日,十二年十一月十一日,十三年正月二十日、二月二十三日、三月十九日,第 12、13、215、239、248、253 页。

② 同上书,光绪十一年四月十一日,第 105 页。

③ 同上书,光绪十年九月十一日、十七日、十八日、十九日,第 47、48 页。

④ 同上书,光绪十一年正月二十一日:"郋亭招与晚饭……见匋器拓本……"四月三十日:"郋亭出益都孙模山孝廉(文楷)匋器原拓一册,多字者四十一种,单字者二十九种,泥封者三种,大字者四种。"五月十四日:"得匋器四十品……皆伯和所贻也。"九月十二日:"刻二印……呈缉庭先生,并匋器拓本六十余种。"十四年九月十五日:"晚拜鞠常师四十寿,并呈拓匋器一幅六十二种,皆自藏者。"第 83、110、112、130、326 页。

卷即成于鲁东,自许"矜阮翁未见之奇"①。两书均已亡佚。

　　关于金石对考证的作用,江标在日记中摘录了翁方纲《洪筠轩读碑记序》的一段话:"吾尝笑考金石者动言可证经史,其实证经者二十之一耳,证史则处处有之。"并附以己按:"标尝谓,金可证经,石惟证史,先生于金石二字但据石刻而言,故有此说也。"②

　　事实上,吉金铭文内容与五经的联系主要在于氏姓、史事、典章、名物,与经书原文字句的直接对应反而要看汉魏竹帛和石刻。引用石经校勘传世《十三经》刻本、利用汉碑辑佚纬书,都是清儒常识,道咸间刘宝楠《愈愚录》卷一《汉碑引经》③、咸丰间朱百度《汉碑征经》④、光绪间皮锡瑞《汉碑引经考》《引纬考》⑤等都是专门从石刻资料中钩稽汉人所见诸经词句并进行考辨的著作,所以江标年少时对金石证经证史的区分并不确切。其本人日记对汉碑的一组摘录也是兼经史而有之:

　　　　《郑令景君阙铭》(《隶释》,元初四年):治欧阳《尚书》传。

　　　　《从事武梁碑》(元嘉元年,《隶释》):治《韩诗》经。

　　　　《郎中王君铭》(王政,字季辅,元嘉三年,《隶释》):□欧阳《尚书》□(上下皆阙,当即"治""传"二字)。

　　　　《孔龢碑》(元嘉三年):龢修《春秋》严氏经。

　　　　《孔谦碑》(永兴三年):修《春秋》经。

　　　　《琅琊王傅蔡朗碑》(永兴六年,《山左通志》):以《鲁诗》

---

① 《江标日记》(上),光绪十二年十二月十七日,第226页。

② 同上书,光绪十二年十一月初九日,第213页。

③ 张连生、秦跃宇点校《宝应刘氏集》,广陵书社,2006年,第391—401页。

④ 《丛书集成续编》影印本,台北新文丰出版公司,1988年,第19册,第237—254页。

⑤ 吴仰湘编《皮锡瑞全集》,中华书局,2015年,第7册。

教授。

《郎中郑固碑》(延熹元年):初受业于欧阳。

《泰山都尉孔宙碑》(延熹七年):治严氏《春秋》。

《济阴太守孟郁修尧庙碑》(永康元年,《隶释》):治《尚书》经。

《卫尉卿衡方碑》(建宁元年):耽《诗》悦《书》,研通《春秋》。

《郎中马江碑》(建宁元年,《隶释》):通《韩诗》经。

《金乡守长侯成碑》(建宁二年,《隶释》):治《春秋》经。

《北海淳于长夏承碑》(建宁三年,《隶释》):治《诗》《尚书》。

《太尉杨震神道碑》(熹平元年):又明《尚书》欧阳、《河洛》纬度。

《执金吾丞武荣碑》(建宁、熹平时立):治《鲁诗》经韦君章句,阙帻传讲《孝经》《论语》《周书》《礼记》《左氏》《国语》。

《司隶校尉鲁峻碑》(熹平二年):治《鲁诗》,兼通颜氏《春秋》。

《豫州从事尹宙铭》(熹平六年):治《公羊春秋》经。

《校官潘乾碑》(光和四年):博学典谟,祖讲《诗》《易》。

《成阳令唐扶颂》(光和六年,《隶释》):敦《书》咏《诗》,综纬《河洛》(附闾葵斑,修《春秋》严氏,次子闾龚叔谦,治《尚书》欧阳,次廉仲絜,小夏侯)。

《豫州从事孔褒碑》:治家业《春秋经》。

读《汉书·儒林传》,见其专记授受之源流,而于诂训文辞未及也。洪北江《传经》《通经》二表,皆本于此。因忆汉碑中记治经者甚多,假汶民丈《汉碑录文》读之,得以上数则,不知洪氏《通经表》中已有之否,行箧无此书,待归而检校之。[1]

----

[1]　《江标日记》(上),光绪十四年五月十五日,第311—313页。

由上述引文最后的自陈可知,这 20 条碑文所载汉代经学授受的摘录,是受到《传经表》《通经表》的启发而起。二《表》署名毕沅,实际为洪亮吉所撰,上起孔子,下至三国,排比诸经授受源流,多标注材料出处。毕沅序称二《表》与此前朱睦㮮《授经图》、朱彝尊《经义考·师承》所录相比,"详实倍之"①。后来的吴之英《汉师传经表》、周廷寀《儒林传经表》、汪大钧《传经表补正》等都对其有所订补。二《表》所用材料包括《金石录》《隶释》等书,故江标所采已在洪亮吉视野中。

此处最值得注意的,其实不是这种摘录显示了专题著述的史料积累过程,甚至不是他是否搜集了尽可能多的碑拓、撰成完整的续作,而是对汉魏经学传授的重视已经成为年轻士子学习考据的自觉意识;这种学术史意识不是只有进阶学者才有,也不是只有在撰作《经义考》、《通经表》、赵继序《汉儒传经记》、唐晏《两汉三国学案》、廖平《古今学考》等系统著述,或者钱仪吉《三国会要·诸儒经学》②等辑补著作,或者缪荃孙《蜀两汉经师考》《郑康成弟子考》③等专门文章,或者刘宝楠《汉学师》④等专门考证笔记时才有的修养,而是扩展到了普通士子进行一般性史料阅读的过程中,具体到江标这里,则是对碑拓的阅读。这种自觉意识直接来对洪亮吉著作的阅读,同时很可能受到当时科举考试和学校书院培养的强化影响,乾嘉以来乡试策问和诂经精舍等书院课试题目时常涉及汉魏经学源流考察,光绪六年(1880)江苏学政黄体芳莅任时的观风考试即有《六朝京师宗

---

① 《儒林谱·传经表·通经表·国朝经师经义目录》,《丛书集成初编》本,商务印书馆,1985 年。

② 钱仪吉《三国会要》卷十七《诸儒经学》,上海古籍出版社,1991 年,第404—412 页。

③ 缪荃孙《艺风堂文集》卷三,《续修四库全书》第 1574 册,第 62—67 页。

④ 张连生、秦跃宇点校《宝应刘氏集·愈愚录》卷六,第 506—507 页。

派并所著经注经说考》的题目①。

第三节　书籍收藏与版本目录学实践

　　江标是近代藏书名家,其灵鹣阁所藏书并无完整目录流传,故后世论及江氏收藏时都以叶昌炽《藏书纪事诗》的简要介绍为依据。近代报纸《海报》上的一则来自江标四子江中(字揆楚)的笔记提到,江标去世后,盛宣怀"向江家征购,言定价值银三万两"②,据此估算,其所藏当在万册左右,规模不小。至于具体所藏,其日记中能钩稽书名者不过四五百种,距离全貌甚远,因此也无法与同时代其他藏家的藏品规模和特色进行实质性对比。但如果跳出旧有的侧重善本流通掌故的藏书史叙述范式,将其藏书活动与读书观、版本目录学的习得及实践结合起来观照,可能会更立体地理解藏书之于一个考据学青年学术成长的意义。

一、读书著书的观念与藏书

　　光绪十一年(1885)十一月,26 岁的江标在上海《字林沪报》发表了一篇头版论说文《拥书说》。由于学界对《字林沪报》研究较少,此文又未署名,故历来不见利用。该文借主客问答的形式,阐述了笤簃主人(即江标自号)的藏书观和读书观。

　　该文开篇即提到"同一书也,有藏之书,有读之书",这是一个承自前代藏书家的论题。清前期的钱曾在《读书敏求记》中评价明末清初的大藏家钱谦益、赵琦美时说:"予尝论牧翁绛云楼,读书者之藏书

---

　　①　《奉行学宪观风示·计开题目》,《万国公报》1881 年第 623 期,第 18 页。

　　②　芷香《记江建霞父子(下)》,《海报》1944 年 1 月 4 日。

也。赵清常脉望馆,藏书者之藏书也。"①又自陈:"聚散何常,终归一
嘅,学者唯以善读为善藏可耳。"②雍正、乾隆年间学者杭世骏则批评
钱曾、赵琦美多藏书而不作深入校勘考证,实不知书③。乾嘉时期的
洪亮吉对藏书家更有著名的五等之分(考订家、校雠家、收藏家、鉴赏
家、掠贩家)。而《拥书说》并不拘于此话题,所以紧接着又说"同一藏
书,读书也,藏则有雅有俗,读则有用有无用",并从藏读、雅俗、是否
有用三点分别展开对比:

> 以累代之好事,或毕生之精力,聚书数万卷,四部兼收,种则
> 取其奇秘,本更贵乎宋元,旧椠精钞,琳琅满目,藏之处则有库有
> 堂,藏之目则曰抄曰刻,虽有痴而有癖,亦宜雅而宜风,此藏之说
> 也。分别部居,详考句读,有汉宋之异途,有校订之精确,不必求
> 其抄刻之精,但能通古今之大,撷经史之华,助文章抒展之奇,供
> 吟咏清微之妙,此读之说也。
>
> 本则分南宋北宋之珍奇,刻则分官印坊传之贵贱,丹铅不去
> 手,借典不惮烦,异花满庭,暖日当午,约二三知己开函欣赏,读
> 题跋而重前贤,识印记而征旧族,则藏书之雅者也。亦知宋元之
> 可贵,影抄之可珍,然但取其锦函玉签,好奇争胜,为足豪视乎穷
> 酸之儒,不知同一宋元也,有珍秘有寻常,更有印本之前后,同一
> 影抄,有出坊贾之手,有出名人之笔,甚则以元作宋,以赝混作
> 真,散帑千金,不值一笑,则藏书之俗者也。

---

①　傅增湘批注《藏园批注读书敏求记校证》卷二之下"杨衒之洛阳伽蓝记
五卷"条,中华书局,2012 年,第 203 页。

②　傅增湘批注《藏园批注读书敏求记校证》卷二之中"考古图十卷续考古
图五卷释文一卷"条,第 163 页。

③　杭世骏《道古堂文集》卷十九《欣托斋藏书记》,《清代诗文集汇编》,第
282 册,第 205—206 页。

研经则首事训诂、详求家法,考史则通明志传、辨别古今,议
子则分真讹而取古语以证经,订集则取文章而可施之于行事,则
读书之有用者也。抱数十万卷之书,仰屋而嗟,莫分其部,朝习
乎经史,暮求夫子集,学无定程,路无专轨。其甚者则重高头之
讲章、鄙陋之类林,运典则不知出自何书,论世则惟以孔子惟大,
则读书之无用者也。①

表面上看这三点属于卑之无甚高论,但如果结合前述钱曾、杭世骏、
洪亮吉诸人之说,就能明显感受到江标是要对旧有的藏书等级论进
行回应和扩展。

例如杭世骏《欣托斋藏书记》通篇都在强调,藏书者应该对经史
要籍进行版本校勘的实践,这在江氏文中只对应一层意思,即"校订
之精确"的读书之乐;洪氏轻视"第求精本、独嗜宋刻"的赏鉴家,江氏
则认为即使嗜好宋元珍本的藏家也有雅俗之分,读题跋、识印记(即
征考藏书源流、交流批点心得)的集体赏鉴活动是藏书之风雅,并不
用批评;洪亮吉认可的考订、校雠家,对应江氏此文中的读书之有用
者,且结合江氏日记可知,被洪氏讥评的赏鉴家黄丕烈,在江标看来
恰恰是乾嘉朴学的代表,属于洪氏所谓校雠家,表明人物归类也不
一样。

另外,江氏强调辨别汉宋、学有定程、施于行事,将议题覆盖面从
藏书用书境界的评点扩大到普通士子如何购藏、用书、进学,从而使
整体论述突破了名家书斋内的掌故自娱层次,更具现实指导意义。
江氏致曹元弼的论学信札曾说:"昔人谓牧豕足以听经,牛背亦能通
史,何必有地而成。不知此皆读书之才,非著书之才也。苟欲著书,
则必广搜群籍,如无容书之地,则有所不可。"②同样显示了其买书藏

① 《江标集》,第168页。
② 《致曹元弼(十六)》,《江标集》,第74页。

书最终都要服务于著书的宗旨。

到了该文下半部分,话题转到上海报纸刊登的售书目录、新出版技术下的书业生态评论上来,即当下寻求有用之书的环境。他观察到的第一个问题是,书商近年在上海报纸上刊登的售书目录远不如以前多,这不是因为最近藏书和读书的人变少,而是书商的虚假价格策略导致的。书商先故意标高价格,照原价买书者将成为主要利源,销路不佳时再进行减价,希望后来被低价吸引的消费者仍会大量购买。但整体高价导致销量大减,故在报纸上的书目广告投入也减少。

第二个问题是,西来的铅印、石印、铜版技术印行的寻常书籍销售不理想。对此,他归因于读者群体的见识和品位低下。同治末年流行的铅印本,读者责其"油墨之太俗、印本之不雅",应该是指墨迹的油脂随字晕染明显,甚至有整页发黄的情况(其实石印本也有同样的问题),字模千篇一律,不像雕版印本出自手工,各有个性。铜版技术的细节还原度高,但限于读者的凡俗口味,应用的类型集中于画册和科举用书。只有石印本廉价又便利,在市场上方兴未艾。两三年后王韬对上海书市的观察与江标颇有不同,当时从事石印的书局有七八家,大多出现滞销的情况,其归因则是"沪上之开设书局者,既非文士,又非书贾,皆门外汉"①。

文章最后又转出另一个话题:只要有精美之本,即使登报价格较贵,藏书之雅者与读有用书者也会迅速抢购,典型代表是从日本传来的《大藏音义》;又言"近日海军初立,首重译书,则数年之后,泰西之书必又畅销天下"。这都是在强调,只要书籍本身质量精善,则行销

---

① 王尔敏、陈善伟编《近代名人手札真迹:盛宣怀珍藏书牍初编》,香港中文大学出版社,1987年,第8册,第3398—3399页。今人研究亦重视光绪十三年(1887)以后的沪上新出版技术情形,参徐世博《清末科举停摆前的上海"书局"考论》,《文史》2019年第2辑。

必热,而藏书之雅者与读有用书者仍将是热销的重要贡献力量。

《拥书说》的整体行文可能显得有些跳跃,但大体想法是清楚的,即:藏书读书一是要超越举业之学,辨别汉宋门径,既深入典籍句读,又把握四部宗旨,同时也享受书斋雅趣;二是要不被书商所欺,不计较雕版和铅印、石印的物质形式,重点关注书籍内容;三是要紧跟时势,译书将是新时代有用之书,致用之学的代表,读者应该多加关注。江标自己买书、读书也正是按照这三点来实践的。

二、善本收藏及其早期鉴识能力的积累

江标一生的书籍收藏有两个集中收获期,一是游幕山东至赴京会试之前(1883—1888),二是到京师后至外放学政之前(1889—1894)。在前一阶段已经颇能收得善本,就日记所见,包括宋刻巾箱本《论孟注疏》、元刻卫湜《礼记集说》、元刻《六经天文编》、元刻《艺文类聚》、元刻《李翰林歌诗》、李潢手稿《辑古算经考注》、焦循手稿《学算手记》、抄本全帙《洪盘洲集》、沈钦韩手校《元遗山集》、翁方纲手校《衍极》、周锡瓒手校《唐语林》以及黄丕烈校本跋本数种。

其中《李翰林歌诗》是其首次收得的"宋元本",日记中详细记录了他在济南书肆偶遇珍宝并详考版本的过程①。并致信远在家乡的业师叶昌炽,报告喜讯②。又,致叶昌炽的另一札中提到"前所得《李太白集》确与天禄本相合,虽为坊本,似亦罕见之品"③,则叶氏曾在回信中对此书版本有所查考。

该书今天不知是否仍存,但定为元代坊刻本很可能并不确切。一方面,天禄琳琅所藏《李太白诗》十二卷是九行二十字,傅增湘定为明刻本,另《李太白文集》三十卷为清代缪刻影宋本,半页十一行、行

---

① 《江标日记》(上),光绪十年六月十三日,第 27 页。
② 《致叶昌炽(十四)》,《江标集》,第 43 页。
③ 《致叶昌炽(十八)》,《江标集》,第 47 页。

二十字,两种均与江氏所得版本行款不同①,不知叶氏所据为何,以至于江有"确与天禄本相合"之说;另一方面,明人影刻宋元本常被书商用来作假,冒充宋元本,陆心源所藏"咸淳刊本"《李太白文集》三十卷,今人即多认为是明前期的影宋本,江标后来还曾买到明刻《文子》而误认作元刻。

但对本书而言,其关于《李太白文集》考证记录的价值并不在于版本判断的正确与否,而是其中透露的其他信息,即:当时 24 岁的江标对避讳、行款、著录、内容比勘等版本鉴定的基本方法已有自觉而娴熟的运用,对纸张都敢于审断,表明其在版本目录学上已有较长时间的积累和自信。那么这种自信来自何处,其鉴识能力又是如何建立的?

根本上当然是源自对各类版本的大量展卷目验的经历。江标很幸运,其少年时代即深受外舅华氏家族的收藏氛围浸染。

叶昌炽《藏书纪事诗》"江建霞"条曰:"真赏斋中有仲宣,铭心绝品不论钱。甘陵钩党人间籍,天上樵阳作散仙。"并注曰:"建霞童时读书外家,舅氏华篨秋先生名翼纶,家富藏弆,耳濡目染,遂精鉴别。"②点明了江标藏书的家学渊源。其中真赏斋是明代正德嘉靖间无锡人华夏(1494—1567)的室名,以书画和古籍收藏著称,而华夏是江标舅氏华翼纶(1812—1887)的直系祖先。华夏曾请文征明作《真赏斋图》,请丰坊作《真赏斋赋》,赋中记载宋以前古籍 41 种,被今人视为清代藏书家黄丕烈《百宋一廛赋》效法之蓝本③,影响深远。真

---

①　刘蔷《天禄琳琅知见书录》,北京大学出版社,2017 年,第 547—548、672—674 页。

②　叶昌炽著,王欣夫补正《藏书纪事诗(附补正)》,上海古籍出版社,1989 年,第 716—717 页。

③　李开升《论藏书家的两种基本类型》,《古典文献研究》第 23 辑下卷,凤凰出版社,2020 年,第 50 页。

赏斋旧藏的宋刻《孙可之文集》《宝晋山林集拾遗》等至晚清仍见藏于山东海源阁（见《楹书隅录》）。

华氏居无锡可追溯至东晋，后世以收藏文籍书画著名者颇有其人，如家谱中通六支系的华珵（1438—1514），通八支系的华景安（1359—1428，斋号"绿筠窝"）、华云（1488—1560，斋号"真休园""剑光阁"）、华时亨（1598—1659，沿用"剑光阁"斋号）、华希闵（1672—1751，斋号"延绿阁"）。华夏、华翼纶属于通四支系，始迁祖为明初华宗铧（1341—1397，号贞固）。该支至明代中期资产渐丰，与无锡大族如安氏、顾氏、邵氏等交游密切①，华夏"真赏斋"的许多书画就来自姻亲顾氏，并得到文征明的鉴定。华翼纶"藤花盦"也藏有珍稀书画，如江标曾见过的北宋关全《春溪垂钓图》、元倪云林《断桥卧柳图》以及明沈周与王鏊、吴宽游苏州莫厘峰卷等②。通四支系以藏书著名者尚有华宗康（1409—1497，华宗铧第五子）、华燧（1439—1513，与华翼纶同属华宗铧长子华宗隆后裔）等③。据叶昌炽日记，华翼纶的长辈华湛恩（1788—1853）④也是藏书家：

> 建霞来，述其外家华氏藏书甚富，有名湛恩、字紫屏者尤好事，陆存斋所得北宋本《白帖》即其物。殁后，三子……俱不好古。建霞曾见有元刻纂图互注本《六子群稚》随意弃掷，即局闭

① 可参盛诗澜《新发现文氏父子致华家手札价值略论》，《书法》2013 年第 10 期。

② 《江标日记》，光绪十年四月二十二日、十六年庚寅十二月十九日，第 1、421 页。

③ 无锡华氏家系及其收藏的考证请参王照宇《奕世尚古——明中叶无锡华氏家族古书画鉴藏研究》，中国美术学院博士学位论文，2019 年。

④ 华湛恩，字孟超，号紫屏，别署沐云叟，廪贡生，安徽太湖县教谕，精于史学，著有《后汉三公年表》《纲目志疑》《五代春秋志疑》《水道总考》《防江形势考》《防海形势考》《天心正运》《锡山文集》《锡金志外》《（道光）金匮县图志》等。

者亦多饱蠹腹。[1]

华湛恩是华翼纶之父华沛恩的同族,也是江标外祖父华裕恩的胞兄弟[2],其收藏的完整面貌今已难考,但从以上记录可见颇有善本,至外孙仍得亲见一二。江标在华翼纶去世时的挽联中称"一艺一能皆出舅赐"[3],虽没有记录舅氏的具体艺能指导,但藏书鉴别的一些要点应当已经包含其中。而华翼纶另一外甥邹文沇同样好收藏,重点是书画,"惟舅氏是去取"[4]。

舅氏带来的亲友关系也扩大了其接触善本的机会,如表兄赵元益(1840—1902)是华翼纶胞姊之子,江标《沪渎怀人截句·赵静涵师元益》云"艺芸百宋娜嬛富,天许先生两美收",即谓赵氏收得苏州汪氏艺芸书舍、黄丕烈士礼居的许多旧藏。赵元益长居上海,江标经常前往拜访和交流,得见赵氏所藏善本,如顾广圻校本《逸雅》、黄丕烈旧藏《鸡窗丛话》、黄丕烈批注《读书敏求记》等[5]。赵还将艺芸书舍旧藏《汲古阁珍藏秘本书目》赠予江标(此书今存华东师大图书馆)。江标还通过赵元益结识了藏书家萧穆[6],萧与赵同在江南制造局翻译馆供职。江得知萧藏有宋本《孔子家语》,并得见萧藏嘉靖小字本《艺

---

[1]　叶昌炽《缘督庐日记》,光绪丙戌正月初三日,江苏古籍出版社,2002年,第 2 册,第 1113 页。

[2]　见华世芳朱卷档案,《清代硃卷集成》,成文出版社,1992 年,第 387 册,第 80—83 页。(作者按,《清代硃卷集成》史料专书"朱卷"作"硃卷",不宜改动其名。)

[3]　江标嫡亲舅舅为华启运,启运早卒,其母徐氏遂以堂侄华翼纶为嗣。所以华翼纶与江标的实际关系形同亲舅侄。事见《江标集》,第 243 页。

[4]　《江标集》,第 219 页。

[5]　《江标日记》(上),光绪十二年三月十六日,第 161 页。

[6]　萧穆《敬孚日记》,光绪十二年三月十五日,《上海图书馆藏稿钞本日记丛刊》,国家图书馆出版社,2017 年,第 35 册,第 137 页。

文类聚》等①。

江标对古籍鉴藏能力的习得既来自家族亲属的直接影响,也受到苏州等江南地区藏书故家、书肆书估的古籍资源的直接助益。其少年时就见到当地兵燹后散出的旧籍:

> 余十一二岁时,母氏命工制二大筐,招一工人,晨担之出,晚归,收各处字纸而焚化,得一担,酬以百钱,三次而所收甚多。余每于放学时,于字纸中检残书剩稿读之。时方经兵火不十年,故家旧室颇多丛残,不仅往来书会计簿也。故数年中见旧籍甚多,所有旧拓帖本今尚有存者,皆佳品也。放学后不嗜好于常嬉而得亲近文字者,未始非此收字纸之功。②

这种从废纸筐中都能接触到大量故家丛残甚至善本碑帖的机遇,显然是江南文化环境独有的馈赠。故家散出品的集中售卖场所是苏州观前街的书肆,江标长期流连于此。光绪五年(1879)时曾言“侯君念椿,家住雪溪,贾游吴市,与余周旋几五六载矣”③,则早在十五六岁即与苏州著名书贾侯念椿熟稔。侯氏刊刻《吴越所见书画录》时,竟请年未弱冠的江标作序,更显彼此之间交流的深入。

以上是溯源江标在买到第一部宋元本之前的版本习得背景,而现存日记和信札更多记录了此后的习得进展和细节,从中可知其首要修习方式是搜集目录、题跋、笔记等书籍,从中摘录和识记历代藏书家的基本信息、重要善本版本等。

其日记见载搜读过程的书目主要是《皕宋楼藏书志》《士礼居藏书题跋记》《爱日精庐藏书志》《楹书隅录》等书。从《皕宋楼藏书志》

---

① 《江标日记》(上),光绪十二年三月十六日,第 161 页。
② 同上书,光绪十七年正月初四日,第 422—423 页。
③ 《陆时化吴越所见书画录序》,《江标集》,第 207 页。

中抄录内容如下：

> ……周香岩住城外马铺桥，名芳椒书屋是也。悬桥巷李明古(鉴)多藏唐人小集，后归百宋一廛，有藏书图记。毛子晋有"晋"字小圆印于书中。《水东日记》云："宋时所刻书，其匡廓中折行上下不留黑牌，首则刻工私记本板字数，次书名，次卷第数目，其末刻工姓名以及字总数，余所见当时印本如此。浦宗源家有《司马公传家集》，行款皆然。又洁白厚纸所印，乃知古书籍不惟雕镂不苟，摹印亦不苟也。"(菦圃藏校宋本《姚少监文集》，陆西屏手写，此条附后)周香岩又有"水月亭"图记。华阳桥顾听玉家亦藏宋元本书。桐乡金谔严家亦藏古书，宋本《唐求诗集》即他家物(菦圃藏本)。明赵清常道人(天启间人)，藏书最著名者，《脉望馆书目》即其家所藏物也。王莲泾家《孝慈堂书目》即记所藏古书。"试饮堂"图记即钱馨室家(此亦有印记)。吴尺凫(焯)藏书处名"绣谷亭"，有图记。①

从《皕宋楼藏书志》和《士礼居藏书题跋记》抄录内容如下：

> 鲍绿饮又名通介叟。
>
> 姚古香，名瑚，钱塘人，藏书多秘册，与鲍以文友善，卒年仅三十余。见陆氏《藏书志》九十三、十七页《古逸民集》跋(九十八卷十一页，《陈刚中集》跋"瑚"作"锄")。
>
> "秋井""秋堂"，劳巽卿校书处。(又"玉参差阁卧室"，又"沤喜亭")
>
> 周荣起研农，江阴老儒，书学钟太傅，稍杂八分，多钞藏秘

---

① 《江标日记》(上)，光绪十年六月十一日，第31—32页。

书,康熙间人。①

涉及藏书家姓字、室名斋号及其地址、藏书目、藏书印记、代表性珍本等。日记还提到《韵石斋笔谈》"记明代藏书家姓氏颇详"②,该书"名贤著述"条只是獭祭了50余人姓名表字,无别号室名和爵里③,但这种汇集对初学者而言已属极为有用。江标日记稿本的第六册更是罗列了百余位清代藏书家和书商名字,有的附记室名店名④,应当是一次集中梳理。当时并没有《江浙藏书家史略》《历代藏书家辞典》《中国藏书家通典》之类工具书,叶昌炽《藏书纪事诗》尚未编成,每一位想要系统了解历代著名藏家基本信息的初学者都需要自己单独搜集一遍,常看常记,而江标日记就体现了这种积跬步的过程。

　　这一明确的学习路径可能是其自行规划,也可能来自业师叶昌炽的教导,因为叶氏曾示以有关藏书的笔记册子:

　　　　午后鞠师出示日记一册,专记目录之学,分子目曰:藏书、校书、刻书、修改、装潢、图章、目录、别号、借书、抄书、掠买、杂记、题咏、序跋、散佚、书估、宋元本、旧抄本、明刻本。⑤

其中所谓"日记"应即笔记,显然既是叶昌炽平日自学所用,也是后来编纂《藏书纪事诗》的基础资料。江标日记后来又两次提及借叶氏

---

　　①　《江标日记》(上),光绪十年八月初五日,第46—47页。

　　②　同上书,光绪十一年十一月初八日,第143页。

　　③　姜绍书《韵石斋笔谈》卷上,《丛书集成初编》,商务印书馆,1935年,第1561册,第2页。

　　④　《江标日记》(上),第177页。

　　⑤　同上书,光绪十二年十月十七日,第202页。

"藏书人姓名稿"来补注《黄荛圃年谱》①,应当也是指的这本专记目录之学的笔记册子。

以往的藏书家都重视搜览书目,但大多用于指导读书买书或校勘书目本身,如刘喜海刊刻徐乾学《传是楼书目录》时,曾借查礼隐书楼、叶志诜平安馆藏本校勘②;或者积累藏书掌故,如海宁藏书家马玉堂遍阅各家书目,创作《论书目绝句十二首》《续论书目绝句八首》,友人管庭芬作和诗二十首③;像叶昌炽一样有意识详分细目、成体系地积累藏书信息者极少,江标则有幸从叶氏处见识到这种成体系的学习方法。

书目之用当然不止于此类细节,还可据以积累宋元本行款条目。江标曾"以《皕宋楼藏书志》中叙明宋元本书行款用朱笔录于所抄本上方"④,后来见到《海源阁书目》《持静斋书目》《爱日精庐藏书志》等,都着意圈出其中的宋元抄校诸善本,这是为判别善本积累基本的依据,后来其代表作《宋元本行格表》即导源于此。第一,可借书目识记重要典籍的版本信息,如阅读海源阁善本书目《楹书隅录》稿本(该书光绪二十年始刻成)时就摘抄了数十种经史善本提要,并特别注意到"杨至堂于四经四史外,又得陶(北宋本陶集,南宋汤注陶集)、韦(宋书棚本集)、王(北宋蜀本)、孟(南宋初本)四家集,皆至精者"⑤,这与他后来刊刻《唐人五十家小集》的兴趣是一以贯之的。第二,读到《四库全书总目》的《白孔六帖》条时,会结合《四库简明目录》《书目答问》和《皕宋楼藏书志》,察其卷数之异。第三,据以掌握藏家藏品

---

① 《江标日记》(上),光绪十三年正月二十五日:"借叶师藏书人姓氏,补注荛翁《年谱》。"二十七日:"借叶师杂录藏书人姓名稿补记。"第 240 页。

② 《续修四库全书》,第 920 册,第 636 页。

③ 管庭芬《花近楼丛书》,第 10 册,中国国家图书馆藏抄本。

④ 《江标日记》(上),光绪十年十一月二十日,第 67 页。

⑤ 同上书,光绪十一月二月十八日,第 89 页。

的递藏源流,如在读完《宋存书室书目》之后撰成跋文一篇,"于士礼校本颇能言其流派"①。这与他读完《说文》多种版本后撰成题跋类似,既是一种笔记,也是条理化之后的学术积累。第四,据以熟悉学术源流,这主要是从《四库全书总目》所得,相关摘录如下:

> 著书夹注之中又有夹注者,自姚宏补注《战国策》有此例,范成大《吴郡志》则继之。(《提要》卷六十八,十八页)
>
> 志书之特立经籍一门者,始于施《会稽志》、袁桷《四明志》。(同上,六十一页)
>
> 郝玉麟所辑《广东通志》独有外番一门,为他志所无,乃本《通典》述边防而兼及海外诸国之例也。(同上,六十五页)
>
> 宋人官私书目存于今者四家,晁、陈二目有解题,尤袤《遂初堂书目》《崇文总目》则无解题。按,《崇目》本有之,郑樵作《通志》,始谓其文繁无用,绍兴中遂从而去其序释,故晁、陈二目仅云一卷。(同上,八十五卷,四页)
>
> 古今金石之书,其备载全文者,在宋惟洪适之《隶释》《隶续》,在明惟陶宗仪之《古刻丛钞》、朱珪之《名迹录》、都穆之《金薤琳琅》,在国朝惟顾炎武之《求古录》、陈奕禧之《金石遗文录》、叶万之《续金石录》、叶封之《嵩阳石刻集记》。(同上,八十六卷,四十页)②

其中目录专书和金石专书的体例问题,在今天的专门概论著述中是常识,但在江标所处时代,若无师长点津,不多读专书,则只有在《四库全书总目》中最便于集中获知。

当时市面上可以见到不少著名藏家的目录专书,但比较分散,不

① 《江标日记》(上),光绪十一年四月初五日,第103页。
② 同上书,光绪十一年十月廿九日,第140页。

似今日有《中国历代书目丛刊》《历代史志书目丛刊》《明代书目题跋丛刊》以及各地馆藏《稀见书目书志丛刊》等大套丛书,极便利用。因此江标需要专门汇列清单,按图索骥,其日记便有一则专记"各丛书所刻艺文各目",包含史志目录、补史艺文志、私家藏书目录、征书目录、丛书目录、引书目录等多种类型。其师友也普遍重视书目,故能在书肆购求之外对其多所助益,如叶昌炽来信时就曾附寄《红雨楼书目》《佳趣堂书目》[①],汪鸣銮曾出示《结一庐书目》以及"海宁陈氏书目八巨册"[②],此陈氏书目是学者陈鳣的藏书目,外间罕睹,颇可宝贵,惜已不传。

目录搜集和阅读是版本目录学的起始部分,对版本的深入学习和鉴识尚需大量接触善本。他在这方面最为难得的经历,是观览晚清四大藏书楼之一——山东海源阁的藏书。

海源阁是道光二十年(1840)杨以增(1787—1855)在家乡聊城所建,此前他在贵州、湖北为官,藏书已有一定积累;此后历官河南开归陈许道、甘肃按察使、陕西布政使、陕西巡抚、南河总督[③],道咸之际在南河总督任上得书最多,尤其是来自苏州藏书大宗汪士钟艺芸书舍所藏。其子杨绍和(1830—1875),同治四年(1865)进士,克承父志,从咸丰初年开始蓄书,中式进士前已编有《海源阁书目》,任官翰林院时收得怡亲王府散出的大量藏书,后来编有《楹书隅录》《宋存书室宋元秘本书目》等善本目录。绍和之子杨保彝(1852—1910),同治九年(1870)举人,延续家族藏书事业,编有《海源阁宋元秘本书目》等。

汪氏督学山左,正值杨保彝掌管海源阁期间。江氏能接触到杨氏大量藏书,是缘于汪鸣銮提供的机遇。汪氏于光绪九年(1883)六

---

①　《江标日记》(上),光绪十一年十月廿九日,第 140 页。

②　同上书,光绪十年七月初五日,第 31 页。

③　参见台北故宫藏《杨以增列传》,收入周广骞、丁延峰《海源阁杨氏诗文校注》,国家图书馆出版社,2020 年,第 411—477 页。

月到任，七八月间考试东昌府①，试毕即登海源阁观书，向杨氏借得元刻《元本稼轩长短句》②。九月，江标赴鲁，不久即得观《宋存书室书目》③。同年因汪鸣銮出示，得见《楹书隅录》④，但当时应该未得遍览细看。光绪十年（1884）内，江标时常在汪鸣銮处看到海源阁的藏书。如元刻本《辛稼轩词》《东坡乐府》《仪礼图》《三家诗考》《许丁卯集》《复古编》《宋季三朝政要》七种，"皆海源阁旧物，东昌同知周翼亭从杨氏得之，转以示郎亭也"⑤，不久"郎亭招观北宋小字本《说文》，为东昌杨氏物"⑥，为江标考证《说文》版本提供了重要依据（详见前文）。光绪十一年（1885），杨保彝拟刊刻其父所编《楹书隅录》四大册，向汪鸣銮索序，江标遂在汪氏处得见此重要善本目录⑦，随后从中摘录大量黄丕烈题跋信息。同年三月，汪鸣銮再登海源阁观书，江标随之，"举凡《艺芸书目》之所载，《楹书隅录》之所记，皆一一披读尽矣"⑧。据《楹书隅录》记载，此前登楼者不过咸丰元年（1851）的许乃

---

① 《光绪十年五月十一日京报全录》："窃臣于上年六月初六日接任视事，恭折奏明在案。旋于七月初八日按试临清，次及东昌并登州、泰州、青州，十二月二十三日回省。"《申报》光绪十年五月十九日（1884 年 6 月 12 日）第 9 版。

② 杨绍和《楹书隅录》卷五《元本稼轩长短句》："光绪癸未（光绪九年，1883）秋，试东郡毕，登杨氏海源阁，向凤阿舍人借读是书，越二年乙酉（光绪十一年，1885）归之，书此以志眼福，汪鸣銮。光绪十三年九月临桂王鹏运、吴许玉瑑同观并识。保彝补录。"《续修四库全书》第 927 册，第 40 页。

③ 叶昌炽《缘督庐日记》，光绪乙酉十月廿三日，江苏古籍出版社，2002年，第 2 册，第 1082 页。

④ 《聊城杨氏海源阁藏书目录跋》，《江标集》，第 191 页。

⑤ 《江标日记》（上），光绪十年七月初六日，第 31 页。

⑥ 同上书，光绪十年七月十九日，第 33 页。

⑦ 同上书，光绪十一年二月十八日，第 87—88 页。《楹书隅录》至光绪二十年始刻成，且刻本并无汪鸣銮序。

⑧ 同上书，第 207 页。

普和同治十年(1871)的潘祖荫、鲍源深、朱学勤等数人而已[1]，观书数量也不多。汪鸣銮竟能两次登楼阅览，这固然离不开其学政身份，也和杨保彝的开放心态有关，如汪氏第二次登楼时，不仅有江标随行，还有两位本地才俊(20岁的清平拔贡生齐语璿和18岁的聊城廪生傅昉安)在场[2]。江标正是借此因缘，得入宝库，在日记中记下了不少行款、印章、序跋信息。

观览海源阁善本藏书后，江标得出两个印象：一是该藏书楼的宋本有名实不符之处。其日记中写道："淳熙本《汉书》《咸淳临安志》《周易本义》等名为宋刊，实皆元明翻本也。"[3]致业师叶昌炽札曰："所称四经四史之斋……及开读之，不禁哑然而笑，盖八籍半系伪品，其真者则皆残鳞片甲，无一完璧，世之佞宋如是乎！盖至堂先生本不若黄、顾辈之审定，而如汪孟慈、姚伯昂、包慎伯辈则皆各据一是，未免有从容之意焉。"[4]但这一印象颇失之鲁莽。

所谓四经四史，陆以湉《冷庐杂识》认为是《诗经》《尚书》《春秋》《仪礼》《史记》《汉书》《后汉书》《三国志》八种，但江标日记对此补正道："杨绍和曰，先公所藏四经乃《毛诗》、三《礼》，为其皆郑氏笺注，《尚书》《春秋》虽有宋椠，固别储之，陆君误也。"基于杨氏此说，江标从《宋存书室书目》《楹书隅录》中摘录了残宋本《毛诗举要》、宋婺州本《周礼》、宋蔡梦弼本《史记》、南宋桐川本《史记》、元中统刻本《史记》、宋蔡琪刻本《汉书》、宋王叔远刻本《汉书》、宋本《后汉书》、宋本《三国志》诸书卷帙行款等信息，对应四经四史，但他不确定宋刻《仪礼》是杨氏书目中记录的哪一种。

---

[1]　杨绍和《楹书隅录》卷一《校宋本礼记郑注》、卷二《宋本咸淳临安志》，《续修四库全书》第926册，第568、625页。

[2]　《江标日记》(上)，光绪十一年三月二十一日，第98页。

[3]　同上书，光绪十一年三月二十一日，第97页。

[4]　《致叶昌炽(十七)》，《江标集》，第46页。

今人根据《楹书隅录》总结，认为"四经四史"应包括 13 种①。关于上述诸本的版本判定，淳熙本《汉书》《咸淳临安志》《周易本义》三种今人公认为宋本，而四经四史 13 种只有"严州本《仪礼郑注》"杨氏判断错误，今人断为明嘉靖刻本②，《汉书注》和《后汉书注》则是宋刻元明递修本。

见到阁中原书后，江标所谓"八籍半系伪品，其真者则皆残鳞片甲"，大概是指两种残本《毛诗》、实为嘉靖本的《仪礼郑注》、元明递修本《前汉书注》和《后汉书注》而言。其中元明递修本《后汉书注》已经钱大昕指出"多元大德九年补刊之叶"③，杨绍和也将其写入了《楹书隅录》，所以并不是江氏独家发现。综合来看，江标怀疑部分宋本真实性的主要依据应即元明补版页的外观，但直接得出整本皆为元明刻本的结论，失之武断。另外，"哑然而笑""世之佞宋如是乎"诸语则过于年少轻狂。"至堂先生本不若黄、顾辈之审定"之语固然不错，然将政务纷繁的杨以增与专业学者黄丕烈、顾广圻相较，实属无谓。

江标所得第二个印象是黄丕烈批校或题跋本数量巨大，称"校本七八十种皆荛翁手迹，实为天下至宝"。这对江标最直接的助益是为《黄丕烈年谱》的编撰提供了诸多材料（详见下节）。

此外，平时与中小藏书家的交往和各处购书的过程也是提高版本审鉴能力、积累掌故的重要途径。游幕山东期间，他曾接触济宁藏书家李毓恒（1830—1891），李氏"博通目录之学，藏书三代，富有万卷，书室九楹皆满"。江氏见其家藏沈钦韩手校《元遗山集》、汲古阁抄本《太白阴经》、明抄本《测圜海镜》后欲购得之，李氏慨然持赠，后

---

①　丁延峰《海源阁藏书研究》，商务印书馆，2012 年，第 115—116 页。

②　丁延峰《海源阁藏书研究》，第 299 页。

③　杨绍和《楹书隅录》卷二《宋本后汉书》，《续修四库全书》第 926 册，第 606 页。

又从李氏处购得古籍 28 种①。

在南方,他又与藏书家海宁蒋氏、查氏有所交往。在跟随湖北学政高钊中校士时,江标结识了在湖北通志局工作的查燕绪(1843—1917),并在离鄂之后与查燕绪时常通信,互相托购书籍②,还曾函请查燕绪联系搜刻陶方琦遗著③。查燕绪回到苏州家中后,曾为江标辑佚《仓颉篇》等提供书籍线索,如《道藏音义》④。江标亦见到了查燕绪的部分藏书,如"秦刻瘦本《九成宫》、翻本《化度寺碑》、明拓《麓山寺碑》(为张叔未藏物)"、《玉篇直音》⑤。应是在查燕绪介绍下,江标得以结识其胞兄查光(字蕉垞)。查光熟稔苏州藏书掌故,多为江标所未闻,如海宁学者陈鳣曾就馆于查光曾祖查元偶处,"《士礼居题跋》中所云仲鱼先生所坐之船名津逮舫,同莬夫先生同访周香岩观奇书事,其船云即查氏物,本载仲鱼先生专查各处当铺事,非专为访奇书而设也"⑥。

由于查燕绪又是海宁藏书家、衍芬草堂主人蒋光煦(1824—1892)的女婿⑦,江标遂由查氏结识了蒋光煦长子蒋佐尧(1847—1906)和次子蒋望曾(1856—1890)。蒋佐尧是江标忘年交杨象济的女婿,但日记显示江标与蒋望曾交往更密切。江氏见过蒋望曾所藏的明初拓《多宝塔碑》、宋拓《戏鱼堂帖》残本、涿拓《快雪堂帖》、张廷济等人题跋

---

① 《江标日记》(上),光绪十一年五月二十九日、六月初一日,第 114 页。

② 同上书,光绪十年六月初三日、九月十八日,第 24、48 页。

③ 同上书,光绪十一年四月初三日,第 101 页。

④ 同上书,光绪十一年七月二十三日,第 122 页。

⑤ 同上书,光绪十一年九月初二日、十一日,第 127、129 页。

⑥ 同上书,光绪十四年十一月初四日,第 336 页。

⑦ 见查燕绪《外舅寅昉府君行状》,收入陈从周《梓室余墨》卷一《海宁蒋氏衍芬草堂藏书史与藏书楼调查记》,上海书店出版社,2019 年,第 110—116 页;又见查燕绪乡试朱卷档案,《清代硃卷集成》,成文出版社,1992 年,第 274 册,第 10—11 页。查氏妻子为蒋佐尧兄弟之姊。

的厌胜钱拓本六册、元刻《通鉴纲目》、季振宜旧藏元刻《伤寒百问》等，又从蒋处借阅散氏盘和弖鼎的精拓本以及《爱日精庐藏书志》[①]。

另外，在叶昌炽《缘督庐日记》中，师徒二人古籍购买鉴藏的交往记录持续多年，可以看到叶氏时常令江标与书估牵线和还价，这也清晰表明了叶氏对弟子版本鉴定能力的认可。

三、编纂书目和《黄荛圃年谱》

对目录题跋的搜集阅读，帮助江标在头脑中构建了藏书史的基本线索——重要藏家的时空分布及其递藏源流，也形成了对四部要籍版本的大体印象，目验经历则强化了纸面得来的版本审断原则。在此基础上，江标进一步的修习方式是编纂目录。

众所周知，江标存世刻书有《江刻书目三种》，即《常熟瞿氏铁琴铜剑楼藏宋元本书目》《丰顺丁氏持静斋宋元校钞各本书目》《聊城杨氏海源阁藏书目》。三书实际付梓时间并不一致，杨氏书目最早，光绪十四年（1888）刊于广东；瞿氏书目最晚，二十三年（1897）刊于长沙。其中《海源阁藏书目》大体是对《宋存书室宋元秘本书目》稿本的抄录，并作了校对，登阁观书前的二月初一日日记中尚有"校《宋存书目》一卷"的记载。综合王绍曾、丁延峰等学者的考证可知：光绪九年（1883），杨保彝将《宋存书室宋元秘本书目》草稿本借予汪鸣銮学政幕僚孙传凤，孙氏抄录成副本（今存中国国家图书馆），江标据孙抄本手书上版付梓；江刻本对孙抄本作了不少文字删减，比如各部宋、元、抄、校本后的统计数字被去掉，对较长的书名作了减省，孙氏抄本对原稿本各条书名前的版本名称间有保留，而江氏刻本统一删去；在著录总数上，孙氏抄本、江氏刻本著录 368 种善本，

---

① 《江标日记》（上），光绪十一年九月十一日、十四年九月十九日，第 129、327 页。蒋氏世系和藏书研究参金晓东《衍芬草堂友朋书札及藏书研究》，山东大学出版社，2019 年。

比《宋存书室宋元秘本书目》定本要少30种,但具体种类上又有12种不见于定本①。也就是说,孙氏抄本、江氏刻本都属于保留《宋存书室宋元秘本书目》早期面貌的本子,孙氏抄本更忠于原貌,江氏刻本更精简齐整。

《丰顺丁氏持静斋宋元校钞各本书目》同样是对已有书目的整齐精简。持静斋是晚清广东籍名宦丁日昌(1823—1882)的藏书楼,丁氏曾任两淮盐运使、江苏巡抚、福州船政大臣、福州巡抚等要职,政绩显著,同时热衷藏书,收得上海郁松年(1821—1888)、苏州黄丕烈、苏州顾沅(1799—1851)藏书的大部分,以及嘉兴钱天树(1778—1841)、嘉兴胡惠塘(钱天树之婿)等部分藏书,最盛时达十万多卷。其藏书目录共三种:一是幕僚林达泉所编《百兰山馆藏书目录》,按四部分类,著录近四万卷,已佚。二是同治间莫友芝应邀编成的《持静斋藏书记要》二卷。上卷为宋元明刻本,下卷为抄本,各按四部排列。各书下注明《四库全书总目》收录与否,大部分有解题。三是《持静斋书目》四卷、《续增》一卷。总体由莫友芝完成,丁日昌本人有所增订②。丁氏卒后,由其弟子四人校订出版。

光绪十二年(1886)七月,江标就事于汪鸣銮广东学政幕下,十月在汪处得见《持静斋书目》刻本,认为"宋元抄校本与新刻坊本间杂,此一病也",即此书前四卷各类之末多附录后得之书,第五卷《续增》收书达六百多种,编次不够集中,遂"拟为缮善本各书,作一目",不到20天即告竣工③,刊刻则迟至光绪二十一年(1895)。江目对原目归

①　王绍曾《〈海源阁藏书目〉整理订补缘起》,《订补海源阁书目五种》,齐鲁书社,2002年,625—629页;丁延峰《海源阁藏书研究》,商务印书馆,2012年,第277—232页。

②　张燕婴《莫友芝与丁日昌的〈持静斋书目〉》,《古籍整理研究学刊》2009年第6期。

③　《江标日记》(上),光绪十二年十月初七日、二十五日,第200页。

类整齐化,去掉了明刻本一类,并大幅删减具体条目,如《吕氏家塾读诗记》条下只保留了行款、版本和藏书印,而原目中明代陆钺对此宋本的记述都被删去,《礼记要义》条下列明版本、所缺卷帙、曾经藏家,原目中指出此本胜过通行本的三条校勘举例则被去掉。江目原本只是便于个人翻检,后来刊刻面世,就未必切合读者之需了。其刊落之多明显有损原目解题内容的丰富性,故今日学者认为参考价值不大①。

《常熟瞿氏铁琴铜剑楼藏宋元本书目》也是一本善本简目。铁琴铜剑楼与海源阁的主人并称"南瞿北杨",足见其藏书重镇的地位,可惜咸丰年间两代楼主的编目都毁于战火。直至光绪初年,第二代楼主瞿秉渊、秉清两兄弟聘请叶昌炽、管礼耕、王颂蔚来家校订藏书目录,完成了经部、史部以及子部的一部分。光绪三年(1877),秉清与表兄张瑛至苏州邀人来乡完成余下工作。秉清、秉渊先后去世,秉清幼子瞿启甲(字良士)独力继续完成,终于光绪二十四年(1898)完成编订与刻印,共 24 卷,明人以及明以后著述概不收录。

光绪十七年(1891),已入翰林院数年的江标从前辈王颂蔚处借得铁琴铜剑楼藏书目②,并延续了以前加工处理目录的方式,每种书的提要只剩版本、卷数、行款、避讳、藏家、藏书印诸信息。瞿氏原目则详赡得多,如宋刻《周易兼义》条下罗列了大量校勘记,宋刻《周易象义》条引述和考证该版本中部分象辞象辞与卦名的错位③。对此类内容的删减当然有损原目价值。考虑到江目刻于瞿氏定本的前一年,且王颂蔚正好曾于光绪二年四月、九月两次参与校订瞿氏藏书目,则江刻的底本很可能即王颂蔚校书时抄得之本,即江目反映了瞿

---

① 严佐之《近三百年古籍目录举要》,华东师范大学出版社,1994 年,第140 页。

② 《江标日记》(上),光绪十七年二月初三日,第 430 页。

③ 《铁琴铜剑楼藏书目》,《清人书目题跋丛刊》影印本,中华书局,1990年,第 8—16、22—30 页。

氏藏书稍早时的善本面貌。

综上来看，江标编刻的三种目录都是对已有目录的简化加工，并非从检阅原书出发来撰写解题，因此训练深度有限。作为对比，我们可以参考叶昌炽的编目经历。据《缘督庐日记》可知，叶昌炽于同治十一年(1872)与同乡管礼耕为冯桂芬整理藏书并编目，光绪元年(1875)访瞿氏铁琴铜剑楼和赵氏旧山楼，光绪二年为瞿氏校《恬裕楼书目》，光绪四年继续校铁琴铜剑楼书目，光绪十年受潘祖荫嘱托为潘氏藏书编目。这些都是基于实藏书籍进行的全面整理，著录信息丰富，其收获也就远大于江标从书目到书目的删减工作。

为何他会形成这种编目思路？因为其兴趣重点在于通过卷帙、行款、避讳、递藏源流等来判断版本，而不是校勘具体文字，这正与前文提到的他翻阅诸多藏书家目录时的摘录范围相合。此前清代藏书名家和版本学者当然会留意此类外观特征，但尚未到排除其余而只记录此类特征的程度。在传统学术语境下，这种体例可以认为是在读书未广的阶段更容易抓住的版本学线索；在今天的语境下，则可认为颇似数据库式的结构化信息标注。其中关于藏书印的著录体例，可能源自明代都穆的书画著作《铁网珊瑚》。钱东垣《补经义考凡例》即曰："注有某人印记、今藏某人处，仿《铁网珊瑚》之例也。"[1]

为何要挑选这三家藏书目来简化？应与其桑梓情怀有关。他在三种书目的序跋中都强调，三家收藏的大宗都是庚申战火后自吴中所得，如《丰顺丁氏持静斋宋元校钞各本书目序》曰："丰顺丁雨生中丞日昌藏书半是吾郡旧家物，乃庚申兵火后为中丞所得。"卷首题诗有句曰："第一伤心经浩劫，夜阑有梦到姑苏(吾乡黄荛夫、汪阆源藏书在此目者不少)。《海源阁藏书目跋》不仅感叹"嗟乎！吴中藏书，庚申之后几无全帙，百宋廛中之物更稀如星凤。岂知琅嬛福地，别在陶南……"，还说"人亡人得，聚散何常，昔之连车而北者，安知不橐载

---

① 　蒋光煦《东湖丛记》，《续修四库全书》第1162册，第672页。

而南乎"。据说海源阁主杨保彝闻此颇为不快,而今人也批评江标"因妒生恨,识囿方隅"(王绍曾语)。但事实上,江标日记中的序跋底稿不仅没有"昔之连车而北者,安知不橐载而南乎"这句话,反而是感谢杨氏之语:"标复亟亟写刻杨氏之目者,欲使知百宋之书未全销灭于劫灰,借以为雅好者,杨氏之功□不可没也。"①后来所作的改动其实是仿自钱曾《也是园书目自序》:"今吾家所藏不过一毛片羽,焉知他年不为有力者捆载而去,抑或散于面肆曲坊、论秤而尽,俱未可料也。"②

那么为何光绪十三年正式刊本的序言会大为改动? 这应当是江氏个人经历的发酵所致。咸丰庚申(1860)正是其出生之年,出生百日而父亲去世,"烽火烛天,一日数惊。[外祖]母挈吾母与舅氏及□□二儿,依党避难,东西跋涉,不出百里,因不敢离其乡……自大难之后,家产荡散,茹含勤俭,得不救失"③。战争导致家庭不完整,家中生计艰难,其远游谋生也因此而起。江标在字面上固然一直强调对吴中藏书名家黄丕烈、汪士钟的敬仰,以其藏书散往他乡为憾,但根本上可能还是因为这种四散状态触发了其遭逢同一场战祸的飘零感和痛苦记忆。尤其是海源阁中还藏有一种元本《汉书》,上有"兰陵萧江氏藏书记"④,而江标这一族系正是兰陵萧江,其个人藏书印也有"萧江书库"一枚。在海源阁主款待其入阁观书的背景下,江标在登楼两年后的公开怨言当然非常不得体,但如果了解其身世经历,当不至于认为他是纯粹浅薄到"因妒生恨"。

若是据此三种目录认为江标完全囿于版本的表面形态,那也是

①　《江标日记》(上),第 207 页。

②　蒋光煦《东湖丛记》,《续修四库全书》第 1162 册,第 689 页。

③　《记外祖母徐宜人》,《江标集》,第 244 页。

④　杨绍和《楹书隅录》卷二《元本汉书》,《续修四库全书》第 926 册,第 603 页。

一种误会。在目录体现的学术史功能上,他是有所训练的,即《水经注引书目》的编辑。据其《许君年表序》和《致俞曲园师书》所言,此引书目是"效汪韩门之所为",即效法乾隆间汪师韩《文选理学权舆》中的《注引群书目录》。《文选理学权舆》是当时研习《文选》的入门书,该书第二部分罗列《文选》李善注所引古书近 1600 种,分为经传、经类、经总训、小学、纬候图谶等 30 余类。这千余种文献至元代已不过十存一二[①],故足以启发读者如何从李注中利用秦汉魏晋文献。

　江标在山东阅卷之余开始读《水经注》,决定将汪师韩的整理方法应用于郦道元注。先在原书上以朱笔标出,再行誊录,大约光绪十一年春粗成一卷,并自出新意,拟于每书名下注明《水经注》共采若干条[②]。光绪十二年到广东后,将郦书读过两遍,书目仍未完成。同年,汪鸣銮岁试广州生员考题即有《〈水经注〉引书目碑目存佚考》[③],如果此题不是江标提供的想法,那么他辑引书目之举就是来自汪鸣銮指点,或者同在汪氏幕下的叶昌炽的指导。不久,汪氏出示南海童生陈宝嵩[④]辑佚的《水经注》引书目与碑目,即此次考试所得。陈宝嵩辑本的经部以《隋书·经籍志》为次,史部以章宗源《隋书经籍志考证》为次,碑目以原书卷数为次,共得书 396 种(经 64,史 198,子 37,诗赋 97),碑 283 种。江氏见此书,喜不自胜,立刻录副,"拟就此加详以助其成"[⑤]。故江目尽管亡佚,但最终所辑种数应当与陈目差别不大。最后成书如果确已加入同书异名、同书见引总次数的整理,则其体例在当时尤属创新。

---

① 汪师韩《文选理学权舆》自序,《续修四库全书》第 1581 册,第 2 页。

② 《致叶昌炽(十七)》,《江标集》,第 47 页。

③ 《广州岁试生员经古题》,《申报》光绪十三年正月初十日(1887 年 2 月 2日)第 11 版。

④ 学海堂肄业生。见《学海堂考》,《岭南学报》1934 年第 4 期,第 6 页。

⑤ 《江标日记》(上),光绪十二年十二月十三日,第 224—225 页。

此前从事类似工作的,如明杨慎辑《水经注所载碑目》,明黄省曾校本《水经注》卷首列出引书目录,但统计都不完整;此后类似著作有马念祖《水经注等八种古籍引用书目汇编》,胡鸣盛《水经注引用书类纂》,郑德坤《水经注引书考》、《水经注引书类目》及《续》,陈桥驿《水经注文献录》等。超过陈宝嵩和江标辑本的只有陈桥驿《水经注文献录》,共得 477 种(另成《水经注金石录》,得碑 357 种),有解题①。

编目之外,江标还利用书目题跋等材料编成《黄荛圃先生年谱》。

编纂年谱的计划始于山东游幕初期,见于日记:“余尝思以乾嘉时专讲目录之学者,如黄荛圃、顾千里等合一年谱,大约系以某年得某书,校某本,跋某刻,刻某籍。不及他事,先成条例如此。”②说明起初计划将顾广圻年谱合入。大约一年后编成初稿,至光绪十二年秋成第二稿;此后不断订补,入翰林院后的光绪十九年,又交予缪荃孙校订③;至卸任湖南学政的光绪二十三年(1897),还增补了宋本《鱼玄机诗》中的黄丕烈 63 岁小像摹本,然后刻入《灵鹣阁丛书》,前后历经 13 年。

体例上,其日记自述道:“《荛圃年谱》书月日不一例者,从翁覃溪《米海岳年谱》例也,盖杂采各书,不敢以意改易之故。”④从整体上看,两谱确有相似之处。《米海岳年谱》篇幅更短,主要出自碑刻摩崖、书画题跋,详于书画作品系年,略于仕宦、著述与交游,故今人以为“可视为米芾法书年谱”⑤。而《黄荛圃先生年谱》也是详于非仕途活动。不过两谱都是受到材料本身限制,并非有意删削。

①　陈桥驿《水经注研究二集》,山西人民出版社,1987 年,第 399 页。

②　《江标日记》(上),光绪十年八月二十一日,第 41 页。

③　缪荃孙《艺风老人日记》,北京大学出版社,1986 年,第 3 册,第 541、549 页。

④　《江标日记》(上),光绪十四年二月初五日,第 297 页。

⑤　《宋人年谱丛刊》,四川大学出版社,2003 年,第 5 册,第 3274 页。

内容上,该谱分上下两卷,将散见于各处的谱主生平履历以及收书、借书、校书、刻书、诗画结社活动逐年编次,每条下先注出处,大部为"记"(即潘祖荫辑刻《士礼居藏书题跋记》)、"记续"(即缪荃孙《士礼居藏书题跋记续录》);次加"标按",说明相关人物、斋号、事迹等。所采材料广泛,如《仪顾堂题跋》《楹书隅录》《皕宋楼藏书志》《爱日精庐藏书志》《经籍访古志》《宋元本书经眼录》等书目,在海源阁亲自阅览的黄丕烈藏书的题跋,从叶昌炽日记中转抄的和表弟华世芳抄示的黄跋①,《海虞诗苑》《盟兰酬唱集》《渊雅堂丁丑编年诗续集》等集中的黄氏诗文,同治《苏州府志》《松江府志》等方志,《汉学师承记》等传记。此外尚有不少稀见资料,如《前尘梦影录》,在江标刻板以前,只有稿本;高丽本《虞山小史》是其自藏;《宋监本纂图互注毛诗》黄跋则在表兄赵元益家;《问梅诗社图册》当时乃册郡吴荫培探花家藏;有黄氏题识的钱东塾绘《胥江送别图》在江标长辈顾肇新家。亦可见用力之精勤。

就此谱本身价值而言,它刊刻问世后广受重视,被收入《新编中国名人年谱集成》,经王欣夫订补的本子被收入中华书局《年谱丛刊》,今人又增补其他材料撰成《黄丕烈年谱新编》②,此后《黄丕烈藏书题跋集》出版③,但仍有一些黄跋失收,故江谱还有进一步补充的空间。

就清人编撰年谱的整体脉络而言,梁启超《中国近三百年学术史》将其列入"清人或今人补作或改作清代名人年谱"的类别,视为

---

①　《江标日记》(上),光绪十二年十二月初十日、十六年二月二十九日,第224、396页。

②　赵博雅《黄丕烈年谱新编》,河北大学硕士学位论文,2010年。

③　余鸣鸿、占旭东校《黄丕烈藏书题跋集》,上海古籍出版社,2013年。沈燮元先生辑录《士礼居题跋》最为完备,对重订黄丕烈年谱大有裨益。惜沈先生于2023年3月29日去世,《士礼居题跋》的校印因此推迟,本书已不及参考。

"清代学者整理旧学之总成绩"的一部分①。

　　从前引日记可知,江标编年谱是为"乾嘉时专讲目录之学者"而作,则不单视黄氏为吴中藏书名家,更是目录学者。在年谱第二稿成书后,江标喜题绝句四首,其第四首曰:"实学须从校勘求,前推吴县后高邮(吴中惠氏父子、高邮王氏父子皆精校勘,成经学大儒)。乾嘉绝业闲征遍,谁似先生彻九流。"②则在江氏看来,黄丕烈不但专精目录之学,还在校勘方面成为可与东吴三惠、高邮王氏相提并论的乾嘉汉学的代表。其日记中该诗之前一段话以及致曹元弼札可作注脚:

　　　　读书切实之学,无不从校勘而成。元和之惠,高邮之王,其显焉者也。陈硕甫先生《师友渊源记》江铁君传谓,江课举子业,间以校雠之说讲授,而后知读书之道必如是,方可步及前人。③

　　　　今师鄨自视读书之径,惟小学、目录、校勘为近,拟专力于此。然小学,经类也,而必以目录、校勘辅之,则入史类矣,似觉不伦。师鄨则为读书切实之学,无不从校勘而起,吴之惠、高邮之王,皆为经学大儒,而于校订则严于一字,乾嘉诸老先生若从此入手者,其学必精,遗风未坠,可证也。即证诸古,若郑注《周礼》并存故书、今书,注《仪礼》并存古文、今文,陈兰坡先生谓即后来校书之法。④

在今天看来,江标对黄丕烈在乾嘉汉学中的地位是存在认知错位的,

---

　　①　梁启超《中国近三百年学术史》,中华书局,2020 年,第 536—538 页。

　　②　《江标集》,第 294 页。

　　③　《江标日记》(上),光绪十二年十月二十三日,第 202 页。江铁君即江沅(1767—1838),是乾隆朝学者江声(1721—1799)之孙,与黄丕烈、顾千里均为苏州元和人。

　　④　《致曹元弼(十六)》,《江标集》,第 74 页。

但他将小学、目录、校勘明确合为一处,已经与二十世纪三十年代以后新成立的文献学形成潜在的呼应,文献学专业的梁柱正是文字、音韵、训诂、目录、版本、校勘六大板块。这表明对文献学板块组合的自觉,不待近代大学课程,而是至晚在十九世纪八十年代即已形成。江标本人固然不宜被称为文献学家,但上述学术路径的自觉表述,已将其自身嵌入了从乾嘉汉学到近现代文献学发展的脉络之中。

第四节　举业中的考据表现

江标在游幕谋生的同时,断续从事举业,中间有所挫折。最终,其深厚的《说文》《文选》功底和藏书爱好带来的博览群书经历,将其送入了科举的成功者行列。

一、早期应试经历和投卷应课

江标早慧多能,但早期科举并不顺利。其日记自述"十四赴县府试,十五赴学使试,不售"[①],15 岁时值同治十三年(1874),当时江苏学政是林天龄(1830—1878)。至光绪四年(1878)再赴学政试,又失利[②],好友张炳翔指出原因是"少即好古学而不喜时艺""为制艺即肆其才,不拘于法律绳尺"[③]。至光绪六年 21 岁时,终于被江苏学政夏同善(1831—1880)录取为苏州府元和县附生。据张炳翔记述,此次入学是"取古学",即凭借经古场的表现。经古场是乾嘉以来选拔人才的重要场次(参本书第三章第一节),包括经解、史论、古体诗赋、算学等门类。

---

① 《江标日记》(上),光绪十七年九月廿六日,第 449 页。

② 《江建霞出示感怀三十韵,作此以慰(时建霞与余院试均未售)》,《江标集》,第 462 页。

③ 《赠江建霞序》《江建霞怀珠集序》,《江标集》,第 459、460 页。

　　江标对八股文兴趣不高,但在经古学领域训练有年,这一点可从报纸所载上海求志书院和宁波辨志文会的课题和课案中追寻印记。其中上海求志书院由曾任江南制造局总办、时任苏松太道的冯焌光创办于光绪二年(1876),创设之初即区别于主要考课八股时文的上海敬业书院和蕊珠书院,被视为振兴实学的新军①。该书院每季一课,每课仿南宋胡瑗旧制,分设经学、史学、算学、舆地、掌故和词章六斋,每年分春夏秋冬四次考课,每课各斋出题 4 道,共 24 道题,由监院散发学生,限期缴卷,各斋掌教评定等次,最优为超等,其次为特等、一等。江标于光绪初年开始应课求志书院,在掌故、词章、算学等科季课上表现良好,今可考者如下:

　　　　光绪三年(1877)夏季课案:掌故特等第一名;词章一等第三名。②
　　　　光绪五年(1879)春季课案:算学特等第三名。③
　　　　光绪五年(1879)夏季课案:掌故一等第二名。④
　　　　光绪六年(1880)秋季课案:掌故特等第二名。⑤
　　　　光绪七年(1881)冬季课案:掌故超等第五名。⑥

　　① 《新设求志书院》,《申报》光绪二年二月二十一日(1876 年 3 月 16 日)第 2 版。
　　② 《上海求志书院课艺》(丁丑夏);又《上海求志书院夏季课案》,《申报》光绪丁丑十一月二十一日(1877 年 12 月 25 日)第 2 版。
　　③ 《上海求志书院春季课案》,《申报》光绪五年七月二十四日(1879 年 9 月 10 日)第 3 版。
　　④ 同上书,《申报》光绪五年十月二十日(1879 年 12 月 3 日)第 2 版。
　　⑤ 《求志书院庚辰秋季课案并花红银数》,《申报》光绪七年正月十七日(1881 年 2 月 15 日)第 3 版。
　　⑥ 《上海求志书院辛巳冬季课案》,《申报》光绪八年六月二十八日(1882 年 8 月 11 日)第 2 版。

其中对应的掌故题目分别是：

> 光绪三年夏季课题：《蒙养斋考》《冰嬉考》《续本论》《树人论》《捕蝗说》《伐蛟说》《南苑赋》《昆明湖颂》。①
>
> 光绪五年春季课题：《论积谷备荒何以无弊》《水田筑圩论》《詹事府官属均旧制始于何时》《三月三日袚禊说》。②
>
> 光绪五年夏季课题：《养老良规》《恤孤善法》《保婴要策》《弭盗妙方》。③
>
> 光绪六年秋季课题：《长江水师管辖考》《备豫不虞，古之善教也，议海道用师》《临时募勇法》《十室之邑必有忠信，通都大邑不乏人才，其有材能出众可任事者，各以所知对》。④
>
> 光绪七年冬季课题：《铨选掣签说》《义田赡族说》《庙宇塑像沿革》《太学石刻拙老人书十三经考》。⑤

上述掌故题中，除捕蝗、积谷、养老、弭盗、义田等老生常谈者外，尚有水师、募勇等紧跟时代的议题，而江标多次在掌故科名列前茅，表明在制度沿革、时务对策方面浸润积累较多。密友张炳

---

① 《上海求志书院冯观察夏季课题》，《申报》光绪三年六月初四日（1877年7月14日）第2版。

② 《上海求志书院己卯春季题目》，《申报》光绪五年二月二十一日（1879年3月13日）第3版。

③ 《上海求志书院夏季课题》，《申报》光绪五年五月初三日（1879年6月22日）第3版。

④ 《上海求志书院庚辰秋季题目》，《申报》光绪六年八月二十日（1880年9月24日）第2版。

⑤ 《上海求志书院辛巳冬季题目》，《申报》光绪七年十一月二十五日（1882年1月14日）第2版。

翔、华世芳也在应课求志书院，张炳翔曾获经学一等、掌故一等①，华世芳则屡次名列算学超等②，表兄赵元益则应课上海格致书院，常列超等③，良友辅学，互相促进。光绪九年（1883）秋季到十一年五月初，江标一直随汪鸣銮奔走于山东各地，但仍然投卷应试了求志书院甲申年（1884）秋季考课④。

此外，他还积极应考浙江宁郡辨志文会的月课。宁郡辨志文会创设于光绪五年（1879）二月，分设汉学、宋学、史学（兼掌故）、算学（兼天文）、舆地、词章六斋，每月（十二月除外）出考题，听各地学生寄送答卷至此，各斋掌教批阅，择优奖励花红银并排名公榜⑤。该会之创立同样意在敦崇实学⑥。江标曾在光绪七年（1881）获舆地超等第九名⑦，

---

① 《上海求志书院壬午夏季课案》，《申报》光绪八年十二月二十八日（1883年2月5日）第3版；《甲申夏季求志书院课案》，《申报》光绪十一年二月二十九日（1885年4月14日）第3版。

② 《求志书院庚辰秋季课案并花红银数》，《申报》光绪七年正月十七日（1881年2月15日）第3版；《上海求志书院辛巳冬季课案》，《申报》光绪八年六月二十八日（1882年8月11日）第2版。

③ 《格致书院春季课卷出案》，《申报》光绪十三年八月二十日（1887年10月6日）第3版；《格致书院丁亥年秋季课艺出案》，《申报》光绪十四年三月初一日（1888年4月11日）第3版；《丁亥年格致书院冬季课卷出案》，《申报》光绪十四年三月二十八日（1888年5月8日）第2版。

④ 《上海求志书院甲申秋季课案》，《申报》光绪十一年四月二十七日（1885年6月9日）第2版。

⑤ 《辨志文会章程》，《申报》光绪十一年四月二十七日（1885年6月9日）第2版。

⑥ 《增设辨志文会示》，《申报》光绪己卯正月二十八日（1879年2月18日）第2版。

⑦ 《宁郡辨志文会辛巳十一月分课案》，《申报》光绪八年二月二十七日（1882年4月14日）第2版。

次年获舆地超等第三名①。其中光绪七年十一月的舆地试题为《晋楚战于鄢考》《东陵阨考》《问〈芜城赋〉"广袤三坟"三坟指何地》②,江标能入超等,显示了平时在《水经注》等典籍上所用功夫之效验。

需要强调的是,江标并未进入求志书院或辨志文会上课听讲③,其投卷应课多半是为赢得花红银,这是当时江南地区的常见现象,其友人张炳翔记述道:

> 时书院月课,正谊课经古外,尚有求志、辨志、南菁、厦门各书院,兼课舆地、掌故、时务各学。同学陶君子绂、江君建霞常应各书院课,以博奖金。④

后来叶昌炽指导其子学习时,也强调"紫、正、平江各书院尔须努力应课,即上海求志等书院,如有余暇,亦可偶一为之,借此以增长学问,收束放心,不必为膏红计也"⑤。

由于江标课艺大多不在超等之列,故今存《求志书院课艺》等优

---

① 《宁郡辨志文会六月分课案》,《申报》光绪八年十二月初八(1883年1月16日)第2版。

② 《宁郡辨志文会十一月分课题》,《申报》光绪七年十一月初六(1881年12月26日)第2版。

③ 部分论著径言江标曾在该书院刻苦求学,或言及江标曾在苏州紫阳书院甚至安徽紫阳书院就读,均属失察,如左明《江标思想来源及其在湖南的改革》,湖南师范大学硕士学位论文,2011年;罗皓星《江标与清季的湖南维新运动(1895—1897)》,《政大史粹》2007年第12期,第113页;罗雄飞《俞樾的经学研究及其思想》,中国文史出版社,2005年,第91页。

④ 见张炳翔《忍庵未定稿自叙》,又见张氏《汉晋砖研楼文稿自叙》,苏州图书馆藏稿本。

⑤ 《缘督庐家书(三十六)》,《历史文献》第17辑,上海古籍出版社,2013年,第117页。作于光绪二十年十月廿八日。"紫、正、平江各书院"是指苏州紫阳书院、正谊书院、平江书院,后分别改作校士馆、苏州府中学堂、长元吴三县小学堂。

秀课卷集中并无其当年文字①。幸运的是,其学友胡玉缙藏书《辨志汉学卷》中尚留有光绪十年(1884)辨志文会舆地考课的江标试卷,试题为《圜水圓水辨》《丹阳丹杨辨》《问〈庄子·达生〉篇"孔子观于吕梁"当今何地》。卷前页书"肄业舆地之学,苏州府元和县附生江标","甲申五月",有朱印"壹等贰拾玖,五月分",似为文会批改的原卷。其《圜水圓水辨》对《汉书·地理志》"上郡白土,圜水出西,东入河"颜师古注"圜字本作圓"的观点提出异议,论证圜为本字、圓乃后出②。引用汉平周钲、汉官印和《少室神道石阙铭》《开母庙石阙铭》《刘宽碑》诸项金石材料否定颜师古说,再以韦昭《汉书音义》"圜当为圓"为反证,简明有力。其论证过程显然是前文所论江标平日对《说文》、吉金碑版和《水经注》研习效果的直接体现,而这种学以致用的喜悦应当也是江标多次应考辨志文会舆地题的缘由所在。

二、对举业态度的转变与学政王先谦的风化

应课实学考题的同时,江标又将举业置于一旁,故其师友多有提醒。光绪十年,业师叶昌炽来信告诫"帖括亦须兼习",汪鸣銮则出示"陈子惠先生时文二册,自云学时文得力于此,其意盖有所期余,并有所警余也"③。光绪十一年(1885),汪鸣銮按试山东临清期间顺便督课之:"郎亭示以选拔场头次题《来百工则财用足》二段,命以时事化入,先成一艺,竭半日之力,枯思力索得之,终觉生涩,盖不为时文已二载余矣。求严师改之。"④正是由于两年多不习时文,光绪十一年

---

① 相关课艺集的内容提要见鲁小俊《清代书院课艺总集叙》,武汉大学出版社,2015年。求志书院课艺集影印本见邓洪波主编《中国书院文献丛刊》,国家图书馆出版社、上海科学技术文献出版社,2018年,第1辑,第16—17册。

② 《江标集》,第135—136页。

③ 《致叶昌炽(十四)》,《江标集》,第43页。《江标日记》(上),光绪十年十二月初四日,第70页。

④ 《江标日记》(上),光绪十一年二月二十七日,第92页。

匆忙回南方参加江南乡试时,他名落孙山。而考试前后的日记里全是交朋结友、买书闲游的内容,考试当天则批评考试题"经解一问全见《经义述闻》,尤见孤陋"①,全然不记落榜事。

但他当年年底又写成一篇《制义刍言》,发表在次年正月的《字林沪报》上,强调学术与举业并不矛盾。文中说不善制义并非考试制度之过,"实不知制义体例之罪","近日士气浇薄,往往偶知时文之外尚有他书,即痛诋时文而不为,卒之自误其道,即问其他学,亦未必能工。余故偶著是说,以告天下读书之士,须知读书必先识字,识字然后能文,他文苟善,即制义自工,毋为读书而即鄙制义,好制义而不愿读书,两途宜合不宜分"②。结合此前其自身对举业的疏远,这种"告天下读书之士"的口吻似乎也有自我对话、自我告诫的意味。平情而论,乡试失败之后,亲友多少会给予江标压力,然而能令其主动为科举制义辩护,似乎尚需其他外力促成。以今观之,在其落榜后开始督学江苏的王先谦应当就是这股最重要的外力。

光绪十一年十月下旬,前国子监祭酒王先谦到任江苏学政,次月初向全省发布了续纂《皇清经解》的计划,并刊布观风题和《劝学琐言》上下卷。

其观风考试题如下:

> 生:《振河海而不泄》《赋得林茂鸟知归得知字》《邢子才日思误书赋(以其意戒人轻改古书为韵)》《效张茂先〈励志诗〉(师其意不拘体)》《〈说文〉同意诸字说》《拟修复镇江文宗阁钞藏、拟修复扬州文汇阁钞藏赐书记(一骈一散听自择止,作一篇亦可)》《吴疆域图说(溯源周封,稽合汉志,经籍所载,地理灿陈,依胡文忠地理开方,附周汉疆域,详审方至,加论折,发去〈中山疆域图

---

① 《江标日记》(上),光绪十一年八月十五日,第124页。
② 《制义刍言》,《江标集》,第174—175页。

说〉二册,略仿其例而变通之)》《孙星衍〈问字堂集·释人〉疏证
(不作者听)》《孙星衍〈岱南阁集〉观风试士策问不闻名,对其一
问儒术、二问经学、三问诸子百家,能详言之欤》。

　　童:《在我者皆古之制也》《赋得寒水光难定》《杜子美草堂落
成赋(以背郭堂成荫白茅为韵)》。余题与生同。①

当中生员题值得注意者,一是重视小学,如考察《说文》字义类例,扩
展孙星衍《释人》的训诂。二是重视藏书和校勘,北齐邢邵“有书甚
多,而不甚雠校……日思误书,亦是一适”(《北齐书》卷三十六)的典
故本意是思考致误之处也是一乐,但王先谦借用韵引导为“戒人轻改
古书”,类似顾千里“不校校之”之法;以修复文宗阁、文汇阁藏书为主
题的记文也意在抄补和校勘活动。三是注重舆地之学,其《吴疆域图
说》既需汇集正史地理志、《水经注》等舆地书,又须依照咸丰间胡林
翼所作《皇朝中外壹统舆图》(又名《大清一统舆图》)绘制地图,并加
考论说明,难度不低。

　　《劝学琐言》则突破了一般学政条约泛论修身、为学、作文之道的
窠臼,其上卷直接发布倡议,集体为《尔雅》《说文解字》《昭明文选》
《水经注》等书作集解,并详细列出了应当采用的重要研究专著和各
府州学分配的卷帙起讫,下卷重点在指导举业诗文的写作,但其间小
字注解仍包含五种专书的集解纂述建议(详参本书第三章第一节)。
与《琐言》、观风题一同下发的还有作为观风试题《吴疆域图说》之参
考样例的《鲜虞中山国事表疆域图说》二册。

　　上述实学导向,毫无疑问是对乾嘉学术的大力弘扬,而这也标志
着接下来的岁科考试出题将会贯彻此种导向,从而利好平日用力于
经史考据的考生们,如江标、胡玉缙、曹元弼等人。

―――――――――

　　① 《申报》光绪十二年正月二十(1886年2月23日)第2版,又见《益闻
录》1886年第535期,第63页。

《琐言》全文于十二月被分五期连载于上海《字林沪报》①，在连载结束的第三天，《字林沪报》又刊登了未署名而实际由江标所写的《书王益吾大司成〈劝学琐言〉后》，盛称"各省学使苟得尽如大司成，即各省学者之大幸矣"。次年七月，《申报》发表头版评论《读学政汪搜刻书籍折片书后》，主要称赞王氏编刻《皇清经解续编》的倡议②。

从江标与好友曹元弼的通信中还可追踪到更多相关信息。在王氏到任前，江标已从《文选注》辑出引经异文，"略加疏证"；看到观风题后，立即注意到《中山国疆域图说》，从曹元弼处借得以参阅体例；得到《琐言》一书后，当即表示"拟于此中书分治《说文》《文选》二种，继及他书"③。只是江标最终是否成专篇集注，今已难考（因其大量手稿都毁于去世前的火灾）。

王先谦的分纂任务未能奏功，不过仍有相关遗珠存世。海门廪生徐孚吉自言本有计划疏通《尔雅》古训，"适大宗师王益吾先生以治《尔雅》课士"，"遂取各家旧著，订误补遗，为《尔雅诂》二卷"④。所谓课士应是指王先谦对江阴南菁书院的考课，在对《尔雅》的重视上与《琐言》一以贯之。上海生员葛士濬看到《琐言》卷下提及的续纂《经世文编》倡议后，"奋然愿膺斯任"，费时三年纂成《皇朝经世文续编》

---

① 《江苏学宪王大司成〈劝学琐言〉上》《续录江苏学宪王益吾大司成〈劝学琐言〉上》《三续江苏学宪王益吾大司成〈劝学琐言〉上》《江苏学宪王大司成〈劝学琐言〉下》《续录国子监祭酒江苏督学院王益吾大司成〈劝学琐言〉下》，分别见《字林沪报》光绪十一年十二月初九日、十二日、十四日、十六日、十八日(1886年1月13日、16日、18日、20日、22日)第2—3、2、2、2、2版。当中排版多缺字误字，如果是王先谦本人联系报纸刊发，一则应首选《申报》，二则《字林沪报》当不至于如此潦草。

② 《申报》光绪十二年七月廿七日(1886年8月26日)第1版。

③ 《致曹元弼(一)、(七)、(十)》，《江标集》，第66、70页。

④ 徐孚吉《尔雅诂》自叙，《丛书集成续编》，上海书店，1995年，第16册，第437页。

120卷①,在魏源原书门类基础上增加洋务门,具体细分为洋务通论、邦交、军政、教务、商务、固圉、培才诸类,实际补上了洋务运动的进展。这也是贺长龄原书之后影响最大的续书,至今仍是近代史研究的重要史料。而葛士濬也是江标学友,其续纂《经世文编》计划曾与江标言之②。

由上可见,王先谦甫一上任,即令江标感到其平日精力所注与现实举业趋向获得一致,故其《制义刍言》之作便不难理解。在随后展开的岁科考试中,江标的表现也确实得到王先谦青睐。

光绪十二年二月,岁试苏州府生员正场,江标获得元和县学一等第一名。其中苏州府学、长洲县学、元和县学、吴县县学的四书文题分别为《诗云:既明且哲,以保其身,其斯之谓与》《民不改聚矣》《不得其酱,不食肉,虽多,不使胜食气》《故为政者每人而悦之日亦不足矣》,通场(不分府州县学)五经文题为《稽糕》③。

据当时报纸报道,很多考生看到"稽糕"二字,茫然无解,王先谦只好将《十三经注疏》该词出处备录牌示④。其实即"糗糒",出自《礼记·内则》,熟获为糗,生获为糒。四书文中的元和县学考题同样与食物有关,在四学之中难度最高,出自《论语·乡党》。这两题可谓冷僻,很难发挥义理。但江标《不得其酱,不食肉,虽多,不使胜食气》的答卷十分精彩。该文引用《周礼》《尚书》中的食物训诂,比附恰切:"盐梅考《周官》之掌,鱼腥麋胾,配和贵得其宜,苟佐籩登盘,不必如

---

① 《代印皇朝经世文续编启》,《申报》光绪十四年五月初六日(1888年6月15日)第1版。

② 《江标日记》(上),光绪十二年三月二十三日,第165页。

③ 《申报》光绪十二年二月十五日(1886年3月20日)第2版《苏台春色》。

④ 《申报》光绪十二年二月十五日(1886年3月20日)第2版《苏台春色》:"初九日生正场经题为稽糕二字,一时四学名宿均茫然无措,东西两文场及吊堂廪生瞠目攒眉,甚至互相询问,嘈杂难堪。宗师睹此情形,恐索解无人,盲人走黑路,其文不堪寓目,爰将注疏备录牌示。"

巨壑是填,而咸适辛调,当知滋味。滑甘征《洪范》之推,豢豹封熊,燔炙宜求其备,虽日烹月养,未可以口欲自炽,而膔多腾少,不辨臇熬,酱不得则又不当食也。"又引入《礼记》《仪礼》,指明礼制:"烹调极相济之功,明详《内则》;制度有一定之法,特著《少仪》。"最后提炼出"戒口腹"的宗旨,并以《诗·小雅·宾之初筵》燕礼熙和之场景点题作结:"平昔起居有节,君子自得平心之乐。故圣贤无惭鼎养之荣,豪奢爽二季之师,后世所以戒口腹也。夫更益之以酒,《诗》所谓'殽核维旅,举酬逸逸'也,而仍以不乱为戒焉。"①充分体现了贯串诸经文本、熟悉礼制训诂的扎实功底。

　　光绪十三年秋,科试全苏州府的生员,江标名列正场元和县学一等第六名②,复试则升至第一③。而按照惯例,复试名次与正场名次差别很小,江标名次的变动被作为王先谦"不惮细心校阅""鉴空衡平,士论翕服"的典型事例列于报章④。其中经古场正取 16 名,次取48 名,"入选者除诗赋、经解外,小学、韵学、史论、算学、兵学等亦皆各擅具长"⑤。江标排名正取第一,且其余九人均以单科获奖,如陈世垣以诗赋、陶承璐以经解、江衡以算学,只有江标是"诗赋兼经解"双科冠军⑥。

---

①　《江标集》,第 139 页。

②　《苏试八述》,《字林沪报》光绪十三年九月初十日(1887 年 10 月 26 日)第 4 版。

③　《苏试十述》,《字林沪报》光绪十三年九月十六日(1887 年 11 月 1 日)第 4—5 版。

④　《苏试十二述》,《字林沪报》光绪十三年九月念一日(1887 年 11 月 6日)第 4 版。

⑤　《苏府科试余闻》,《申报》光绪十三年九月初二日(1887 年 10 月 18 日)第 2 版。

⑥　《苏试四述》,《字林沪报》光绪十三年九月初一日(1887 年 10 月 17 日)第 4 版。

其中诗赋题《召校官弟子作雅乐奏〈鹿鸣〉赋（以召校官弟子作雅乐为韵并序）》与《诗经》和《三礼》所涉先秦雅乐制度紧密相关（如《仪礼》中《燕礼》《乡饮酒礼》的"工歌《鹿鸣》《四牡》《皇皇者华》"、《仪礼·乡射礼》的"乃歌《鹿鸣》三终"、《礼记·学记》的"《宵雅》肄三，官其始也"），事关先秦雅乐至魏晋逐渐消亡的过程，且音乐相关的名物和形容词多冷僻，若积累不够，铺陈往往空泛而见出窘迫，故该题颇能考验士子学力。江标答卷既洗练地勾勒出奏乐场合的光彩场面，又有"《鹿鸣》之歌，犹同于《碣石调·幽兰》，迄今出日本航头之写"一句，以日藏孤本古琴谱《碣石调·幽兰》比喻《鹿鸣》雅乐的濒临失传。而该古琴谱由黎庶昌和杨守敬在日访得传写本，光绪十年才由《古逸丛书》影印传回国内，即江标作此答卷三年之前，可见其素材采用之新以及藏书爱好的助益。至于"欤箎弄之折槷""戛钧镯兮""舞鸾鸑兮""斟斞元化"诸句对欤（哂的本字）、镯（钲也，军乐器）、鸑（神鸟）、斞（音 jù，挹也）字形字义的选用，皆基于《说文》，铿锵、欨愉（即欨愉）、璘斌等词，皆取自《文选》中的汉魏赋，都发挥了其平日最擅长的方面①。

上述两篇答卷生僻字词颇多，但典雅华丽，才情学力相得益彰，因此被收入王先谦的学政试牍《清嘉集初编》。

光绪十四年七月的江苏全省优贡考试，四书文题《旅酬，下为上》和江标答卷尤其体现了主试者的导向和江标的趣味相投。"旅酬，下为上"出自《中庸》，原文上下文强调武王和周公为善达孝者，体现的是郊社、宗庙礼制的美善。朱熹《中庸章句集注》结合《仪礼》仪节，解释为："旅，众也。酬，导饮也。旅酬之礼，宾弟子、兄弟之子各举觯于其长而众相酬。盖宗庙之中以有事为荣，故逮及贱者，使亦得以申其敬也。"②其中提到宾弟子、兄弟之子，旅酬的这两种对象不见于《仪礼·燕礼》（燕礼仅言酬宾），只见于《仪礼·特牲馈食礼》。江标答卷把握了孝亲尊卑和宗庙之礼这两点,指出"旅酬者,使尊卑上下序相劝酒,各尽其忠信,以交恩定好,行之庙中。所谓得人之欢心,以事其亲,其礼大矣",并重点结合《特牲馈食礼》原文,阐发具体仪节体现的上下尊卑之道,行文不惮细碎①。

由上可见,这次考试的出题趋向就是考察士子对《仪礼》这种相对冷门经书的业习,令考生无法像应对"修身以道,修道以仁""君子诚之为贵"等《中庸》其他章节题那样用空泛道德之语填塞。而基础扎实的江标受到题材限制,也无法发挥前述岁试《论语》题答卷那样的文采,文章颇似一篇板正的注疏。即便如此,他仍然夺得优贡第一。学政表扬此文"考核详明",两江总督曾国荃完全肯定这种质实风格,称赞其"疏解精确"②。

三、风云际会与乡会试联捷

优贡试之后紧接着是光绪戊子科(1888)江南乡试,运会再度惠及江标。该科主考官分别是翰林院侍读学士李文田(1834—1895)和翰林院修撰王仁堪(1849—1893),李文田长于元明史地、目录、金石和书法,学术深孚众望。吴大澂得知李文田主考,就立即在家书中提醒子弟要做实学准备③。今据该科题名录详录于下,并加注篇名出处:

四书题

《子曰:可与共学,未可与适道;可与适道,未可与立;可与

---

① 《江标集》,第 143 页。

② 同上书,第 142 页。

③ 吴大澂《愙斋公家书·五九》:"正封函间,闻李苟农学士放江南主考,肖韵《说文》之学必有用处。二三场不可草率,金石一门,亦须预备。弟之《字说》当寄一本与卓臣,三场总以实对为宜。官卷必多佳卷,尤不可不认真也。"光绪戊子六月廿四日。《历史文献》第 21 辑,上海古籍出版社,2019 年,第 99页。肖韵,即沈毓庆(1857—?),沈树镛之子。卓臣,即吴本齐,吴大澂之侄。

立，未可与权。唐棣之华，偏其反而，岂不尔思，室是而远。而子曰：未之思也，夫何远之有》(《论语·子罕》)

《堂高数仞，榱题数尺，我得志弗为也。食前方丈，侍妾数百人，我得志弗为也。般乐饮酒，驱骋田猎，后车千乘，我得志弗为也。在彼者皆我所不为也》(《孟子·尽心下》)

《及其广厚，载华岳而不重，振河海而不泄》(《中庸》)

诗题

《赋得金罍浮菊催开宴得鸣字五言八韵》(苏轼《鹿鸣宴》)

五经题

《易》:《为电》(《序卦》)

《书》:《淮海惟扬州》(《禹贡》)

《诗》:《既景乃冈，相其阴阳，观其流泉》(《大雅·公刘》)

《礼记》:《脍，春用葱，秋用芥》(《内则》)

《春秋》:《夏，五》(桓公十四年)

策问题

问：杜预注《左》，舆地本长。刘昭述其菁华，郦元补其遗阙。然或详于北地，略于南中，规过订讹，代有作者。庄二十六年伐徐，僖十七年伐英氏，古徐子故国，及英氏故城，当在何地？文五年传，六蓼并称，六则易知，蓼当安在？此与《礼记》缪侯是二是一？宣八年伐舒蓼，杜注二国，《汉五行志》注不取二国之说，证以舒庸、舒鸠，当即群舒之一否？成十五年会吴钟离，杜注淮南县，盖指今凤阳故城，然谋楚安得会楚地？襄元年侵宋吕留，能指故城所在欤？五年会吴善道，杜注阙，能证其疏欤？十年城梧，杜注郑地，续志彭城自有梧县，二说孰是？长昭五年败诸鹊岸，杜以为鹊尾渚，《元和志》谓是鹊头镇，一头一尾，道里若干？八年搜红，杜注萧县，《水经注》谓虹县，距鲁不太远欤？哀元年吴败越夫椒，杜注云太湖中椒山，第伐越何遽战吴地？十七年吴

御越笠泽,泽即太湖,计湖周五百里,安能夹水而陈? 桑梓所在,
幸数典而详陈之。

问:《辽地理志》云辽国居辽泽中,又云上京临潢府,本汉辽
东郡地,是辽代得名即《汉书》之辽水,而《金本纪》谓其以镔铁为
号,何欤? 托克托撰《金史》明云,凡《松漠记》《金志》等书皆无足
取,而其撰《辽史》多刺取洪皓、张棣之书,又何说欤? 辽乾统中
命耶律俨纂太祖实录,而《金史》党怀英与陈大任皆先后成辽史,
此明见两史纪传中者,托克托《辽史表》反疵其语多避忌,辞乏精
详,果非虚语欤? 西辽立国垂百年,此见于耶律楚材《湛然集》及
丘处机《游记》,盖先据于乃蛮,后并于蒙古,与元氏实相起讫。
托克托既不为大石立传□□天祚本纪附录亦太陋略,以致后来
编年□□一往沿误,亦能言其大概欤? 又如大石□□□□经部
族具有专表,为考证西域舆图者□□□亦尝肄业及之欤? 圣世
右文稽古,士识三长,其以夙所考校者著于□□。

问:六经既兴,诸子竞显,五千《道德》,战国盛行,韩非《解
老》《喻老》两篇所引《老子》与汉后本即有异文殊解,能举之欤?
《庄子》有逸篇,散见何书? 宋代何人曾为搜聚? 郭象注相传袭
取向秀,其说出于某书,引于某氏,有据无据,孰是孰非,可略言
欤? 《尸佼》亡于何代,《尹文》佚于何时,《墨子》所散失者何篇?
后来兵家所创,算学、力学、重学、光学相传是其遗法,其说安在?
昭烈帝教后主,谓《商君书》益人神智,有谓诸葛亮治蜀,其学近
似,果有征否? 《孙子》有"度生量,量生数"之语,《孙子》《算经》
果一人所撰否? 《素问》《灵枢》胡见遗于《汉志》? 燕丹、慎到或
不弃于通人,多士研究九流,必有其说。

问:邃古以还,罕闻海战,然晋后明前,颇有其事,其确见正
史者,试胪陈之。明人撰《则克录》所言鲸吼鳌翻,及奇器图说诸
器、图说诸法,曾见之施用否? 《元史》有以造炮列专传者,能举
其姓氏欤? 自来将略边功,如李靖、耶律楚材,罕见其伦,比其用

兵次第,规画井然,缅彼遗风,能略指欤? 金微山以北,寻思干以西,凡山脉之绵延,大川之灌注,险要攸系,兵家所先,能综览全史、略知大概欤? 南朝有造自行船之人,宋代有破轮船之法,正史具在,试援举而引申之。明代《筹海》诸书,或成规尚在,或故辙难拘,博古通今,其道安在? 圣世绥疆柔远,迈越前古,绩学之士,其各摅所知以对。

　　问:史籀石鼓,振古铄今,《续汉志》岐阳石鼓山垂名汉代,韦韩欧董,迄无异议,郑樵以降,言人人殊,果定论欤? 峄山勒石,师古考证最详,秦石毁于何时? 或疑摹本出鼎臣依托,然欤? 岱巅屹峙,琅邪海中,堂溪协崇岳之文,皇休明天玺之刻,篆文派别,试略言之。东汉之初,犹行缪篆,隶体精于崔蔡,变法极于钟梁。《隶释》所收,何碑称最? 两晋隶书,渐成真楷。《谷朗》《葛祚》,三国之遗;《宝子》《龙颜》,二爨未泐。远征东晋,固存广武之《将军》;近挹萧梁,不乏秣陵之穿碣。必谓北碑瘦硬,南帖精妍,综其流别之同尚,近调停之论,方今人工八法,家识《三苍》,试补述书之遗文,用备盛朝之艺事云。①

尽管四书题第三题很常见,而且是江苏学政王先谦的观风原题,张之洞仍称"此科江南发题极佳(三场题无不佳妙)"②。其实出彩的主要是五道策问题。其首题考察《左传》徐、舒等国和善道、梧等地之所在,强调对杜注的异议,意在检验考生是否读过《水经注》、江永《春秋地理考实》、沈钦韩《春秋左氏传地名补注》等相关著作;第二题问《金史》所记辽代史地的史料来源,提及考证西域舆图之用;第四题问前代海战的用兵战法和炮船奇器的铸造,言及明代外国传教士汤若望

　　①　《光绪十四年科江南乡试题名录》,清刻本,上海图书馆藏。
　　②　谢作拳、韩当权《张之洞致黄体芳父子手札六通考释》,《收藏家》2014年第6期,第55页。

所撰《则克录》和胡宗宪《筹海图编》等文献。

五题有三题关系地理,包括西部北部边疆史地和海战,既是李文田的学术专长,也有至为明显的经世用意。在此科乡试前一年有几件大事:一是中葡《北京条约》签订,承认葡萄牙殖民者对澳门的管理权;二是台湾建省,而杨昌濬和刘铭传之所以强烈建议台湾建省,实是鉴于数年前中法战争的教训,战争后妥协签约勉强令法军退出台湾和澎湖;三是北洋海军自英国采购的致远、经远、靖远、来远四舰终于驶回中国。考题中自然仍需用"圣世绥疆柔远,迈越前古"强饰门面,但内在指向却饱含殷忧。

策问第三题考察诸子之学,《老子》《庄子》《尸子》《尹文子》版本校勘、《算经》作者以及《素问》《灵枢》的著录问题占据主体,中间则由《墨子》散失篇目延及"算学、力学、重学、光学相传是其遗法"以及诸葛亮治蜀和《商君书》的关系;第五题考察书法,问及石鼓籀书考证、峄山碑拓本流传、篆隶派别梳理、北碑南帖之说,论述隶书转楷时,提及具体碑刻《谷朗碑》《葛祚碑》《爨宝子碑》《爨龙颜碑》《广武将军碑》。当中《谷朗碑》本是为纪念平定交趾之乱的吴将谷朗,《广武将军碑》记录前秦时期渭北的疆域和职官等,《爨龙颜碑》强调了刘宋时期爨龙颜"收合精锐五千之众……肃清边嵎"的功绩。则此二题在考据之中仍然穿插了定国安邦的寄意。

江标答卷整体水平优秀。其《论语》题答卷以"权以精思为本,《诗》教通于《春秋》矣"概括题旨,指出"苟通于法,不必尊前","反乎经,正所以合乎善。夫经者,法也,法久必变。《易》曰:穷则通,通则变,变则久"①。这显示他没有按照朱熹《四书章句集注》来解读,而是按照汉儒意见展开。题面自"唐棣之华"以下,朱熹认为别是一段,与"未可与权"一段并无关系,而汉儒则普遍将两段合作一章来串讲,如郑玄认为"引此诗者,以言权道亦可思而得之也",何晏《论语集解》

---

①　《江标集》,第 144—145 页。

则曰"唐棣,移也,华反而后合。赋此诗者,以言权道反而后至于大顺"①。命题者将两段放在一起,自然也是不同意朱熹之说。而江标所谓"《诗》教通于《春秋》",是在结合《春秋公羊传》桓公十一年"权者反于经然后有善者也"为说,这句话也是公羊家的标志性政治理论。江标答卷结尾曰:"祭仲之不忠,而《春秋》以为贤,不予夷狄而予中国,其常教也,而邲之战偏然反之。"更是完全移用了董仲舒《春秋繁露·竹林篇》:"《春秋》之常辞也,不予夷狄而予中国为礼。至邲之战偏然反之,何也? 曰:《春秋》无通辞,从变而移……不义之中有义……《诗》曰:唐棣之华,偏其反而,岂不尔思,室是而远。子曰:未之思也,夫何远之有……"可见江标业习经书时,是全面阅读两汉儒说的,并非只是拘守东汉章句之学。这可能也是后来费行简《近代名人小传》说江标"初治小学,后为今文学,少治《公羊春秋》《韩氏诗》《小戴礼记》"的主要依据。

在《孟子》题答卷中,江标利用自身的《文选》学功底,融入大量汉赋字句,渲染孟子"在彼者皆我所不为也"的坚卓气度:

> 盖以我游列国,见夫富贵之家。辉辉然,锷锷然,神明郁其特起,遂偃蹇而上跻者,堂也;碧珰流离,鳞眴而栈鲅,上辨华而交纷者,榱题也。巍乎焕乎,溶矣炕矣,其志如此,而我则何取? 又见夫衍衍行庖,皤皤易饮,并山为肴,调味惟隽,又复二八侍娥,九侯嫩女,前示姱容,后陈步绮,在他人见之,当志与目移也,

① 详参陈鸿森《〈论语〉"唐棣之华,偏其反而"解》,氏著《汉唐经学研究》,中西书局,2021 年,第 325—348 页。陈鸿森认为"偏其反而"意即"翩翩",其实张之洞早有此见:"《共学》《唐棣》两章,自是经师章句偶未离析,注家遂以当思其'反'为义,其实'反'当读若平反、反切之反,'偏反'即后世语'翩翩',犹'哑其笑矣''暵其乾矣'。"见谢作拳、韩当权《张之洞致黄体芳父子手札六通考释》,《收藏家》2014 年第 6 期,第 55 页。

而我则何取？①

上文中"流离"来自《鲁灵光殿赋》"流离烂漫"，"鳞眴而栈齴，上辨华而交纷"采自张衡《西京赋》"坻崿鳞眴，栈齴嶻嶭……上辨华以交纷，下刻峭其若削"，"并山为肴"乃吴质《答东阿王书》原句。"衍衍"取自《周易》渐卦爻辞"鸿渐于磐，饮食衍衍"，"皤皤"来自左思《魏都赋》"丰肴衍衍，行包皤皤"。尽管词句借用如此集中，但剪裁十分贴切。又因为大都不是常用字，所以乡试考官评为"古奥"。

其《中庸》题答卷则融汇新学，如地球引力说："岂知地以圆而顺动，即以动而生力，而凡峙者以行形附形，流者以气合气，莫不为地心之力所摄引而适如其分量焉。"又按照现代地理学的思路，直接用地球周长来阐释"地之广"：

> 章、亥纪东西之步，持筹者往往侈语奇零，顾按尺寸而度之，逐其末者未足探其本；《周髀》合浑、盖之精，覆矩者往往矜言勾股，顾凭仪器而测之，验诸实者尤贵运于虚。闻之地厚盖三万里，以周三径一之率计之，其周为九万里，由是以推全体之幂积，当得二百七十亿里。②

当中"章、亥纪东西之步"是对《山海经》和《淮南子》的概括，《淮南子·地形训》曰："禹乃使太章步自东极，至于西极，二亿三万三千五百里七十五步。使竖亥步自北极，至于南极，二亿三万三千五百里七十五步。""《周髀》合浑、盖之精"则来自《周髀算经序》："浑天有灵宪之文，盖天有周髀之法，累代存之，官司是掌。"这里江标的叙述思路是先批评上古脚步丈量和天圆地方说前提下勾股计算的局限，再用

---

① 《江标集》，第 147 页。
② 同上书，第 146 页。

"周三径一"的圆周率计算地球周长。该文总结部分也没有落入"地势坤，君子以厚德载物"的窠臼，而是仍以公转自转学说为归："论绕日而行之理，地转而莫不与之俱转，举凡华岳之高出地上，河海之深入地中者，直附丽焉耳，故载与振，亦忘其固有之能；论顺天而动之机，地游而莫不与之俱游，举凡华岳以相抵而定，河海以互推而流者，直翕合焉耳，而重与泄，遂失其本然之性。"①对比之下，同榜第三名张锡恭的思路也是以规矩勾股测量地形广厚，但所论山川局限于中国范围内，不及地球；第二十六名赵元益以西学见长，答卷中粗略提到"地图用开方法""地体似扁球形"，但并不能从地理技术层面展开更多②。

　　江标《为电》答卷更是古学与新学交相辉映的典范。此题来自《序卦》对离卦取象的总结："离为火、为日、为电、为中女、为甲胄、为戈兵。"电字旧有训诂无非闪电义，强调转瞬即逝，氛围光怪陆离且关系灾异，故题旨不易把握。江标将经典汉赋的虚拟问答结构引入五经文体裁，用小学家、天文家、方士的对话来铺陈和统合电的字义训诂、自然物理、易卦取象。其中"小学元士"说："斯殆黔易激爚而致欤？闻之黔易相薄为靁，激易为电，电是靁光。"这里密集嵌入了《说文》学知识：其一，"小学元士"来自《说文解字叙》——汉平帝征召百余人解说文字于未央宫，以沛人爰礼为小学元士；其二，《说文》有"靁"而无"雷"，故江标此处只用"靁"字；其三，《说文》曰："靁，阴阳薄动靁雨，生物者也。"段玉裁注："黔易薄动生物者也。各本作阴阳，今正。"江标采用了段注校改的意见，故有意将"阴阳"写作"黔易"，这种用字风格也非常符合文中"小学元士"的身份。该文又借天文家之口叙述自然界闪电的性质，速度上"环行乎地球九万里，则一瞬可三匝

---

　　① 《江标集》，第147页。

　　② 《清代硃卷集成》，成文出版社，1992年，第176册，第19—22、233—236页。

焉",并解释人先见闪电而后闻雷鸣的原理:"试证诸激火之理,则先见火而后闻声,其声则以光之远近而后分迟速。"最后借方技家之口回归易卦:"卦之爻,有互象,有假象,有专象。专象者,盖取诸用也。"而电之用在于"燀烁五金,腐解木石,光幻陆离,力摄虎伯。或有瘀伤颠眴,蹈齰嗽获,亦能启其惰痼,和其血脉"[①]。此处用于冶金、医疗之电显然已非自然界的闪电,而是人类制造的电力。

全篇构思的圆巧、字词的古奥以及西学的融入,令此文受到考官激赏,被官方刻入闱墨,一字未改[②],被当时读者誉为"能于百万军中独树一帜"[③]。乃至被以讹传讹,以为其中有洋文。次年,御史吴兆泰奏请正文体,专门提及江标此文,谓"文中牵引西洋文语,有乖文体,请嗣后通饬不准取录此等文字"[④],令人哑然的同时,也辅证该文传诵之广。

试帖诗部分,诗题中有"金罍"一词,江标金石学积累遂有了用武之地,主体部分都在用吉金器物的描绘与菊花酒宴对举,如"罍黄金错采,酿白菊浮英。器列雷文古,花含露气清。牺尊排灿烂,蚁酝泛轻盈",厚重华丽而兼有灵动。"癸辛商款识,甲乙宋科名"一句更是将商代吉金常用干支铭文与科举甲乙榜相应,令功名场合增添了高古气质[⑤]。

至于乡试策问诸子题答卷,实为一篇目录考证的抄撮,大部分抄自《四库全书总目》的《庄子注》《墨子》《孙子算经》《黄帝素问》《燕丹子》《慎子》等提要。结句则将眼光投向域外:"近日佚子古书又多得

---

① 《江标集》,第148—149页。

② 《江标日记》(上),光绪十四年十月初三日,第330页。

③ 吉城《将就斋日记》,光绪十四年十月初四日,见《鲁学斋日记》(外二种),国家图书馆出版社,2010年,第1册,第94页。

④ 《江标日记》(上),光绪十五年正月十八日,第350页。

⑤ 《江标集》,第148页。

从海外,圣朝丙部之学,不綦重哉。"所谓"佚子古书又多得从海外",主要是指日本藏古抄本王弼注《老子》、宋刻成玄英《南华真经疏》、宋台州刻本杨倞注《荀子》,都由《古逸丛书》影刻传回国内。

出色的答卷令阅卷官大为惊喜,同考官汪懋琨(?—1912)致江标叔祖的信札曰:

> 头场首艺,文理深奥,颇类子书,次艺参合西学,三艺近《选》体。弟得此卷,如获拱璧,故破格多加评语,荐之衡鉴堂,而大主考以为不合时趋,姑存而不录。及阅二三场卷,斑驳陆离,宏深渊博,主司始惊为奇才。主考与弟面谈,极加奖饰,谓其二三场固有目共赏之作,尚不为奇,所难者,首场文理奥衍,房官敢荐,足征眼力之高超也。弟以文字因缘房官,有何力焉。其首场三艺有藏头畏尾等语,故主司未敢付梓,亦未能列入前茅,弟深以为憾。其三场五艺,弟已抄写送主司,闻已发刻进呈矣。揭晓后,来房抄录此卷者络绎不绝,同人传观,群相推重。弟得此生,亦觉自豪。①

并附带抄寄了考官批语:汪懋琨房批第一场曰:"首艺以权字作主,语意深奥,学有根柢,次三斑驳陆离,考核宏深,典古处如披异书,精奥处如摹篆鼎,是之谓渊博才。"第二场批曰:"考核详明,援引宏富,非腹有五车书,不能如是渊博。"第三场曰:"包罗《廿一史》以及诸子百家,洞悉光明,引据处触类旁通,正如淮阴将兵,多多益善。《史籀》一道用齐梁骈体,句句有典,渊博宏深,定是名手。"主考李文田堂批第一场曰:"奥衍似子书,深洞西法,存之。"第二场曰:"子家及总集多所寓目,复多览杂书,方能办此。"第三场曰:"笔意似左太冲、刘彦和,不

---

①　《江标日记》(上),光绪十四年十月十五日,第333页。

难其博而难其约。"①

信札不吝赞美,难掩激动和兴奋。正是由于汪氏能读懂江标答卷"句句有典"等妙处并极力推荐,才令江标没有被埋没。信札和批语还揭示了江标最终排名第 31 名、不够靠前的原因:第一篇四书文被主考李文田认为"不合时趋,姑存而不录",所谓不合时趋,应即李氏指出的"西法"内涵;且第三篇四书文结句"天下之不富贵者,亦毋藏头畏尾,徒碌碌也"中"藏头畏尾"等语令考官有所顾虑,盖指用词有损典雅平和。

江标之外,同榜俊彦颇多,如桐城派后人、榜首姚永概,长于诗词的第 12 名陈廷焯、擅长实务的第 17 名夏寅官、第 26 名赵元益、第 139 名姚锡光,擅长算学的江标长兄第 53 名江衡,出身经学世家仪征刘氏的第 39 名刘显曾和第 62 名刘富曾,精于鉴藏的第 67 名费念慈、第 80 名董康以及第 118 名宗舜年等。缪荃孙在得知李文田主考之初,即称庆曰:"江南学人可以搜拔无遗矣。"②录取结果表明其所见不虚。

趁着良好的应试状态,江标北上京师参加会试。次年到京,先经礼部的乡试复试,位列一等 29 名;会试中式,列第 78 名;殿试登榜,位列二甲 14 名;随后朝考,位列一等 49 名,钦点庶吉士,入翰林院为编修。这四次考试的江标试卷,可资详览者尚存会试三篇四书文和一首试帖诗。会试题目如下:

四书题

《子曰:行夏之时,乘殷之辂,服周之冕,乐则韶舞》(《论语·卫灵公》)

---

① 《江标日记》(上),光绪十四年十月十五日,第 333 页。

② 缪荃孙《艺风老人日记》,光绪戊子六月廿二日,北京大学出版社,1986年,第 40 页。

《取人以身,修身以道》(《中庸》)

《曰:子不通功易事,以羡补不足,则农有余粟,女有余布。子如通之,则梓匠轮舆皆得食于子》(《孟子·滕文公下》)

诗题

《马饮春泉踏浅沙得泉字》(唐郎士元《酬王季友题半日村别业兼呈李明府》)

五经题

《易》:《爻也者,效此者也。象也者,像此者也》(《系辞》)

《书》:《帝曰咨汝二十有二人》(《舜典》)

《诗》:《眉寿保鲁,居帝与许》(《鲁颂·閟官》)

《春秋》:《春,齐高偃率师纳北燕伯于阳(昭公十有二年)》

《礼记》:《是月也,命野虞毋伐桑柘,鸣鸠拂其羽,戴胜降于桑,具曲植篷筐》(《月令》)

策问题

首问《仪礼》,次《史》《汉》地理,三兵制,四《管子》误字,五目录版本

江标《论语》题答卷从《豳风·七月》《大雅·公刘》以及《太玄经》等篇籍申说夏正,据《礼记·礼器》《周礼·大行人》考证殷商舆服,引《尚书》以简述《韶舞》,即以名物训诂支撑整体结构。中间亦有骈散对偶的铺排,如"至如泥楯山樏,风追夏世,利牙转毂,工启周官,取而乘之,则知巾车之事,不起于有邰之日","他若蠙珠来贡,夏阙弁师,羂宝荐俘,殷无玉藻,取而服之,则知缋饰之工,实本诸天地之象",用典夹杂《诗》《书》,古茂而流丽。《中庸》题依然发挥其对舆服宫室字词的积累,将上古贤君征求名臣的旧典衬托得雍容而具象化,文末"听察无向,詹睹未形,如冰之洁,如砥之平,爵公亡私,僇违亡轻,心镜万

机,揽照下情"①一段押韵流畅,曲终奏雅。

《孟子》题答卷的优秀则体现在题旨把握上。焦循《孟子正义》②和一般四书文教辅都将重点放在农工之间的"以羡补不足"上,江标则以"论互市之要,战国时已发其端矣"破题,随后的"告彭更曰:今有人焉,傀然独守,胶执而不化,虽吾身外之物,亦不屑与他人相往来,则将槁死黄壤已耳,岂人世之当然哉"一段,明显是学习《史记·货殖列传》起首对《老子》"民至老死不相往来"的批判。考官熟习《史记》,对此必然会心。随后则针对题面中的余粟余布和梓匠轮舆,其答卷按粮食布匹和百工制造的交易意义两方面展开。论点上,"食足货通,然后国实民富,而教化成也。不然,羡余者将无用矣"一段将"补不足"与孔子先富后教之论相贯通,结尾更直接映射现实:"盖圣人之治天下,非易民性也,拊循其所有而涤荡之而已。于是抱四海而为家,富有之业,莫吾大也。若智不足权变,勇不能决断,而徒闭关以自守者,非治国安民之本也。故曰,国之所以富强,则在于互市。"直言不能闭关自守,要主动利用外贸来富民强国,切中时需而大胆敢言,与其他考生斤斤于耕织和工匠对比的论述格局迥异。

至于五经和策问题答卷,今已不可考见,但据《清代硃卷集成》中江标试卷所附"本房原荐批",显然继承了其乡试答卷的风格和优点:"《易》《诗》二艺,精于训诂之学,本本元元,却有证佐。《书》艺考据详晰。《春秋》主公羊说,别开生面。《礼》艺古色古香,宜风宜雅,信非饤饾家数。"③而策问题的《仪礼》《史》《汉》地理和目录版本三题恰好都是江标平时研习的重点和长处所在。

考官特意点出其《春秋》题答卷"主公羊说",这是因为此段《公羊》解释与《左传》明显不同。昭公十二年的经文曰:"春,齐高偃率师

---

①　《江标集》,第158页。

②　焦循《孟子正义》卷十二,中华书局,1987年,第428页。

③　《清代硃卷集成》,成文出版社,1992年,第62册,第432页。

纳北燕伯于阳。"《左传》曰:"春,齐高偃率师纳北燕伯款于唐,因其众也。"杜预《集解》认为阳、唐是同一地。只有《公羊传》说"伯于阳者何? 公子阳生也",将"阳"释作人名,何休进一步说经文"伯"乃"公"之误,"于"乃"子"之误①。据《左传》,事件起因是燕简公"欲去诸大夫而立其宠人",国内大夫杀其宠人,简公惧而奔齐,后来齐伐北燕,将送简公回国,初次不成,至昭公十二年乃归燕国,居于唐地②。一般是从君德臣道的角度展开论述,而按《公羊》"公子阳生"的独家解释来立论,则可以增加文字校勘的角度。至于考官说江标答卷"别开生面",具体所指已无从得知。

综上可见,光绪十一年初次乡试失利以后,江标在岁试、科试、优贡试、乡试、会试、殿试、朝考中一路高歌猛进,这直接得益于他此前看似驳杂的多方面储备,也离不开学政王先谦和乡会试考官出题时的考据实学导向,可谓时代与自身的互相成就。这种时代风会并非随机兴起,而是自有演变脉络,沈曾植对此有扼要总结:

> 道光之际,文场庋契,频有幽歧,其还往常集于津要之涂,巧宦专之。而公卿大夫方直者,举子谨厚步趋守绳墨者,士以学问自负者,恒闻风而逆加摈弃,其名士而擅议论者,尤干时忌。张石洲、张亨甫之流,困踬当时,士林所共记也⋯⋯盖至咸丰戊午而后,兹风乃殄,而后单门孤进、遗经独抱者始得稍沾稽古之荣。至于同光之际,二三场重于头场,则吴县、常熟、南皮、顺德迭主文衡,重经史古学,几复反乾嘉之旧。③

---

① 　陈冬冬《春秋公羊传通释》,四川大学出版社,2015 年,第 443 页。

② 　关于昭公十二年此条记载的前因后果和解释差异,详参骆扬《〈春秋〉昭公十二年"伯于阳"考异》,《北京师范大学学报》(社会科学版)2011 年第 2 期。

③ 　沈曾植《沈子敦先生遗书序》,钱仲联辑录《沈曾植海日楼佚序(上)》,《文献》1990 年第 3 期,第 185 页。张石洲即张穆,张亨甫即张际亮。(注转下页)

故此种风会实为同治末年以来朝中"清流"主政、硕学主持学坛积极影响下的产物。

第五节　时务和西学的习得途径与实践

从江标乡试的《为电》和会试的《孟子》题答卷中,不难发现他对现实问题和西学的关注和知识储备,正与好友张炳翔"建霞负奇气,喜言经济"的描述相符。这一积累过程从日记、文集和报纸等文献中可见不少足迹。

首先是亲友的影响。其舅父华翼纶在太平天国战争期间参与组织无锡荡口的地方团练,编过《华氏新义庄事略》,所撰文章于盐法、禁烟、医疗皆有涉及,还为十几位将领写过传记。其《禁烟议》一文提出"雅片之来也以渐,其禁也亦必以渐",主张先禁烟馆,"馆绝而后禁膏,只许其剪土自煎,则于销土之路并不遏绝,而于关税之务亦无阻碍,如是行之,则吸食之老瘾久而渐死,而年少无瘾者无从学习,二三十年必有成效矣"[1]。江标承袭此文,加以铺陈扩充,撰成《禁烟私议》,发表在《申报》上[2]。所增内容包括他对现实禁烟动向的观察,如"余吴人也,见谭护抚之莅吾郡时,烟馆比栉,十室之间必有一家,不及三月而道路肃清","近日左相有请增洋药土烟税捐之奏,无禁之名,有禁之实",分别指谭钧培以江苏布政使身份护理江苏巡抚期间

(续上页注)"咸丰戊午而后,兹风乃殄",是指清廷对咸丰八年(1858)顺天乡试舞弊案的从严处理使得科场夤缘舞弊风气受到长期震慑,当时主考官柏葰在内的 5 人被处斩。"吴县、常熟、南皮、顺德"分别指潘祖荫、翁同龢、张之万、李文田,他们在光绪前期多次担任乡会试考官和殿试阅卷官。

　①　华翼纶《荔雨轩文集》卷二,《清代诗文集汇编》第 652 册,第 76 页。
　②　《申报》光绪八年七月初八日(1882 年 8 月 21 日)第 9 版,收入《江标集》,第 164—165 页。

（光绪五年至六年六月①）的禁烟措施②，以及光绪七年五月初五日军机大臣左宗棠所奏《严禁鸦片请先增洋药土烟税捐折》③。

其长兄江衡受舅父华翼纶教导，和翼纶之子华蘅芳、华世芳一样擅长数学，肄业于南菁书院。至迟于同治十年（1871）进入江南制造局翻译馆任笔述工作，在同馆的表兄华蘅芳帮助下，进一步学习西方数学④，译述有《算式集要》，所著《勾股演代》收入《南菁书院丛书》。江衡曾在《申报》发表《振兴格致之学议》，主张改革科举内容，尤重算学⑤。又发表《崇尚西人之学辨》，就坊间对清廷铺开的水师衙门、电报局、新式书院等新政的质疑和批评，展开反批评，用"礼失求诸野"的西学中源说回应"率天下之人心，尽惑于西人不止"的疑虑⑥。江标日记中能看到他与江衡长期通信，这些世事时务应该都会涉及。

其表兄赵元益弱冠之后学医，由表兄华蘅芳介绍⑦，在江南制造局翻译馆成立次年（同治七年，1868）入馆工作。同侪对西人（如傅兰雅、林乐知、金楷理、舒高第等）格致专书作口译，赵氏负责笔述和校

①　谭钧培《题报交卸抚篆日期事》，光绪六年六月十五日，中国第一历史档案馆藏，档号 02-01-03-11950-049。

②　详情见谭钧培《奏为江苏省查禁鸦片情形事》，光绪六年四月三十日，中国第一历史档案馆藏，档号 03-7402-027。

③　《左宗棠全集·奏稿八》，岳麓书社，2009 年，第 28—31 页。原折录副藏中国第一历史档案馆，档号 03-6490-026。又见《申报》光绪七年六月初四日（1881 年 6 月 29 日）第 3—4 版《严禁鸦片疏》。

④　江衡《勾股演代》卷首识语："岁辛未，衡在上海机器局，与西士对译西书，时中表兄金匮华若汀先生译《代数术》，刊甫竣，首以其术授衡，积数月始悟其与天元相通。"《丛书集成续编》，新文丰出版公司，1988 年，第 77 册，第 212 页。

⑤　《申报》光绪七年十二月初二日（1882 年 1 月 21 日）第 1 版。

⑥　《申报》光绪七年十二月初四日（1882 年 1 月 23 日）第 1 版。

⑦　参华世芳《表兄赵静涵小传》，《新阳赵氏清芬录》卷二，1917 年刻本，第 17 页。

定。其笔述著作包括《海塘辑要》《光学》《化学鉴原》《爆药记要》《井矿工程》《冶金录》《法律医学》《内科理法》《西药大成》《西药大成补编》《行军指要》《行军测绘》等①，涉及物理、化学、医学、地理等多种学科，参与确立的大量科技语沿用至今，而平素涉猎之广亦可概见。江标与之函札不断，曾向其函索制造局刻书书目，赵将书目二册从轮船文报局转递之②。赵与江札曾言及海军衙门成立后，"译书当其起"③。赵还以伟烈亚力著作《数学启蒙》赠之④。平时途经上海时，江标必拜访，顺便也可见到在江南制造局画图房工作的表兄华备珏(字式如)⑤。后来江标更与赵成为同榜举人、同榜进士。光绪十五年，赵元益以医官身份随同薛福成出使欧洲英法意比四国⑥，并被薛福成派往柏林，跟随德国细菌学家学习。回国后继续在制造局从事译述，掌教上海格致书院。

江标表兄华蘅芳(1833—1902)也在制造局翻译馆工作，译书包括《地学浅释》《金石识别》《御风要术》等，但从日记和书信来看，江标与华世芳更亲近，与华蘅芳交往较少。

对江标颇有影响的其他师长友朋尚有：舅父华翼纶的朋友杨象济(1825—1878)，作为汪鸣銮督学山东和广东时幕僚的"高谭经济多

---

①　见傅兰雅《江南制造总局翻译西书事略》第四章，《格致汇编》光绪六年(1880)八月卷。

②　《江标日记》(上)，光绪十年八月二十一日、十一月十五日，第41、66页。据今人统计的江南制造局现存译书目录(王扬宗《江南制造局翻译书目新考》，《中国科技史料》1995年第2期)，江标所得此书目恐已散佚。

③　同上书，光绪十一年十月二十六日，第138页。

④　同上书，光绪十二年十月十二日，第201页。

⑤　同上书，光绪十二年三月十三日，第160页。

⑥　《英法义比参赞随员翻详单》，《申报》光绪十五年五月二十七日(1889年6月25日)第2版。

良谋"①的程秉钊(1850—1891),在上海相订兰谱的"七洲形势瞭胸膈,此是重生魏邵阳"②的李平书(1854—1927),在沪相识的《字林沪报》主笔蔡尔康(1852—?),兼通《说文》和中西医学的李燮③等。

　　杨象济尤为江标推重。杨氏乃咸丰间举人,曾任曾国藩幕僚,擅实务。江标17岁时在华翼纶处初次见杨,"已心仪其人而重其文,得见所著,必手为钞录,先生时在江苏书局,遂时时过从,亦若微有所许可者",可惜相交不及三年而卒。江标多方抄录杨氏诗文,因尚无能力付梓,遂将文稿请华翼纶交秦缃业删定付刊,而同时杨氏好友李子远也将自藏本寄与秦缃业,杨氏文字遂得梨枣传世④。在江标哭悼杨氏的八首律诗中,其歆慕之诚和二人忘年之交更加具体。第二首的自注强调了杨氏筹饷调盐之策:"丈于咸丰辛酉见西洋于汉皋互市,遂上书节相抽税岁三百万以济军饷。又因楚地无盐,上言请借番舶致浙盐以济。事成,不欲保荐。"第四首则记述了杨氏翻译地理著作的贡献和狂狷气质:"百卷舆图译外夷,六洲形势笔头奇(尝为丰顺中丞译西人《地球图说》百余卷)。每于坐上成新句,惯向人丛骂贵儿。"⑤而江标应杨氏之邀所刻印章"汲庵之印"至今尚存⑥。

　　其次是追踪时事时务的途径。他和当时大多数人一样,都是从《申报》上获取相关信息。中法战争期间,仅光绪九年十一月(1883年12月)至光绪十一年五月(1885年6月)一年半内,《申报》就发表了300多篇有关战事的社论,此外还有每天刊发的战事消息⑦。江

①　《幕中九友歌》,《江标集》,第292页。

②　《沪渎怀人绝句·李平书钟珏》,《江标集》,第288页。

③　《晏城题壁诗》,《江标集》,第306页。

④　江标《汲庵文存书后》,《清代诗文集汇编》,第700册,第131页。

⑤　《哭杨利叔先生》,《江标集》,第266—267页。

⑥　见北京华铭国际拍卖有限公司2007年秋季艺术品拍卖会。

⑦　黄飞《由"战"转"和":中法战争时期〈申报〉的舆论导向》,《近代史研究》2022年第4期,第58页。

标也在持续关注这一时事,其光绪十年日记有载:"命张仆录《曾袭侯与李中堂书》,辞气激烈,令人钦仰。观《申报》议中外事,愤懑发指,殊抱杞忧也。"①《曾袭侯与李中堂书》是同年四月十七日《申报》的头版文章,据文后报馆附识,乃中法战争结束前曾纪泽之作(但此札并不见于今传《曾惠敏公文集》),文中对国际形势条分缕析,坚决主张备战。同日《申报》上令江标"愤懑发指"之事,应该是指"李中堂意在议和"的传闻②。同年九月,江标日记略记法国外交大臣斐礼的言论,应是摘自当月《申报》头版文章《书西报述法外部大臣之意后》③。中法战争不仅是国家大事,也与江标身边事务密切相关。当时山东学政汪鸣銮拟请江标同乡孙传凤来襄校阅卷,即因"海氛甚炽,事有不测""防海健儿动辄生事,肤夺之案层见叠出"而由江标函嘱孙氏自陆路北上④。

光绪十一年二月去海源阁观书后的同月日记中,江标从某处抄录了西方火炮的材质规格和威力原理以及枪炮名目,并专门留意《申报》上的格致书籍广告——"格致书室专售各处所著各种格致书籍图画、器具材料,有书单及器料价目送人,在上海三马路《申报》馆西首"⑤。

《申报》之外,江标并不止于了解西方器物文明,还从《瀛海论》中摘抄欧洲各国国情和近代大事,如欧西文字、宗教、拿破仑战争等⑥。张自牧的《瀛海论》在被收录于葛士濬《皇朝经世文续编》(1888)、王锡祺《小方壶斋舆地丛钞》(1891)之前,流传不广,今存较早刊本是光

---

① 《江标日记》(上),光绪十年五月十二日,第8页。

② 《京都近信》,《申报》光绪十年四月十七日(1884年5月11日)第2版。

③ 《江标日记》(上),光绪十年九月二十六日,第50页;《申报》光绪十年九月十四日(1884年11月1日)第1版。

④ 《江标集》,第65页。

⑤ 《江标日记》(上),光绪十一年二月二十五日,第91页。

⑥ 同上书,光绪十年九月二十八日,第53页。

绪二年(1876)"罗江荷笠者"所刻,不知江标所读是否即此本①。后来日记又提到"湘阴张官牧,字大臣,著有《瀛海论》三篇、《蠡测卮言》十卷,已刻,早见及矣,近始知其名氏也"②,不过《蠡测卮言》的阅读笔记不在日记中。

在广东游幕期间,他还读到了时任广东督粮道、参与广西钦州一带中越勘界③的王之春的涉外著述。《谈瀛录》出版后长期见于《申报》的售书广告,流行甚广,大约因此令江标期待值颇高,但阅后颇显失望:

> 午后见王爵棠观察(之春)《椒生随笔》,杂纪各事,间有一二可取者。又《谈瀛录》,专记游历日本事,上二卷为《东游日记》,是确凿可取者,惟渠于彼国地理、语言、文事皆未通晓,多影响之谈;卷三则《东洋琐记》,大半皆抄袭黄公度《日本杂事诗注》,一字不易,盖当日撰记时黄诗尚未刊行,故据为秘本也;附《中国连日本图》及《日本图》,皆极粗陋,《日本图》尤为彼国妇人女子皆可示诸掌者,更可哂也。首有彭雪琴官保一序,极推重之,谓既防日以防俄之秘钥,亦服日以服俄之韬铃,其然岂其然乎?④

王之春的这几种涉日著作,是基于光绪五年(1879)底秘密访问日本的见闻。该年日本强行吞并琉球,震惊清廷有识之士,两江总督兼南

---

① 关于《瀛海论》成书和内容的探论,可参潘光哲《张自牧论著考释札记——附论深化晚清思想史研究的一点思考》,《新史学》第 11 卷第 3 期,2000 年,收入《传统思想的近代转换》,社会科学文献出版社,2007 年,第 291—301 页。但该文作者未能搜览到《瀛海论》的单行本。

② 《江标日记》(上),光绪十三年正月初三日,第 237 页。

③ 《清代官员履历档案全编》,华东师范大学出版社,1997 年,第 5 册,第 14 页。

④ 《江标日记》(上),光绪十三年闰四月十九日,第 263 页。

洋大臣沈葆桢绸缪远略,派王之春赴日搜集日本国情,王氏回国后的报告受到李鸿章幕僚薛福成的重视①。其中无关对日军事打击构想的内容被写成《谈瀛录》,于次年出版。王之春不通日语,确属劣势,在日与当地人多为笔谈,所得难免隔膜,故江标谓"多影响之谈"。至于谓《日本图》是日本妇孺皆可示诸掌者,江标似是有所参照,今未知其具体对比对象。上述引文又批评王之春抄袭黄遵宪《日本杂事诗》(光绪五年由京师同文馆活字出版),这是王书不注资料出处带来的弊端,而"一字不易"的批评也说明江标手边有黄遵宪书加以对照,其光绪十二年日记恰有相应阅读记录:"读嘉应黄公度《日本杂事诗》二册,以朱笔圈识之。"②此前江标还读过友朋所赠丹徒庄介祔《日本纪游诗》《和日本杂事诗》③,大约是先见《和诗》,然后按图索骥得见《杂事诗》原书。

追踪新闻和阅览欧西日本历史国情之外,江标多有实学上的实践。

在历法和算术领域,游幕山东期间,他在汪鸣銮处见到乾嘉时期多位山东籍数学家的当时未刊稿,包括刘曰义(1760—1852)的《面体算术》《算学举隅》《九章算式》《元史日景算》《读汉书律历志算草》《小雅辛卯朔考》《步日月算草》《开方法》《勾股图》《开方无法论》,牟庭(1759—1832)的《勾股重差图》,刘执经(1829—1878)的《三角钩沉》,在日记中各作叙录,并抄录了三篇序言④。这些书今天大多已失传,江标应该是有幸读到全书的最后少数人之一。另外从日记中"此次试经解者有四十余册,算学十余册,可见风气之转移矣。惟无一佳

---

① 徐磊《王之春访日与清政府的对日国防战略》,《日语学习与研究》2021年第4期。

② 《江标日记》(上),光绪十二年九月初四日,第192页。

③ 同上书,光绪十一年十一月初五日,第141页。

④ 同上书,光绪十年十月二十五日,第60—63页。

者""阅覆古卷六册,算学刘汝侨、田智良皆去年所取者"①等记录来看,他应该也是汪鸣銮督学山左时的数学阅卷者,"拟《释筹算》一题,惜无人能为之"②的记录则表明他还是经古场出题者之一。游幕广东期间,嘉应州廪生张文皋呈其祖父杂著十六种稿本于学使汪鸣銮,主体是算术著作,汪氏嘱江标"存其目并言其大凡"。江标各作提要,存于日记中,包括《汉史月日征信》《史记太初历法衍》《量仓八法》《方程正负定式》《算法统宗难题演术》《梅氏增删统宗附识》《季汉朔闰表》等③。不过,江标对代数似乎造诣有限,起初自学华蘅芳《学算笔谈》,"布除法草数四而总未得其门径"④,后续进展则不可考。

在现实问题领域,他不仅是报纸读者,也是供稿者。供稿关系当是通过在沪结识的《申报》主编黄协埙、《字林沪报》主笔蔡尔康和苏绍柄(字稼秋)、《益闻录》主笔邹弢⑤建立起来的。其日记多次记载与这些友人的会面和宴饮,其中明确提到苏绍柄"属作论一首"的约稿⑥。江标投《申报》者多为诗歌,投《字林沪报》者多头版评论,如《山左治河议》《拥书说》《刊书议》《释园》等文,大多作于游幕山东期间。其中《山左治河议》总结了道咸以来山东境内治河难点:入海口的牡蛎壳坚硬,海口不易清淤;水浊沙松,秸秆易腐,木桩易倾,故堤坝结构不稳;地方官临时敷衍,在挖土方、用民力方面不顾后续。提出的解决办法亦有三点:引进西方蒸汽机挖沙船;开办本地煤矿,建

---

①　《江标日记》(上),光绪十年十月十六日、十一月十三日,第58、65页。

②　同上书,光绪十一年正月二十六日,第84页。

③　同上书,光绪十二年八月二十七日,第189—191页。

④　同上书,光绪十一年二月初四日,第85页。

⑤　江标在该报发表了《鲁游杂事诗十六截句》。《益闻录》为上海天主教会主办的报纸,介绍见赵晓兰、吴潮《传教士中文报刊史》,复旦大学出版社,2011年,第266—274页。邹弢与《益闻录》的关系详参史全水《邹弢:一个被忽视的近代重要作家》,复旦大学硕士学位论文,2009年。

⑥　《江标日记》(上),光绪十二年三月十四日,第160页。

立铁厂,制造挖沙机器,同时解决就业;开设治河馆,以测绘格致之学培养幼童,使后世以专业人才治河,而不令懵懂吏员误事①。该文各类细节均来自光绪十年济南水灾后的现场观察:

> 今日为郎亭招至泺口,同观王卿云(开运)大令自制挖河机器船,同行者为韩芝翁、陈冠生(冕)殿撰、许子乔(祺身,即子原兄)大令。先至药山观陈冠生所造流民厂,厂如号舍然,排列比次,共二百余间,费千三百金,每间约制钱七千余文(此法可仿为之,故特记其详),可谓广厦矣。自药山至泺口,皆走大堤,堤为新筑,远望一片汪洋,中有老树尚露其顶,轿夫指即泺口大街也。新堤近河排列木桩,亦不甚密,以秫秸阑之,内筑以土。三年之后,秫秸烂,其堤又溃矣,危哉! 泺口镇之堤则以石,较坚也。

> 王大令设局于河边,午后登船。船三层,形长方,中横一大轮,上有铁齿,两旁立两铁轮,上下各八人推其机具,则大轮旋展。船两头有两闸板,如将闸板起去,则不用人力,水激轮,轮即自转,至大溜尤速,尚为灵动,然于挖河恐无用也。畅观至日晡始归。②

此前光绪五年、六年、八年、九年山东境内都发生过大规模水灾,人口密集的历城县更是反复受灾③,上文中陈冕的父亲陈恩寿就是在光绪九年大水灾中因工作而病逝,故该流域整治实属繁难。筑堤方面

---

① 《江标集》,第 166—167 页。原载《字林沪报》光绪十一年十一月十六日(1885 年 12 月 21 日)第 1—2 版。

② 《江标日记》(上),光绪十年七月十六日,第 33 页。陈冕(1859—1893),字冠生,出生于济南,寄籍顺天宛平,光绪九年状元。许祺身,浙江仁和人,历官山东章丘等地知县、东平知州。

③ 参《清代灾害年表》,《中国灾害通史·清代卷》,郑州大学出版社,2009年,第 629—632 页。

暂无新方案,只能深挖河道,因此知县王开运①自制挖河机器。但从江标描述来看结构较为简单,挖沙效果有限。《山左治河议》提及旧有铁篦子等连芦苇根尚不能刨动,故须考虑引进泰西火轮钢锋,可惜该建议未能引起重视。

在西来物质文明方面,江标不只重视国防民生的火炮轮船,对生活用件也怀有兴趣,尤其是照相机及其技术。从其日记来看,自从接触到英国传教士德贞②《脱影奇观》一书,便常欲亲自试验:

> 《脱影奇观》一书。此书专为照相而作,曾托人访诸于京师,未得,一旦得之,亦缘也。(光绪十年六月初三日)
>
> 读《脱影奇观》一册,此书专言泰西照相之法,明乎其事,似不甚难,维倾哥罗田[葛罗碘]于玻片,须手法炼熟方好,甚非易事也。(光绪十一年正月初六日)
>
> 借沈秉之照相药水,自试之,终不得法,系于化学、光学至理未精也。(光绪十二年四月十六日)
>
> 携照相而无发影水,遂以肆中皂矾试之,剧佳,喜甚,遂照四影,较前日似精也。(光绪十二年五月初九日)
>
> 得稼秋书,兼寄照相干片法。(光绪十三年八月二十三日)

---

① 《民国续修历城县志》卷三十四《职官》光绪朝知县栏长期空缺,见《中国地方志集成·山东府县志辑》,凤凰出版社,2013 年,第 545—548 页。但核对黄河沿岸的齐河、济阳、章丘诸县方志,光绪十年的知县均非王开运,故王开运应即历城知县。

② 德贞(John Dudgeon, 1837—1901),英国医生、伦敦传道会传教士,毕业于爱丁堡大学,同治三年(1864)来华主持北京施医院,同治十一年(1872)至光绪二十一年(1895)受京师同文馆之聘讲授医学。与曾纪泽关系密切。著有《西医举隅》《全体通考》《药材通考》《中国妇女的缠足》等。详参苏精《清季同文馆及其师生》,福建教育出版社,2018 年,第 217—219 页;高晞《德贞传:一个英国传教士与晚清医学近代化》,复旦大学出版社,2009 年。

　　　　午后至吉由巷见蒋肖鳍……取渠干片照相器照一人相,未清,系干片已坏之故。(光绪十三年八月十一日)①

《脱影奇观》是中国第一部摄影技术专书,其上卷介绍感光、折射、聚焦等原理;中卷上介绍器皿、暗室、药料、制作相纸、洗照片和装潢之法等,中卷下重点介绍拍摄过程和方法;下卷主要是药料注释,书中的光学原理图和大小设备器皿图细致详尽②,唯化学和英制单位名词需要稍有基础。江标没有介绍其具体读书过程,但自制显影水成功,说明颇能得其要领。他从各位友朋和商店处获取相关器件药水的经历,也间接反映出照相技术在苏州、上海日常生活中的深入。

　　整体而言,从少年时代到游幕时期,江标主要精力都用在《说文》《文选》和目录版本学书籍的搜览研习上,这就决定了他在其他领域学习的系统性和深度相对要弱,在西学积累上无法与以译述为业的表兄华蘅芳、赵元益相提并论。但他胜过一般士子的地方在于,对偶然经历亦能深入探究,如提出山东治河之法并发表于报纸,出于生活兴趣而反复试验照相显影技法,熟习专门化学知识,还曾"竟日自做小德律风"③。而对欧美日列强的持续关注和了解、对中外数学著述的长期接触,将为其日后学政施政奠定重要基础。

---

　　①　《江标日记》(上),第 24、80、169、170、278、279 页。

　　②　德贞《脱影奇观》,同治间刻本。

　　③　《江标日记》(上),光绪十三年十一月二十八日,第 288 页。德律风即电话(telephone)。

第二章 日记和信札等所见江标翰苑活动和职业波折(1889—1894)

第一节 考据进阶和史学译述

光绪十五年(1889),江标联捷成进士,授职翰林院编修。从日记来看,此后五年间参与的公务不多,主要有五事:为陆润庠代笔篆刻皇家印章六十方、写样九百份;为慈禧六十寿辰庆典而撰拟颐和园万寿寺等处对联;在国史馆参修忠烈传记;为礼部磨勘各省乡试试卷;奉敕校勘御批《历代通鉴辑览》。此外则多与师友砥学。在全国最高学术机构中,江标见到了更多在收藏、考据、西学方面建树卓著的学者。在与李文田、沈曾植、李盛铎等师友的长期交往中,其学术根基更加厚实。国势日蹙,则使其加强了边疆史地著作的搜览和译述。

一、《宋元本行格表》的编撰

从本书第一章第三节可知,钟情校勘、热衷收藏的江标一直留心宋元本的版本特征。在搜览各类书目题跋时,往往将其中的宋元本行款单独圈出或录出,如《读书敏求记》《皕宋楼藏书志》《楹书隅录》《天禄琳琅书目》《东湖丛记》《士礼居藏书题跋记》以及散见的黄丕烈题跋等。对持静斋、海源阁、铁琴铜剑楼的宋元本书目校理则强化了相关记忆。其京中师友中珍藏宋元本者众多,如叶昌炽、潘祖荫、吴大澂、陆心源、陆学源、费念慈、黄国瑾、吴郁生、李盛铎、王懿荣、王崇烈、丁立钧等。或亲往观摩,或函札讨论,眼界大开。特别是与同榜进士李盛铎志趣相投,往来频繁,常获邀鉴赏珍本。其翰林院前辈与同僚中有人职司内府藏书,往来交谈中也多得相关耳闻。这些都是时人难以兼得的经历。此外在琉璃厂等处书肆的浏览也能偶见宋元本。

在进入翰林院的第四年,江标产生了撰写行格专书的计划。从日记来看,此计划也是由黄丕烈题跋得到的启示:

> 黄荛夫记校宋明抄本刘子《新论》,有记宋刻面目,分数端:曰装潢(二册,根号乾坤)、题签(《刘子新论》宋板神品)、图书(第一册副页上,第一页一行上,目录第一页一二行上,卷一第一叶一二行之中,卷五第三叶末行)、叶数(目录二叶、卷一八叶)、版心(白口上记大小字数)、小耳(记每章章名于每叶叶尾栏外上方)、实存(宋刻□叶、钞配□叶)、行格(此条余添记)。
>
> 此条校书可仿而行之,惟尚少行格字数一条,今补入。[①]

黄氏从七个方面记录宋刻外观,江标认为应当补入行格。至于具体成书过程,其日记没有记载,只是在赴任学政途中提及"借新吾《留真谱》补《宋元本行格表》",说明至迟在光绪二十年(1894)八月已有成书初稿。至湖南后,他托门人刘肇隅编校,刘氏交叶德辉校订[②],光绪二十三年冬刻于长沙。刘肇隅序曰:"既手自编写,间亦拾遗补阙,私以例檃括之,其自四行至二十行与四部分列之数,及行字先少后多,悉依师说;详注引用之书,其称景宋钞本、景元钞本、明翻宋本、明仿宋本者,苟非确有取证,概附卷末,以示矜慎,亦师旨也。"则体例为江标所定,刘氏于细目有所补充。

---

① 《江标日记》(下),光绪十八年三月二十七日,第491页。
② 叶德辉《书林清话》卷六《宋刻书行字之疏密》,漆永祥点校《书林清话(外二种)》,北京联合出版公司,2018年,第207页。

该书正文两卷,另附录数十则,补遗一则。以四行至二十行为一级分类,以经史子集四部为二级分类,四部之内以每行字数排序,如十行本的经部之下,先将每行十六字的经书列完,再列每行十七字者,以此类推至每行二十五字者。部分注释保留了版心刻字、避讳字、牌记、补刊页等信息。

该书注文出处都是乾隆以降的著述,包括:钱大昕《竹汀日记抄》《十驾斋养新余录》、孙星衍《平津馆鉴藏书籍记》《廉石居藏书记》、陈鳣《经籍跋文》、钮树玉《匪石日记》、黄丕烈《百宋一廛赋注》《士礼居题跋记续》、吴寿旸《拜经楼藏书题跋记》、洪颐煊《读书丛录》、顾广圻《思适斋集》、张金吾《爱日精庐藏书志》、钱泰吉《曝书杂记》《甘泉乡人稿》、瞿镛《铁琴铜剑楼书目》、朱绪曾《开有益斋读书志》、森立之《经籍访古志》、莫友芝《宋元旧本书经眼录》、蒋光煦《东湖丛记》《斠补隅录》、劳格《读书杂识》、丁日昌《持静斋书目》、杨绍和《楹书隅录》、陆心源《皕宋楼藏书志》《仪顾堂题跋》《仪顾堂续跋》、杨守敬《留真谱》、叶德辉《丽廔藏书记》以及《四库简明目录》诸家批注。另外还采纳了友朋意见,如十行本“宋严州本《仪礼注》”条注曰:“盛铎按,今重刊本系每页三十行,陈氏误记作二十行。”[1]不见于今传《木樨轩藏书题记及书录》,应是与李盛铎交流时所记。

《行格表》著录的宋元本,部分是江标手摩目验过原书的,如十一行本“元雪窗书院本《尔雅》”条下曰:“此书聊城杨氏有藏本,首页有‘雪窗书院刊’墨印一条。”[2]十一行本“元本《类证增注伤寒百问歌》”条下曰:“此书见于别下斋蒋氏。”[3]只是类似表述极少,绝大多数时候《行格表》不会特别提示目验经历。例如,江标曾在李盛铎处“观宋

①　江标《宋元本行格表》,《四库未收书辑刊》,北京出版社,1997年,第9辑,第9册,第780页。

②　《四库未收书辑刊》,第9辑,第9册,第795页。

③　同上书,第799页。

本书二十种,元本书十种",并将部分书目记于日记,其中宋本《周礼》和宋本《名臣碑传琬琰录》分别记为八行大字本、十五行半页本①,但《行格表》中并无体现。又如元本《会稽三赋》,日记显示江标曾在李盛铎处见过"每半页十一行,行二十三字(小字本)"的元刻本②,但《行格表》只列出了《拜经楼藏书题跋记》的"行大小俱二十字"的版本③。江标自己的宋元本收藏在《行格表》中明确反映者也只有一条,即十一行本"元本《李翰林集》"条:"此标家藏本。又海宁查氏藏本同,多年谱及序。"④

　　上述引据诸书中,较值得注意的是"《四库简明目录》批注本"。在宣统三年(1911)邵章(邵懿辰之孙)以《四库简明目录标注》的书名刊刻问世前,《四库简明目录》批注本一直以传抄的形式传播。缪荃孙《四库简明目录标注序》提到:"《桥西杂记》所云'位西居京师,购书甚富,案头置《简明目录》一部,所见宋元旧刻本、钞本,手记于各书之下,以备校勘之资',即指此书而言。朱修伯校语甚多……幼嘉⑤此册,钞自董君绶金,书眉又撮录周季贶、黄仲弢、王弢卿、孙仲容诸人加考,均与荃孙同志。"说明付梓时的底本是胡念修从董康处抄得,该本在邵懿辰原注之外还有朱学勤、周星诒、黄绍箕、王颂蔚、孙诒让的批注。在今本《增订四库简明目录标注》中,邵懿辰之外晚清诸家批注见于各书名后的"附录"部分,"续录"则为邵章增补。

　　《行格表》引用《四库简明目录》批注本的条目共 213 条,其中标出名氏者只有四家:朱学勤(2 条)、陆氏(9 条)、邵懿辰(15 条)、周星

---

①　《江标日记》(下),光绪十七年正月廿二日,第 428—429 页。

②　同上书,光绪十七年三月廿七日,第 434 页。

③　《四库未收书辑刊》,第 9 辑,第 9 册,第 797 页。

④　同上书,第 801 页。

⑤　胡念修(1873—1915),字右阶,号幼嘉,浙江建德人。编有《四家纂文叙录汇编》,辑刻《刻鹄斋丛书》。

诒(16条)。对照经过系统整理的《增订四库简明目录标注》(以下简称《增订标注》),可以发现:

《行格表》引周星诒说的内容则大部分都能在《增订标注》中找到对应,但有几处差异。一是批注作者的归属。《行格表》八行本"元本《至大重修博古图录》行十七字"条下引周说曰:"卷帙甚大。"①《增订标注》该书"附录"曰:"余尝见元至大本,卷帙甚大,每半叶八行,每行十七字,每卷首行题'至大重修博古图录'……"但署名是"诒让"②,即孙诒让,并非周星诒。《行格表》九行本"翻宋本《周礼郑注》行十七字"条下曰:"周曰:见平津馆目。"③但《增订标注》中对应的"《平津馆目》有明翻宋本《周礼郑注》十二卷,每叶十六行,行十七字;又有一部十二卷,每叶十八行,行十七字",是属于邵懿辰批注④。二是版本定性。《行格表》九行本"宋残本《程史》行十八字"条下曰:"周曰:有大字黑口本,行十七字。"⑤《增订标注》引完整周说曰:"明单刊本,古雅可爱。有大字墨口本,每叶十八行,行十七字。宋本每半叶九行,行十八字。……"⑥则大字墨口本应是指明本而非宋本。三是所引周氏语完全不同,仅一条。《行格表》九行本"宋绍定本《吴郡志》行大小十八字"条下曰:"周曰:宋绍兴本,每页十八行,行廿八字。"⑦《增订标注》则曰:"瞿氏又宋刊原本。(星诒)"⑧

《行格表》所引朱学勤说,八行本"元本《易学启蒙翼传》"条见于

---

① 《四库未收书辑刊》,第9辑,第9册,第769页。

② 邵懿辰等《增订四库简明目录标注》,上海古籍出版社,1979年,第493页。

③ 《四库未收书辑刊》,第9辑,第9册,第824页。

④ 邵懿辰等《增订四库简明目录标注》,第74页。

⑤ 《四库未收书辑刊》,第9辑,第9册,第774页。

⑥ 邵懿辰等《增订四库简明目录标注》,第594—595页。

⑦ 《四库未收书辑刊》,第9辑,第9册,第773页。

⑧ 邵懿辰等《增订四库简明目录标注》,第286页。

《增订标注》①，但十行本宋严州本《仪礼郑注》的"朱学诚（按，当为勤字）曰：明袁褧翻韩本行二十字，后有'嘉靖癸巳吴郡袁氏嘉趣堂重雕'一行。孔广森所云宋本即此"不见于《增订标注》，亦不见于今存《朱修伯批本四库简明目录》②。

《行格表》所引陆氏说则全为《增订标注》所无，如八行本"宋淳祐本《四书》行十五字"条下曰："陆批曰：咸淳癸酉衢守赵淇刊本，每版心中有'衢州官书'四字。"十一行本"元本《春秋胡传纂疏》行廿字"条下曰："陆批：元至正刊本自叙后有'建安刘叔简刊于日新堂'木印。"十二行本"元本《周易传义附录》行二十二字"条下曰："陆曰：元至正刊本十七卷，凡例后'至正壬午桃溪居敬书院刊行'木记。"③此陆氏可能是陆心源(1834—1894)或陆学源(1854—1900)，江标与二人皆有交往，但其日记没有可与《行格表》"陆氏曰"具体对应的内容。

据江标日记，他中举人前曾在南方见过两种邵懿辰批注的《四库简明目录》，一为蒋望曾所藏，一为管礼耕所藏，两本稍有不同，并曾借阅过蒋氏藏本，可能有所摘录④；登进士后，他从藏书友人熙元（字吉甫，直隶总督裕禄之子）处借到朱学勤的批注本，并"拟过临一本"⑤。时间上，他见到的本子比邵章刊本的底本要早，所以《行格表》和《增订标注》周星诒部分的异同难以遽言何者为误，而江标所见陆氏批注又完全不见于《增订标注》陆心源部分，所以《行格表》实际上保存了《四库简明目录》光绪中前期抄本的散佚片段。

《宋元本行格表》当然未能涵盖传世宋元本之全部，但近一千二

①　邵懿辰等《增订四库简明目录标注》，第 21 页。又见朱学勤《朱修伯批本四库简明目录》，北京图书馆出版社，2001 年，第 21 页。

②　朱学勤《朱修伯批本四库简明目录》："严州原刻于厂肆见之。严州注本，黄荛圃为之翻刻。"北京图书馆出版社，2001 年，第 82 页。

③　《四库未收书辑刊》，第 9 辑，第 9 册，第 767、795、804 页。

④　《江标日记》(上)，光绪十一年九月十二日、十八日，第 129、131 页。

⑤　同上书，光绪十八年十一月十一日，第 519 页。

百种的数量已属难得,加之系统条贯①,遂成为宋元本鉴定的重要工具书。叶德辉《书林清话·宋刻书行字之疏密》称赞道:"言版片者当奉为枕中鸿宝。"当今版本学家陈先行先生称此书"无疑是鉴别宋元版本方法上的创意","在版本学上的地位也是不能忽视的"②。近代以来的通论性著作(如蒋元卿《校雠学史》、孙钦善《中国古文献学史》、黄镇伟《中国编辑出版史》)与专题考证(如日本冈西为人《宋以前医籍考》)都曾加以利用。民国学者赵鸿谦在整理完丁丙善本书室旧藏后,仿本书之例,"专就宋元版本记其行格版心及页数,更就瞿氏书影并各家书目校读之,间加按语"③,也取名《宋元本行格表》,类似著作尚有冯拔《五代监本行格表》④。可见其影响。

对版刻行款的普遍重视始于乾嘉时期,这从《行格表》引据诸书的时代分布已可概见。这种重视离不开藏书家和书商判断版本的客观需求,更受到乾嘉学者校勘需求的推动。如阮元为校刊群经而搜集宋本,其《十三经校勘记》和《十三经注疏》的刊布令宋代越州刊八行注疏本、建阳坊刻十行注疏本经书广为学林所知。江标留心宋元刻本的行款,是受到黄丕烈题跋的启示(见前文),更是这种推动力和影响力的延续。但《宋元本行格表》不只是对黄丕烈的致敬,其角色和意义应该置于更宽广的学术脉络中来观察。

在乾嘉以降的学术演变大势中,与版本行款有关的脉络大略有三:其一,张金吾(1787—1829)、杨绍和(1830—1875)、陆心源(1834—1894)、王颂蔚(1848—1895,《四库简明目录》批注者之一,铁

---

①　详参钱亚新《江标与〈宋元行格表〉》,《文献》1986 年第 4 期。

②　《中国古籍稿钞校本图录》前言,上海书店出版社,2014 年,第 1 册,第 5 页。

③　赵鸿谦《宋元本行格表》,《江苏省立国学图书馆年刊》1928 年第 1 期,第 1 页。

④　吴则虞《中国工具书使用法》,上海古籍出版社,1998 年,第 98 页。

琴铜剑楼藏书目录整理者之一)等人通过编纂具有广泛影响力的善本藏书目录,将行款作为一种善本著录规范普及开来;其二,道光咸丰年间的邵懿辰(1810—1861)、朱学勤(1823—1875)等人和同治光绪年间的周星诒(1833—1904)、陆心源、王懿荣(1845—1900)等学者型藏书家纷纷从事批注《四库简明目录》的活动,在阮元、黄丕烈时期重视搜集十三经十七史的宋元版本的基础上,对整个四部要籍的重要版本(特别是宋元本)展开搜寻和汇总,类似著作还有后来的孙殿起《贩书偶记》、傅增湘《藏园订补郘亭知见书目》,而张之洞《书目答问》则将四部要籍的善本信息从学者圈推广至普通士子之中;其三,光绪中后期,叶昌炽(1849—1917)在藏书和编目过程中,有意识地分类汇总藏书家生平和善本流通等信息(即本书第一章所述笔记册子),撰成有中国藏书通史性质的《藏书纪事诗》,叶德辉也在藏书和留心分类书籍流通掌故的基础上撰成《书林清话》,超越《前尘梦影录》这样的旧笔记体裁,对宋元本的行格、字体、刻工等都尝试系统梳理和总结。

作为上述脉络的实际载体,善本目录既体现藏家收藏品位,也为校勘服务;各家批注汇总善本信息于同一种《四库简明目录》,也是为校读善本书做准备;汇总善本流通历史中的人物和物质细节,则是藏书史本身的学术化构建。这三大类著述为今天的古籍版本学准备了比较集中而完整的基座,而后两类著述则超越了此前各自重复积累的、信息不全的、缺乏系统性的学术习得模式,旨在提供一种嘉惠士林的概览,隐然有了版本学科化的自觉。

在三股脉络向现代版本学的融汇历程中,《宋元本行格表》是非常独特的存在。它是对藏家善本目录和各家批注的采择改编,与上述第二类著述的关系更直接和密切;但其积累材料的视角离不开叶昌炽笔记册子的影响,其内容又可与叶德辉对宋元本的分类梳理和论析相互参照,且与《藏书纪事诗》《书林清话》都属于新体裁构建的新体系。今人习惯将《行格表》视为一种版本目录学的工具书,但如果还原到上述学术史坐标中,就会发现这本看似枯燥简略而单薄的小书其实折射着一段从传统鉴藏、校勘演进到当今版本学的宏阔历程。

二、《大克鼎》释文、《唐墓志例》及其他金石撰述

著名史家陈梦家在纪念近代学者孙诒让的文章中提到,孙氏"与当时金石家潘祖荫、陈介祺、王懿荣、盛昱、费屺怀、江标等论交"①,侧面体现出江标是当时京师知名的金石学者。翰林院时期的江标在金石方面留下了可圈可点的成绩。

光绪十五年正月,进士放榜后,江标与一众师友被召至潘祖荫府上宴饮,见到了潘氏所藏大盂鼎、大小克鼎、中师父鼎等金石器物②。其中大克鼎于光绪十四年夏出土于陕西扶风,旋运往京师,同年秋冬间为潘祖荫所有。克鼎和大盂鼎都存在剔锈前后的不同拓本③。十五年二月,江标得到克鼎拓本,六月初在叶昌炽处见到"新拓克鼎文,较旧拓字多"④。李文田同年五月日记提到为潘氏作克鼎考释⑤,从现存李文田逐字释文图轴来看,其所得为未剔本⑥。见到新拓本当天,江标开始为之释文,叶昌炽所记更详细:"得郑盦师书,以克鼎拓本一纸见贻,属为释文。甫展函,建霞来传示廉生书,述师意甚急,如不应命,以后所索拓本皆将谢绝,遂招西蠡来同释。"⑦有些文献将潘

① 陈梦家《孙诒让先生百年诞纪念》,《申报》1948年1月24日第8版。
② 《江标日记》(上),光绪十五年正月二十日,第350页。
③ 今上海图书馆皆有收存,参见仲威《从大盂鼎和大克鼎传世善本看潘祖荫的吉金收藏》,《书与画》2020年第3期。
④ 《江标日记》(上),光绪十五年六月初二日、初三日,第373页。
⑤ 《李文田日记》,《中国古籍珍本丛刊·西南大学图书馆卷》,国家图书馆出版社,2015年,第16册,第318页。
⑥ 潘祖荫旧藏,马衡等题跋,见上海崇源2002年首次大型艺术品拍卖会。
⑦ 叶昌炽《缘督庐日记》,光绪己丑六月初二日,江苏古籍出版社,2002年,第3册,第1672页。

祖荫得克鼎时间误记为光绪十六年,而《潘祖荫年谱》虽记在光绪十五年,但较为笼统①,故李、江、叶三家日记所载对了解克鼎及其拓本的流传十分重要。

　　李文田、王懿荣、叶昌炽、江标、费念慈诸人的考释最终被抄为一册,现存浙江大学图书馆古籍部。今检该册,江、叶二人是在给出全篇铭文的隶定后继以考证;李、费是分若干隶定条目,各条之下分别考证;王懿荣没有全篇隶定,只有部分字词的考证。兹将江标释文抄录于下:

> 克日穆朕文祖師華父聰
> □乃心寧靜于□盩(淑)哲乃
> □□克龏保乃辟龏王諫
> 辪(辟)王□□于萬□□還□
> 琢□克□于皇天琿(薪)于卡
> □□啟錫釐無彊永念
> □□孫辟天＝子＝明哲顯孝
> □申翌(經)念乃□□祖師華
> 父穌克王服出內王命多
> 錫寶休丕顯天＝子＝其萬年
> 無彊保辪(辟)周邦畯及四方
> 王在宗周旦王格穆廟即
> 立(位)龗季右善夫克入門立
> □廷北嚮王呼尹氏冊命
> 善夫克王若日克昔余旣

---

① 潘祖年《潘祖荫年谱》:"是年,得善夫克鼎,大几与盂鼎埒,铭二十九行,行二十字。兄属李仲约侍郎文田及门下士之同好者皆为释文。"文海出版社,1968年,第123页。

命女出內朕命今余唯𤔲
𣄰乃命錫女束市駒駟帶
瓛錫女田于埜錫女田于
渒(早)錫女井家緯田于畯柏
乃臣妾錫女田于康錫女
田于匽錫女田于博原錫
女田于塞山錫女事小臣霝
鼓鐘錫女井遄緯人妘錫
女井人奔克□敬夙夜用
事勿瀘(廢)朕命克拜誧首敢
對揚天子丕顯魯休用作
朕文祖師華父寶𪔣彝克
其萬年無彊子＝孫＝永寶用

克鼎銘二百八十八字,不可審釋者二十字。𣬰即聰字。𣬰本蔥之象形,蔥、聰音義可通也。盠即淑字。卯敦"不淑",淑字正作𡙞,哲下从心,與曾伯霥簠同,古文多如此。𤕦即辟字,从吳愙齋世丈說。𤳱即還,與師遽方尊作𤧪同。𤩽即斬省。☰即上、下二字合文,毛公鼎、虢叔鐘皆如此。敀即愍字之省。𢀖即經字。"保辟周邦",辟即辟字,見前說。𧌦,舊釋作緯,他器文有"作宰□右"者甚多,或緯、宰字可通。善夫,即膳夫之省文,然𣆪鼎、善夫敏大鼎、善夫骇皆如此同文。廷上一字不可辨,似他器文例之,當中字。"今余唯緯𣄰乃命"句,古器文有此句者甚多。薛氏《款識》繡𣄰皆釋作疃京,今案下一字當即緯字。《玉篇》:緯,亂也。亂、治本一字。上一字可據毛公鼎釋作緯(毛公鼎"今余唯緯先王命"正作)。"緯治乃命",文義明達矣。𣄰同,乃駒駟之首省文。𧾷,上象手,下象足,丨象身,〇象帶。師至父鼎,帶作𧾷,即从此而變。𣬰即蔥璜之蔥。𤳱即卑字,上言曠野,下言卑濕，乃對文。霤即绠字之古文，ㄱ象井上轆盧，象汲繩，象兩手汲绠形。今之绠作縆，猶約略相似。峻加田，猶峻，加昌作陵，仍本字也。6即枏之省文。康，鄉書：屋，康良也。謂屋閑。《玉篇》：虛也，空也。匿，《周禮·天官·官人》注：匿，路廁也。鄭康成謂匿豬，是康、匿皆非地名之證。埤即博字。或疑陳字，非博字，從十，解甚曲。或古博字本從昌，博字得聲原從尃也。博原，广原也，從《玉篇》義。塞山，边界之山野，從《广韵》義。皆非地名。徸，即遄字。靜，即姘字，许书：姘，静也，从女，井声，字从双井，犹则从两覺也。瀘，即废，与盂鼎文同。

　　己丑六月二日。郑盦夫子赐克鼎精捝本，命释文，谨考释如右，写呈钧诲。门人江标记。

对比其余诸人考证，释字多有不同。如江隶定为带字者，叶昌炽隶定为黄字，王懿荣同意江说，认为"凡佩系于革带，故佩带互训"。江隶定为霝字者，叶隶定为命字繁文。江释作绠者，叶作庐。江作龚字者，费念慈认为是翼字，翼有匡助义。江作敗，费作射，认为即斁字。差异较多的是李文田的释文，如：江作渒，李作湃。江作綧，李作古文庸字，认为可训为用，"今余惟申庸乃命"七字，周鼎多有之。江作畯，李作眈，认为眈即允之繁文，《诗》"在浚之郊"毛传：浚，卫邑。疑其地也。辥，江作辟，李作辥，认为断也，当训决断之意，晋姜鼎"瞀我万民"，从肉，义同。江作霝，李疑即伶字。江释"錫女井遄绠人姘"句，李作"锡女丼征霝人靜"。霝，李认为是《说文》之纞字，粗绪也；疑与褵可假借。屮，江认为即聰字，李认为盖古文楛字，作矢楛筑弦形而有隐义。

　　若以后来的王国维《克鼎铭考释》为参照[1]，除了字迹不清的二

―――――――――

　　[1] 王国维《古史新证——王国维最后的讲义》，清华大学出版社，1994年，第113—116页。

十字外,江标考释大多数与王国维同。少数不同者,如厥字,江作乃字。王作繠綱,江作骖骊。王作上下,江作合文卡(可能是受到《高贞碑》影响)。徔、鞊等字,王国维则未作隶定和解释。

这篇考释应该是江标传世的唯一完整吉金释文,在《灵鹣阁丛书》各藏器目的简略修订之外,为今人提供了观察其金文考订水平的难得材料。从全篇来看,其考释过程简洁流畅,无论是字形部件分析,对《说文》相关字形、经传和《广韵》《玉篇》训诂的引用,还是对其他吉金器铭、金石专书中字形和辞例的引证,都信手拈来,没有繁复堆砌和过远引申①。

江标在金文领域的另一研习进展是光绪十七年成书的《古泉拓存》。该书是个人藏品的选集,其所藏或为亲自所购,或为朋友所赠(如茅雍熙、潘志万等),或从友人处交换得来。同好之间往往互相观摩藏品(如华世芳等),王懿荣还向其推荐古董客。其所藏以方足币为多,在四百枚以上,刀币有限而精审,更有日本钱币,如"天福通宝""庆长通宝"②。

《拓存》包括古钱五十五枚,另有八件钱范。形制包括圜钱(方孔、圆孔)、铲币、刀币等。时代上以战国为多,两汉、新莽次之。其中战国钱币涉及秦("两锱""重一两十二铢"等)、楚("殊布尚十化")、赵("文阳""寿阴"等)、魏("乘半尚二金尚爱""乘充化五二十尚爱"等)、

---

① 江标释文提到有二十字不可审释,以现在的清晰拓本和局部照片对照来看,当中有些字形常见常用,比如第三列的猷、第四行的家等字,不应去识读不了,这表明江标在六月见到的拓本虽较二月所见拓本要多出一些字,但仍是克鼎剔除不够干净时所拓,难与后来孙诒让、王国维所见精拓本相比。另外,虽然李文田在五月释读未剔本时,只空出十个字未作描摹,但将其逐字释文图轴与今日清晰拓本对照,可以发现在江标空出字的对应位置,李文田的描摹明显不符合原铭,说明李氏其实也是在相当不清晰的初拓条件下勉强摹形和释文的,故释文册中的释字不能准确反映李文田的金文水平。

② 《江标日记》(上),光绪十四年九月二十七日,第 329 页。

韩("露")、齐(齐刀)、燕("差阴""益昌""明四"等)诸国。从布文来看,都属于质量上乘的收藏。例如"齐建邦就去化"(今释"齐返邦长法化")六字刀被称为齐刀中最享盛誉之品,"节墨巴之去化"也是上品刀币,"长垣一金化"(今人释为"枲垣一釿")至今出土稀少,战国魏币"共屯赤金"更是传世极罕,现今古钱图录收录此币时大都采用《拓存》之图。其拓图比《古泉汇》《大泉图录》的摹刻更能传达原貌,属当时质量较高的钱币学著作。今人桑行之等编丛书《说钱》,其"钱图"部分收书七部,当中清人三部分别是鲍康《大泉图录》、拾古斋主人《拾古斋泉帖》、江标《古泉拓存》,可见江书之价值。民国时,上海神州国光社将此书与王懿荣、潘志万的藏品选拓一起出版,总名仍称《古泉拓存》。

书中各币图均附说明与考证,多引李佐贤《古泉汇》《续泉说》,偶引陈介祺、鲍康、王懿荣之说,主要是具体文字释读,偶及释文方法,如"乘充化五二十尚爰"旁引陈介祺曰:"释三代刀币,自以吉金器文推之为是,其次乃及许书。"间附己按,按语或考其制作,如方足币"虞一金化"两柄皆有穿孔(即"好"),江标按语谓"疑方足布在殊布已前有好者皆后人添凿,余历观各布而知之";半两泉范下按语曰:"李氏记宝六货石范曰:其质坚凝,似石非石,似以石屑陶冶而成之者,以其类石,故以石范名之……标所获此范,其质与李说同,中腰似断非断,作斜裂文,疑此本石片刻成,屡经铜镕,质松而变色,并非陶冶而成者也……"或辨析文字,如方足币"乘充化五二十尚爰"按语曰:"釿确为一字,观'长垣一釿'圜法可证之也。如据各布有化金二字分写之异,则方足布中若郱、若祁、若邓、若郎,皆当读作某邑乎?"表明他对战国文字与器物形制均有深入观察和贯串。

在石刻文献的学习方面,江标也有新进展,即唐代墓志的搜集和研究。

至京师之前,其日记反映的唐墓志收藏极少,似仅见欧阳询书《虞恭公墓志》。到京后的唐墓志收藏线索也不甚明晰,只提到进士登第后在延庆寺访唐王仲堪墓志、光绪十八年购小唐墓志四十种①。但搜集数量可观，自述"得墓铭拓本六百余种"②，远超道光间黄本骥《古志石华》205 方和光绪间端方《陶斋藏石记》179 方的唐代墓志数量③，后来叶昌炽撰写《语石》时所据唐墓志也不过 300 余通。在大量材料基础上，他"抄录唐墓志目，以纪年编之，成《唐墓志年表》"④。这是常见的整理方式，如翁方纲《两汉金石记》首列金石年月表，潘祖荫早年编有《两汉碑表》⑤，江标京中好友黄绍箕也"欲为金文年表而未成"⑥。年表不是目的，而是"以备博采焉"，其志在撰述《唐墓志例》。其光绪十八年日记对撰书动机和体例选择已有交代：

> 尝欲专撰《唐墓志例》，因旧为金石例者半杂碑文，半杂集中之文，实皆不可尽据也。墓志盛于唐，现存可据者大约有七八百种，例各不同，大可撰述也（撰墓志例应据原石文，若梁清白之据韩柳文，则大讹矣）。
>
> 赵㧑叔因《李术墓志》引瞿木夫云，墓铭例失于唐。余谓墓铭之例，至唐而极变，唐以后则无有知者矣。⑦

其中明确表示不同意梁玉绳《志铭广例》引据韩柳文集的做法。《唐

---

① 《江标日记》(上)，光绪十五年三月廿九日、十八年九月二十四日，第365、512 页。

② 《江标日记》(下)，光绪二十二年正月十八日，第 652 页。

③ 关于清代金石诸书中唐代墓志收录情况的统计，详参江波《唐代墓志撰书人及相关文化问题研究》，吉林大学博士学位论文，2010 年，第7—11 页。

④ 《江标日记》(下)，光绪十七年八月初八日，第 444 页。

⑤ 潘祖年《潘祖荫年谱》，文海出版社，1968 年，第 22 页。

⑥ 《艺风堂友朋书札·沈曾植（十三）》，上海人民出版社，2018 年，第223 页。

⑦ 《江标日记》(下)，光绪十八年八月二十四日，第 508 页。

墓志例》直至湖南学政任上仍未完成,但江氏日记对前人墓铭体例讨论增加了评述①。甚至在湖南拔贡考试策问命题时也夹杂了墓铭问题:"何以许书无铭字? 钟鼎多铭,辞语句多协韵,能举其文否? 六朝至唐,志铭之例极变,能略举之欤?"②

　　江标《唐墓志例》最终是否成书、是否成书后才亡佚,今已难考,但结合日记可以探知其研习墓铭的大致经过和撰述文例的实际意义。

　　从本书第一章可知他早期立志不收隋以后碑版,何以在翰林院时收藏旨趣有所改变? 其间应离不开师友影响。早在广东游幕期间,他就见过汪鸣銮的唐碑拓本集册,含 13 种碑铭,当时即将其目录抄于日记③,并在《大周故薛府君墓志铭》《唐故朝议郎守徐州功曹参军上柱国刘公墓志铭》《大唐故上护军庞府君墓志铭》三种之后注明可补孙星衍《寰宇访碑目》。居京期间,挚友王同愈曾赠以唐墓志十许种,颇有江氏未收者④。好友费念慈收得刘履芬(1827—1879)旧藏拓本甚多,江标在费氏处得见,认为其中"唐墓志尤精"⑤。另外叶昌炽、缪荃孙斋中也有不少唐代碑刻和墓志,同榜进士梁于谓收藏的五千余通历代石刻⑥中应当也有一些相关材料。

　　至于对墓铭体例的关注,他在游幕山东时即有涉及,曾检旧藏碑拓,"每读一种,疏其通假异文及志铭之例,题曰《四照读碑记》"⑦;又读过乾嘉学者梁玉绳(1745—1819)的《志铭广例》和郭麐(1767—

---

① 《江标日记》(下),光绪二十二年正月十八日,第 652 页。
② 同上书,光绪二十二年二月初八日,第 657 页。
③ 《江标日记》(上),光绪十三年三月十七日,第 251—252 页。
④ 《江标日记》(下),光绪十八年十月二十日,第 516 页。
⑤ 同上书,光绪十九年十一月初九日,第 549 页。
⑥ 同上书,光绪十七年正月廿一日,第 427 页。
⑦ 《江标日记》(上),光绪十一年四月十一日,第 105 页。

1831)的《金石例补》①；据"瞿木夫曰墓志之例乱于唐，是尚误信潘、王诸人书者"一语，则曾读过元潘昂霄《金石例》、明王行《墓铭举例》、清赵之谦《补寰宇访碑录》②。"乾嘉以来，为金石例者多矣"一语，表明他可能还阅览过清王芑孙(1755—1817)《碑版文广例》、吴镐《汉魏六朝志墓金石例》《唐人志墓诸例》、李富孙(1764—1844)《汉魏六朝墓铭纂例》、鲍振方《金石订例》、冯登府(1783—1841)《金石综例》、刘宝楠(1791—1855)《汉石例》、梁廷楠(1796—1861)《金石称例》等同主题著作。

这些专书以潘昂霄《金石例》为最早。该书所论体例不止于墓志文，如卷九《学文凡例》涉及制诰诏表、赞颂序跋等体，卷十为《史院纂修凡例》，但墓志文实为主体，如卷一多论碑志墓碣制度，卷三以具体墓文段落展示"墓志式""墓碣式""权厝志式"等，卷六、卷七、卷八《韩文公铭志括例》更是完全对韩愈墓铭文章写法的拆分归类，包括行文顺序、宗族称呼、是否书三代、书子女等例，卷九的分类概述则摘录唐宋名家之论③。明王行《墓铭举例》同样以唐宋作家的墓志文作示例，但以人为纲，选人更多，仅列墓文篇名，简述其属于"正例"或其他类例④。清初黄宗羲《金石要例》批评潘昂霄的类例归纳过于细碎泛滥，重新归纳出 36 条凡例，溯及汉魏六朝，亦不赘引原文段落。这三

---

① 《江标日记》(上)，光绪十一年四月十二日，第 105 页。

② "瞿木夫曰墓志之例乱于唐"与"赵㧑叔因《李术墓志》引瞿木夫云，墓铭例失于唐"两段日记，出自赵之谦《补寰宇访碑录》卷三："《李术墓志》：正书，佺翱文，元和九年正月十九日志。不及葬地，述事亦略，瞿中溶谓金石文例至唐而失，非无故也。"《丛书集成续编》，上海书店出版社，1995 年，第 73 册，第 514—515 页。

③ 潘昂霄《苍崖先生金石例》，《丛书集成续编》，上海书店，第 74 册，第 785—861 页。

④ 王行《墓铭举例》，《石刻史料新编》，新文丰出版有限公司，1986 年，第 3 辑，第 40 册，第 65—106 页。

家是清代中后期学者讨论墓铭体例的必读书和重撰的参照。

　　乾嘉以降,各书在写法和文例宗尚方面趋舍各异。吴镐《汉魏六朝志墓金石例》《唐人志墓诸例》继承明代《墓铭举例》的体例,以人为纲,一碑之例常列数条,仍以文集为据;在文体规范上则自出新见,认为东汉过于简略,至南朝庾信"始成正格",唐失之太详,赖韩愈得以复古,志墓文者只可以蔡邕、庾信、韩愈为正宗①。李富孙《汉魏六朝墓铭纂例》同样仿效《墓铭举例》,先列篇名,类例置于对各篇的分析中,但材料主体不再是文集,而是"取洪氏《隶释》《隶续》所载,益以六朝人碑制及有墓石之出于近世者"②。冯登府认为,唐宋文集之文"不皆施之祥金乐石",故其《金石综例》亦以金石文为样本,材料自商周至唐宋,并及"海东诸国",以条例为纲,不专言墓铭③。梁玉绳《志铭广例》既引韩柳古文、宋人文集以及《文苑英华》《元文类》等,又大量采录《隶释》《隶续》《金石粹编》以及《潜研堂金石跋尾》等金石材料,没有材料和时代上的轩轾。梁廷楠《金石称例》上始商周,下迄五季,自称仿《集古录》《金石录》例,其《续金石称例》则扩展至宋辽金元,两书引据均以石刻为主,间取唐宋文集,在材料上更重视石刻,文体规范上没有时代偏好④。王芑孙《碑版文广例》批评汉人碑版"不皆出于文士,乖离析乱,人率其臆,未尝有例也",主张仍以韩欧文集之文为正统。刘宝楠则认为东汉碑铭体例为正,"其书爵里姓名,为传体,其书生卒年月,为状体。魏晋以降,迄于唐初,谨守其法",唐代

---

　　①　吴镐《唐人志墓诸例》卷首,《石刻史料新编》,新文丰出版有限公司,1986 年,第 3 辑,第 40 册,第 418 页。

　　②　李富孙《汉魏六朝墓铭纂例》自序,《石刻史料新编》,新文丰出版有限公司,1986 年,第 3 辑,第 40 册,第 433 页。

　　③　冯登府《金石综例》自序,《丛书集成续编》,上海书店,第 74 册,第 879 页。

　　④　梁廷楠《金石称例》《续金石称例》,《石刻史料新编》,新文丰出版有限公司,1986 年,第 3 辑,第 40 册,第 3—23 页。

韩、柳"上法庄、荀,工于思议,而体制寖失"①,故其《汉石例》全录东汉之文。且刘宝楠考证部分特重亲属称谓字词的训诂和通借,上溯金文,下逮《说文》《尔雅》《方言》乃至经书史传用例,写法近似经书注疏。

　　上述诸书的差异不仅系于取法材料、典范作家,更有繁多的辞例趋舍,如夫妇合葬是否仅题夫名、各类称谓细节等②。江标所谓"乾嘉以来为金石例者多矣,独于墓铭例皆未画一"的具体内涵,当包括这两方面。至于江标在参互总结之后,意欲撰述的侧重点是历代礼俗和名物,还是骈散繁简等行文章法,今已不可确考。近代以来新的唐代墓志不断出土,为墓志文义例的探讨提供了更大的空间,相关研究如《唐代墓志撰书人及相关文化问题研究》《唐代墓志义例研究》《中国古代墓志义例研究》等③。

　　江标在日记中提到了阮元《定香亭笔谈》的启发,但墓铭条例讨论基础从文集到金石的历史转折更离不开的环节是康熙间学者朱彝尊。朱氏《书王氏墓铭举例后》曰:"窃意墓铭莫盛于东汉,鄱阳洪氏所辑《隶释》《隶续》,其文其铭体例匪一,宜用止仲(笔者按,即王行)

---

①　刘宝楠《汉石例》,《石刻史料新编》,新文丰出版有限公司,1986 年,第 3辑,第 40 册,第 111 页。

②　相关讨论参见叶国良《石学蠡探》,大安出版社,1989 年;党圣元《清代碑志义例:金石学与辞章学的交汇》,《江海学刊》2007 年第 2 期;陈志扬《拘守与变通:清代碑志义例的抉择》,《华中师范大学学报》(人文社会科学版)2007 年第 5 期;王记录《中国史学思想通论:历史文献学思想卷》,福建人民出版社,2011 年,第 280—291 页;胡可先《出土文献与中古文学研究》、何诗海《论清代文章义例之学》,《浙江大学学报》(人文社会科学版)2012 年第 4 期;李雪梅《金石义例学中的公文碑例和私约碑例》,《社会科学论坛》2015 年第 3 期;杨向奎《义例研究在墓志文献整理中的应用》,《文献》2017 年第 5 期;诸雨辰《汉石的冲击:清代金石例研究的屈折与展开》,《北京社会科学》2019 年第 12 期。

③　江波《唐代墓志撰书人及相关文化问题研究》,吉林大学博士学位论文,2010 年;杨向奎《中国古代墓志义例研究》,中国社会科学出版社,2018 年。

之法举而胪列之。惜乎予老矣,不能为也。"[1]李富孙、冯登府等人都明确言及朱氏的路径启示。

在具体碑刻考证方面,其日记中较为显眼的是对《好太王碑》的讨论。光绪十八年(1892),日本驻华大使大鸟圭介造访江氏,"手贻石印《高句丽好太王碑》,并附渠国亚细亚协会所撰《高句丽碑出土记》"[2]。江标随后对好太王名氏、即位时间、立碑时间作了札记:

> 日本横井忠直所撰《好太王碑考》云,韩史(指《东国通鉴》《三国史记》等书)逸名,故所谓甲寅不知当何代。标按,《东国史略》中川至王然弗薨,子药卢立,在晋泰始六年庚寅,以碑文"永乐五年岁在乙未"推之,则好太王名药卢。药卢之纪元名永乐,永乐即位在庚寅,与五年乙未纪岁正合也,是好太王名药卢无疑矣。
>
> 《史略》又云,肃慎侵高句丽,屠边氓,王遣弟达贾伐之,拔檀卢城,杀酋长,封达贾为安国君。今碑文云,六年丙申,王躬率水军讨利残国,首攻取台八城、白模卢城、若模卢城,是《史略》之所云檀卢城者即模卢城之误也。惟《史略》云王遣达贾,今碑云王躬率水军,似事相矛盾。然碑有云八年戊戌教遣偏师观**𪛚**慎土谷,又十年庚子教遣步骑五万,似即遣弟达贾之事。《史略》云"肃慎",当即碑文之"**𪛚**慎",**𪛚**即息字,息慎即肃慎,郑君□书□注可证。
>
> 碑文云二九登祚,卅九宴驾,似在位十年,然碑文下明云廿年庚戌,则"卅"字或为"卌"字之缺文。汉石经《论语》"年卌而见恶焉",《孔龢碑》"选年卌以上",皆与"卅"字相近。《史略》云西川王药卢薨,在位二十三年,太子相夫立,在晋元康一年。按元康元年岁在辛亥,药卢即位在泰始六年庚寅,自庚寅至庚戌

---

[1]　朱彝尊《曝书亭集》卷五十二,《清代诗文集汇编》,第 116 册,第 414 页。
[2]　《江标日记》(下),光绪十八年三月初九日,第 488 页。

凡二十年,以相夫立于辛亥证之,则药卢王在位正二十年,适合二九登祚、卅九宴驾之语。是《史略》作二十三年者,"三"字衍文也。

碑文云,以甲寅年九月廿九日乙酉迁就山陵,于是立碑铭记勋绩,则此碑越药卢之薨五年而始立也。碑有云,"将残王弟并大臣十人旋师还都",以文字定之,似俘百残王之弟并其大臣十人。以《史略》证之,王弟者当即达贾,并非俘百残王之王弟也。今以《史略》数事证之,则好太王者,确即西川王药卢也,碑立于甲寅者,确为晋元康元年之甲寅也。横井氏尚疑为蜀建兴十二年之甲寅者,非也。其他言高句丽事,中国古书中尚多,当续考之焉。(此稿拟寄日本横井忠直)①

其中横井忠直之文原名《高句丽古碑考》,与《高句丽碑出土记》均出自光绪十五年(明治二十二年)日本出版的《会余录》第五集,该集为好太王碑研究专辑。《高句丽碑出土记》未署作者,《会余录》是日本东京的亚细亚协会的出版物,故江氏径称"亚细亚协会所撰《高句丽碑出土记》"。今天看来,江氏的考证全误。好太王是第十九位高句丽王,东晋孝武帝太元十五年(391)即位,而药卢乃西川王,是第十三任;立碑的甲寅年既不是横井氏推测的蜀建兴十二年(234),也不是江标自信的晋元康元年(290),而是东晋安帝义熙十年(414);至于"息慎",今人普遍认为是地名,而非族名肃慎。但也无须苛责江标,精于石刻的叶昌炽在光绪十年(1884)对潘祖荫出示的该碑拓本进行的考证同样全误,直至《语石》出版前才修订出义熙十年的结论②。

---

① 《江标日记》(下),光绪十八年三月十四日,第489—490页。

② 耿铁华《叶昌炽与好太王碑的著录》,《通化师范学院学报》(人文社会科学版)2018年第4期。

　　江氏所考全篇错误,且在当时略无影响,今人统计好太王在中国的初期研究史时,也未将其列入①。那么江氏此则日记是否毫无意义? 恰恰相反,它留下了其他师友考证所不具备的、更具现实意义的细节。其所获信息是来自《会余录》第五集,该集带有浓烈的军事谍报气息。该集所载文章是由日军"参谋本部间谍酒匂景信带回好太王碑拓本之后,军部组织文人撰写的"②,如参与撰文的横井忠直(1845—1916)就是参谋本部编纂课员、日本陆军大学教授③;该集的《高句丽碑出土记》一文主要依据酒匂景信的讲述和记录,只是对碑刻位置、状况以及附近墓葬的描述大都有误。日军参谋本部是明治维新后替代陆军参谋局的机构,在其成立的第二年(1879),"日本以派驻武官和汉语留学生的名义向中国派出十多名将校军人,开始在中国进行军事调查为主的间谍活动"。次年,时为陆军炮兵少尉的酒匂景信被派来华,于接下来的四年在北京和辽宁牛庄等地搜集情报。光绪九年(1883),酒匂氏取道盛京、平壤回国,于途中获得好太王碑拓本,"上交参谋本部研究,从中寻找侵略朝鲜半岛和中国东北的历史依据"④。而日本驻华大使大鸟圭介不可能不知道《会余录》的来历,他投其所好地以金石史料名义赠予江标,令其中内容成功影响了一位清廷翰林对好太王碑的基本认识。无独有偶,江标老师俞樾见到该碑拓本也是来自《会余录》第五集的抽印本,是光绪二十四年由

　　①　赵宇然《中国好太王碑研究初期史详考》,《东北亚研究论丛》第 11 辑,商务印书馆,2019 年,第 15—16 页。

　　②　耿铁华《日本〈会余录〉对好太王碑发现的误记》,《北方文物》2017 年第 1 期,第 76 页。

　　③　滨田耕策著、姚义田译《高句丽广开土王陵比定论的再探讨》,《历史与考古信息》2001 年第 1 期。

　　④　耿铁华《日本参谋本部对好太王碑双勾加墨本的研究》,《北华大学学报》(社会科学版)2021 年第 5 期。详细研究参见:佐伯有清《広開土王碑と参謀本部》,吉川弘文馆,1976 年。

日本驻华使馆书记官中岛雄通过俞樾门生徐琪转赠,这两次由外交人员发起的赠书虽然相隔数年,但背后的系统化意图不能不令人起疑①。另外,潘祖荫、叶昌炽、吴大澂、盛昱、王懿荣、黄绍箕、沈曾植等师友见及好太王碑拓的时间比江标都要早数年②,只是他们仍普遍将其视为普通考证乃至金石玩好的对象,对潜伏暗处窥视的日人并无察觉。金石学本身虽有重视史地考证以资实用的传统,但很显然光绪间京师众多学者对边疆金石的政治敏感度仍然有失迟钝。

另外,就金石学眼界而言,他受刘喜海著《海东金石苑》、潘祖荫刊刻西田养直《日本金石年表》的影响,不仅对国内金石专书和拓本勤于搜读,还关注域外材料。其日记留有一则为人题跋的底稿:"是碑刘方伯喜海《海东金石苑》考证极详,盖朝鲜石刻,惟此为最古。近代金石之学日精,搜罗日广,属藩外域,皆见著录。日本有《金石年表》,近日傅部郎(云龙)撰《日本图经》,辑有《日本金石考》五卷,颇精博。泰西如罗马、埃及若有古刻,安得有人专集海外金石,成此一书,则足驾《海东金石苑》而上之矣。玉斋尊丈出此拓属题,爰书鄙说如右,藉补考证海外金石者一条例。"③此跋大约是指新罗真兴王巡狩

---

① 详参梁启政《晚清朴学大师俞樾与好太王碑——从俞樾隶书书法与好太王碑关系谈起》,《通化师范学院学报》2021年第3期。

② 潘祖荫等人获取好太王碑拓本的情况参见徐建新《高句丽好太王碑早期墨本的制作和流传(1880—1888年)》,《文史》第69辑,2004年;吴琦幸《叶昌炽与好太王碑研究》,《社会科学战线》1985年第4期。盛昱等人获取拓本情况参见韩国藏好太王碑蔡右年跋:"光绪己丑,厂肆博古斋遣工往拓,经数月之久,得十数本。宗室伯兮祭酒师、王正孺、黄仲弢两编修、沈子培比部、天池舍人及右年,各以白银十两购存一本。"此跋原载任世权等编《韩国金石文集成(一)》,韩国国学振兴院,2002年;兹转引自梁启政《韩国任昌淳藏好太王碑拓本最早收藏者及所附题跋作者考》,《延边大学学报》(社会科学版)2019年第5期,第52页。

③ 《江标日记》(上),光绪十六年六月初八日,第407页。

碑。跋文显示他对日本金石也有所跟进,并希望有后继者在刘喜海《海东金石苑》基础上将西方石刻也纳入传统金石学整理体式中来。他对泰西石刻的了解可能来自郭嵩焘的出使日记,因为他游幕广东期间为吴大澂会勘中俄边界事竣所立铜柱铭拓本题诗的首句曰"石柱文传埃及古(湘阴郭侍郎使泰西,曾见埃及古石柱,有文,多象形字)"①。泰西石刻是晚清金石学中不乏关注的学术生长点,可惜当时学者未能系统展开。

三、西北史地学研习与《咸同以来中俄交涉记》及《和和林金石诗》

王国维弟子吴其昌曾在《王观堂先生学述》中对晚清西北史地的学术脉络总结道:

> 西北地理之学,自嘉道以还,徐星伯(松)、张石洲(穆)、何愿船(秋涛)、魏默深(源)、李恢垣(光庭)、张秋水(鉴)、施北研(国祁)、沈子敦(垚)、李芍农(文田)、洪文卿(钧)、袁重黎(昶)、江建霞(标)以来,至于今日之屠敬山(寄)、沈寐叟(曾植)、柯蓼园(劭忞)、丁訒庵(谦)及先生等辈;外人辅之者,则有俄人拉特洛夫,法人沙畹、伯希和,德人牟列尔,英人斯坦因,日人内藤、桑原、藤田……等,发扬蹈厉,光焰万丈。②

袁昶和江标能跻身其中,是吴其昌对其西北地理学术水准的高度认可,但今人相关研究的谱系几乎不会提及此二人,重要原因即二人可供研讨的相关存世材料偏少。

在光绪十五年会试策问题中,第二题问及《金史》所记辽代史地的史料来源,并提及考证西域舆图之用(本书第一章第四节),可惜江

---

① 《江标日记》(上),光绪十三年二月十二日,第 245 页。
② 谢伟铭编选《吴其昌文存》,江苏人民出版社,2016 年,第 69 页。

标会试策问答卷已佚，无从考知其当时对西北史地的积累程度。而进入翰林院之后的相关研习则可借由日记得窥一斑，即他对《咸同以来中俄交涉记》(以下简称《交涉记》)的翻译和对会试座师李文田《和林金石诗》的和诗。本书即尝试从这两种文本探究吴其昌评价江标的依据和内涵。

《交涉记》是江标的翻译作品。据书前序和缪荃孙日记、江标日记，此书译述经过大致如下：光绪十五年八月，新中进士、得翰林院庶吉士的江标返回苏州报喜，九月中下旬在上海略作停留，见到英国人所撰中俄交涉之事的小册子。光绪十七年居京期间"时为译录"，十八年夏"始经写定"，九月作自序。此前，该册子已有日本驻华使馆书记官中岛雄的日本译本，但"颇嫌黮暗"，故江氏仍据英文翻译。他在中进士前显然已有一定英语水平，否则在上海遇到《交涉记》英文册子时，不可能翻阅和识别其价值。其光绪十八年十二月日记又有"日来欲识西字"的记录①，当时《交涉记》已译完，故不可能是始学英语，该"西字"可能是指拉丁文。

今存光绪二十年陕西味经书院刊本《交涉记》眉批包括两条"标按"，十余条"沈刑部曰""沈云"，这些沈曾植的眉批每次都引用江标译文中的生僻译法加以解释，有一则"沈刑部曰"更直接说"此文指天山南路言之"，表明沈氏这些说法是专门就《交涉记》而言，而非江标采自沈氏已有著述。这些眉批意见没有刻入正文双行小字注，大概率是因为江标将初刻本交给沈曾植斧正，得到批改后，不便对正文重新加注排版和刻版，只好在原来书版天头直接添刻批注意见。若此种推测成立，则眉批中引用的《新疆识略》《西域释地》等书应该也是初译时未能详细阅览参考，在初刻本印出之后复加补阅的。光绪十六年正月，沈曾植任会典馆总纂、掌绘图处②，可以见到大量内府典

---

① 《江标日记》(下)，光绪十八年十二月初七日，第521页。
② 许全胜《沈曾植年谱长编》，中华书局，2007年，第117页。

籍和新旧舆图,因此江标光绪十七、十八年间翻译《交涉记》时向沈氏的请教可谓恰逢其时。

江氏写作还得到过缪荃孙的支持。缪氏日记载,光绪十七年七月下旬江标"来交《俄人事实》",缪氏嘱人抄录,旬日后"还建霞《述俄》三编,又赠俄图乙分"。这里的《俄人事实》《述俄》三编应该都是指《交涉记》上中下三卷,所赠俄国地图则很可能是缪氏堂弟缪祐孙游历俄国后携归之本。从缪荃孙嘱人抄录这点来看,江标交给缪氏的《交涉记》大概率是刚成书的抄本,否则他可以直接索取刻本。

又据江氏日记,该书译成后得到过师友的批点。十八年十一月面见座师李文田时,李"出示余所译《中俄交涉记》,手为批注,字小如蝇头"①,十九年四月往见学者朱玑时,"见余所译《中俄交涉记》,加注极详"②。二人批点的对象应该是江标刊刻的定本。如果是刊刻前的誊抄本或试印本,江标必定会将李、朱二人有价值的注释与沈曾植批注一起刻入最终定本,而现存《交涉记》版本中并无二人意见。

关于翻译此书的缘由,江标自序有清晰交代:一是关于中俄交涉史的清廷官方文献不够详明,总理衙门印行的《中俄约章会要》③"仅代档册,非同载记";二是私人著述也有时段上的缺憾——"自来言俄事者,若魏默深、何愿船、张殷斋诸先生之纂录,宁波徐景罗之译俄史,皆止于咸丰初年,曾惠敏世丈之《问答》、洪文卿世丈之《交界图》、缪抽存户部之《俄游汇编》则又在光绪七年归我伊犁之后"。即魏源《海国图志》、何秋涛《朔方备乘》、张穆《蒙古游牧记》、徐景罗译《俄史辑略》、曾纪泽《使俄问答》、洪钧《中俄交界全图》等在咸丰至光绪初年的中俄交往记录上有阙略。其中徐译《俄史辑略》、缪祐孙《俄游汇

---

① 《江标日记》(下),光绪十八年十一月二十二日,第520页。

② 同上书,光绪十九年四月初八日,第532页。

③ 现存《中俄约章会要》三卷《续编》一卷,光绪八年至十年总理衙门同文馆铅印本,中国国家图书馆藏。

编》、洪钧《中俄交界全图》分别刊行于光绪十四、十五、十六年,均属于江标翻译工作开始前两三年的新作,《交涉记》注文还引述了道光朝徐松的《新疆识略》和光绪间刊行的《金轺筹笔》①。虽然其序言结尾自谦"仅可续魏、何诸家记事稿而已",但这些文献概述和引用已经体现出他对中俄边疆史地著述的持续关注,写作的同时则正值中英俄帕米尔勘界,其拳拳用世之心无须赘言。

该书分上中下三卷,卷上主要记述咸丰初年至光绪前期伊犁至喀什一带的实际管控状况、民情、要道等,卷中记述东北边境的俄方势力情况,卷下为中亚浩罕势力自道光至光绪初的大事记以及同治六年(1867)至光绪四年(1877)间俄人在帕米尔高原的多次探路活动,书末为《里瓦几亚条约》各条款简述。

当中值得注意的内容,首先是边地军民基本情况。如卷上《记东部土耳其斯坦及喀什噶尔》收录了英国男爵枯鲁巴司对俄占伊犁城十三万人口中各民族人口数的统计,并提到喀什噶尔叛乱以前当地有汉人十万、满人八万,"至今日满洲人仅剩有五百",仅同治五年(1866)正月"同昂司"攻破伊犁城后就焚杀居民及满汉戍兵 75000人;又如卷中《记黑龙江上中俄人民》指出沙俄在黑龙江、乌苏里江沿线派驻守军不下 46500 人,并详列包括乃鲁金斯科(涅尔琴斯克,即尼布楚)在内的十余处据点的具体兵数。

其次是地形和道路详情,如卷上《天山山中道路》曰:"他鲁稽山路……东由乌鲁木齐,北由塔尔巴哈台城,会于库尔喀喇乌苏,而扼

---

① 《金轺筹笔》本于曾纪泽在俄国谈判的记录《使俄问答》。李鸿章光绪十六年札曰:"《使俄问答》一册,检出寄还。外间刊行所称为《金轺筹笔》者,于《问答》、条款并已详载无遗,惟总署往来各书及事定后密疏未经刊布耳。"后有光绪九年朱克敬挹秀山房丛书本、光绪十三年杨楷校订本、光绪十七年《小方壶斋舆地丛钞》本(据朱克敬本)等。甲午战后更有坊刻本将其改名为《中俄交涉记》。详参李峻杰《虎口如何索食:曾纪泽在中俄伊犁改约谈判中的道、术与气(代前言)》,《金轺筹笔》,上海古籍出版社,2020 年,第 73—84 页。

通伊犁大道之咽喉。以全局较之，此道为中央亚细亚之善道。此道中至拔海面七百尺之伊皮拿鲁地方止，颇为平善。自此超忽高峻，距伊皮拿鲁仅七十买依路司地。达赛里木湖，则高于海面七千二百尺。自此湖以往，沿狭小急流之他鲁斯河水，风景如画。小溪达于伊犁，架该河之桥共有六座。"卷下《记敖汗》不仅多次提到海拔和英里数，还述及经纬度："北纬四十四度十五分、东经八十二度三十分，中俄交界仆仆罗衙司司母峡尽头，有一座哥萨克之兵营。""位于北纬三十九度五十分、东经七十三度十分之冰原，此冰原从古西人所未到者。""经拔海一万一千尺之托母母岭山路，达揩依锐鲁之河岸言茬依鲁开西太温之番营，自此道转西北，进背利欺立山路。此山路位于北纬四十度十分、东经七十三度四十八分之地，其高一万五千尺也。"

驻俄公使许景澄在给总理衙门的公函中也提到类似统计："据称帕米尔山岭东高而西下，其山岭约高共度二万五千尺（高于海面之数），非人迹可到。东段山面平地如郎库里阿克什等处高一万五千尺，天气一寒即断人迹；西段山势迤逦递下，在苏满里雅什里一带尚高万二千尺，若欲屯兵度冬，亦甚勉强等语。"此段帕米尔情形概述乃许景澄从英国驻俄使馆参赞爱里鄂脱处访闻（该参赞曾于光绪十七年游历中亚）[1]。既专门报闻总署，则表明此类信息对帕米尔谈判中的清廷颇为重要，惜江译《交涉记》卷下所记更为详确，却未能被重视和利用。

再次是俄人在帕米尔高原的阿赖山脉至喀什噶尔一带的至少12次探路考察，集中在卷下《记敖汗》，是原书作者从管理敖罕地区的俄国都统司壳蒲甫处闻记而来。按时间顺序可撮述如下：

同治六年（1867），扒鲁铁鲁拉子克探察莫差鲁托山（即穆苏尔岭）路；

同治九年（1870），参将皆伊各付斯克、男爵枯鲁派司探察莫差鲁

---

①　许景澄《致总理衙门总办函》（光绪十八年七月），《许文肃公遗稿》卷七《函牍三》，《清代诗文集汇编》，第 758 册，第 338 页。

托山路；

同治十年（1871），甫言度子欺音壳探路亚尔泰坡；

光绪元年（1875），参将壳斯定壳探路亚尔泰坡，并测量揩喇库鲁湖（即喀拉湖）；

光绪三年（1877），医官立盖路探察莫差鲁托山路；

光绪三年，参将普来乾罢鲁斯克探察那挨拉脱山路；

光绪三年，医官立盖路初探太既鲁山（即塔勒奇山）路；

光绪三年，地学博士麦斯开托夫查探亚尔泰坡经西喇托山路；

光绪三年，枯司他蒲子言甫探路亚尔泰坡至揩喇库鲁湖一线；

光绪三年，衰（疑当作哀）培鲁慈欺甫探路亚尔泰坡；

光绪四年（1878），哀培鲁慈欺甫探路揩喇库鲁湖以南地方，并测量该湖。

光绪四年，驻屯纳两堡之裨将庚怀毒由纳两出发，探悉通往喀什噶尔之邱鲁鄂托、铁鲁迪依两道之沿线地方。

上述探路人员中，一类是为沙俄扩张主义政策服务的学者。其中甫言度子欺音壳即 Alexei Pavlovich Fedchenko（Алексей Павлович Федченко，1844—1873，今或译作费德琴科），动植物学家，考察并命名了外阿赖山脉；"地学博士麦斯开托夫"即 Ivan Vasilevich Mushketov（Иван Васильевич Мушкетов，1850—1902，今译穆什克托夫），他在光绪三、四年间三次深入费尔干纳山至外阿赖山的高寒山区，与他人合作绘制了《突厥斯坦地质图》；帕米尔山区有分别以此二人命名的冰原[1]。穆什克托夫是俄国地理学会成员，该协会在1851—1898 年间派遣至中国西北边疆进行"考察"者超 70 人次[2]。

---

① 二人事迹引自丁笃本《中亚探险史》，新疆人民出版社，2009 年，第314 页。

② 具体分期统计见张艳璐《沙俄的中国西北边疆史地研究》，《西域研究》2016 年第 2 期。

　　第二类是当地俄国文武官员,这类探路活动其实也很频繁,但目前国内研究对此尚不够关注,《交涉记》提到的参将、医官、裨将等考察事迹实可资用。据《交涉记》卷下引述"塔什干总督所公报",仅光绪四年内俄方"为探讨而远征者"就多达十四人,其中多数恐怕都是当地官吏。探路俄官毫不掩饰其军事用意,据《交涉记》引述《圣彼堡日日新闻》记载,驻屯俄将"庚怀毒之说邱鲁鄂托山路平坦,可行炮兵辎重;铁鲁笛依山路往往现困难之景况。然若于近喀什噶尔处修理三四培鲁司子,即成平坦之路云"。沿途百姓并不欢迎这些考察,然而慑于背后俄国官方势力的保护,又往往无可奈何。《交涉记》卷下就提到,医官立盖路第二次探路时,"由西库霍之道出吐鲁番,以华人之阻不能达其志,遂沿崆吉斯之流,由横绝天山山脉之道出吐鲁番,归途亦由此道,而其往返人民无有敢阻者"。以上信息之细致程度,置于今天的近代史料群中,也自有其价值,江标和日人中岛雄不约而同翻译此书,良有以也。

　　为帮助读者理解书中各类专名,江标在注文和眉批中做了不少工作。比如公元纪年下附注清朝纪年,"阜路司子"下附注"即俄里名","鸡路门铁鲁司"下附注"法兰西尺度之名"(即英文 kilometres,源自法语)。卷中述及尼布楚和约时,附注引用《朔方备乘》对该界约内容略作介绍,对原文阐释《尼布楚条约》第二条时的叙述则用附注加以质疑:"案此条据译文如此。证以徐元文所撰《俄罗斯国定界碑》语,大致不合。"最醒目的是卷上和卷下的眉批,引用祁韵士《西域释地》、徐松《新疆识略》、13 则"沈刑部云""沈云"以及数则江标本人按语,主要解释人名族名、山川地名等。如卷上"斋桑湖"眉批:"《新疆志略》[①]:斋桑淖尔为额尔齐斯河渟潴之地,既潴而复出,又西北入俄罗斯国界下游,归于北海。"卷上"卡鲁麦库司""托鲁各子"眉批:"沈刑部云:卡鲁麦库司,《绥服纪略》作喀勒玛克,俄言指额鲁特也。又

---

①　江译《交涉记》多处将"新疆识略"误作"新疆志略"。

云托鲁各子,盖土尔扈特之游牧于裕勒都斯者。"卷下"齐烘乾鲁花其耶"眉批:"沈云,齐烘乾鲁者,张格尔也;花其耶者,和卓也。"

对沈曾植批注的引入,使《交涉记》江译本价值显著提升,因为这些批注联结着范围更深广的学术史背景,即光绪中前期京师学者对边疆史地学研习交流的实态。

首先是交流的人群。如前文所述,江标翻译过程中请教了沈曾植,成书后则得到李文田和朱珔的批注,而沈曾植与李文田二人不仅是论学好友(详后文),也是当时在京边疆史地和蒙元史学者群的重要联结点。如辑佚《元经世大典》的文廷式是沈曾植的好友兼同门(均为陈澧的学生),与沈往来无虚日的李慈铭是沈的忘年交,富藏碑版并藏有《元朝秘史》的盛昱与沈十分投契,出使欧洲、关注蒙元史地的洪钧也与沈交好,洪去世后,其《元史译文证补》由沈曾植补纂[1];藏有诸多地理书和舆图、乃父传刻大量徐松著述的缪荃孙是李文田的门生(同治六年四川乡试),往来频繁,著有《俄游汇编》的缪祐孙则是缪荃孙的堂弟,江标也是李文田的门生(光绪十四年江南乡试)。在江标翻译《交涉记》的光绪十八年,缪荃孙与其往来的记录颇多[2],并赠以地图相助(见前文)。

跳出交游视角,再看职官。擅长边疆史地的学者往往通过调任或考试获得总理衙门差使。江标《交涉记》序文称"世丈"、似有所交往的曾纪泽,在光绪十五年至十六年间兼管总理衙门下属同文馆事务。与沈曾植论学交往密切、为洪钧搜访元代地理书、与江标为友的袁昶,长期任总理衙门章京,且一度提调同文馆。又如,候选刑部主事沈曾植于光绪十六年考取总理各国事务衙门章京,户部主事缪祐孙则通过了光绪十三年总理衙门的选拔考试,被派往俄国游历,回国后于十六年调任总理衙门章京,派在俄国股当差。

---

① 葛金根《友朋致沈曾植六札》,《收藏家》2013 年第 11 期,第 35—37 页。
② 参《江标集》附录三,凤凰出版社,2018 年,第 554—555 页。

其次是研习的文献资源。核心文献是光绪以前边疆史地和蒙元史学者留下的抄校本和考证专著。如蒙文本《元朝秘史》,始为钱大昕所藏,嘉道间归于著名史地学者张穆(1805—1849),光绪间为宗室盛昱所藏,文廷式于光绪乙酉(1885)从盛昱处借得,与李文田各抄一部,"于是海内始有三部"①。李文田据此抄本撰成代表作《元朝秘史注》。记载成吉思汗、窝阔台两朝征战史事的《圣武亲征录》传抄过程串联的学者更广:该书钱大昕藏本抄自钱塘汪宪振绮堂抄本;嘉道间史地名家徐松(1781—1848)藏本则抄自钱本,并作批注;张穆以徐本为底本抄录,校以翁方纲家藏本;何秋涛(1824—1862)以其师张穆校抄本为底本,辅以《元史》等资料,形成新的校勘本;李文田、沈曾植各自所获《圣武亲征录》就是由何秋涛校勘本辗转传抄而来,李、沈各有校注,互相交流②;洪钧批校的该书底本则是袁昶抄录了李、沈两家校注的本子③。又,记载明代蒙古史事的《蒙古源流》,错漏颇多,沈曾植广征博引,撰成《蒙古源流笺证》,参校的重要资料就包括《元朝秘史》和《圣武亲征录》。其他资源包括地志(如《新疆回部志》《新疆识略》)、行记杂录(如梁份《西陲今略》、图里琛《异域录》、常钧《敦煌随笔》、椿园《西域闻见录》、洪亮吉《伊犁日记》等)、乾嘉道咸年间边疆史地学者的著述(如齐召南《水道提纲》、祁韵士《蒙古王公表传》《藩部要略》、俞正燮《俄罗斯事辑》、徐松《西域水道记》、张穆《蒙古游牧记》、魏源《海国图志》、何秋涛《朔方备乘》等)④。江

---

① 《文廷式集》(上),中华书局,1993 年,第 706 页。

② 沈曾植《圣武亲征录校本跋》:"李仲约侍郎自粤反都,亦折节下交相谡问。"钱仲联辑录《沈曾植海日楼文钞佚跋(一)》,《文献》1991 年第 3 期,第 176 页。

③ 以上《圣武亲征录》递藏传抄源流撮录自马晓林、艾骛德《〈圣武亲征录〉与近代西北史地学》,《文献》2022 年第 5 期。

④ 详参梁启超《中国近三百年学术史》第十五讲,中华书局,2020 年,第 522—528 页;史念海《清代学者对于西北史地之研究及其著述》,(注转下页)

标译刻《交涉记》时参考引述了徐松所纂《新疆识略》(即《伊犁总统事略》)等,但对此类文献研习的系统性和细致程度无法与李、沈二人相较。

整体上作为辅助的文献是光绪以来引进的相关域外著述。洪钧在欧洲搜集了《史集》《多桑蒙古史》等域外蒙元史料,组织人员将其译为汉文,以此参订《元史》,撰成《元史译文证补》①。缪祐孙游历俄国三年,利用当地资料和游历见闻撰成《俄游汇编》十二卷,回国后刊印分赠师友,如李慈铭、江标等②。又如英国传教士兰士德(Henry Lansdell)于光绪八年、十四年两次游历中亚和南疆地区,回国后分别撰成游记出版③,其中光绪八年的游历记录被同文馆译员莫镇藩、杨枢翻译成《中亚洲俄属游记》。沈曾植、李文田二人曾共同考校该书④,沈曾植为之作跋,并在光绪二十年夏赠予江标,江氏认为"所言一切可与余所译《中俄交涉记》参看"⑤。

沈曾植眉批还串联起边疆史地文献中的另一类重要资源——中外地图。如《交涉记》卷上《论俄人占据伊犁缘由》"俄兵驻屯薄落卡遂鲁"眉批:"沈刑部云:薄落卡遂鲁即舆图之博罗呼济尔卡伦,在伊

(续上页注)王双怀整理,《历史地理研究》2020年第1期;郭双林《西潮激荡下的晚清地理学》,北京大学出版社,2000年,第77—88页。

① 李峻杰《从使臣到史家——洪钧使欧事迹述论》,《史林》2013年第5期,第108页。具体可参《元史译文证补》的《引用西域书目》。

② 许全胜《沈曾植年谱长编》,中华书局,2007年,第113—114页;《江标日记》(下),光绪十七年三月初二日,第433页。

③ 分别名为 *Russian Central Asia：Including Kuldja，Bokhara，Khiva and Merv* 和 *Chinese Central Asia：a Ride to Little Tibet*。

④ 沈曾植《译刻中亚洲俄属游记跋》:"曾植始于癸巳(1893)春见此书于顺德李侍郎斋中,侍郎以批本见示,属为详考。"钱仲联辑录《沈曾植海日楼文钞佚跋(二)》,《文献》1991年第4期,第182页。

⑤ 《江标日记》(下),光绪二十年六月初三日,第566页。

犁城西北二百里许,今入俄界。"此处的"舆图"很可能是指乾隆《内府舆图》,即乾隆朝《十三排图》。又卷上《天山山中通路》"敖汗人筑造卡路托卡堡于俄境内"眉批:"沈刑部云:卡路托卡即缪柚岑图之枯尔特卡台、洪文卿图之库尔特喀废营。"此处洪文卿图即洪钧《中俄交界全图》,但"缪柚岑图"尚需细考。缪祐孙在游历俄国时购得《中俄交界图》及其《行军道里图》后,延请俄人翻译,同时听闻洪钧亦在赶办此事并寄总理衙门,遂将"已得半"的工作中止,故后来缪氏《俄游汇编》刻本只有《疆域表》《通俄道里表》而无地图①,李鸿章看到《俄游汇编》后也为其无图而惋惜②。那么沈氏所言"缪柚岑图"大概是指缪氏带回国的俄文原图及其翻译到一半的汉文稿。又,卷上《记东部土耳其斯坦及喀什噶尔》"镇守伊犁等处地方将军与镇守绥远城将军……及东部土耳其斯坦将军皆声气联络"眉批曰:"沈刑部云:凡西图于天山南路总名东部土耳其斯坦,此文指天山南路言之,非哈萨克右部之土耳其斯坦城、今为俄国土耳其斯丹省者也。"既曰"凡",则沈氏应见过多幅西人地图中的中亚和新疆部分。光绪十六年至二十年左右,沈曾植既在会典馆掌舆图,又任总理衙门章京,故有条件见到官藏各图,至于具体是哪些西方地图,暂难一一详考,最明确的是其间驻外公使洪钧组织人力摹绘③翻译的俄国光绪十年出版的中俄交界图,用珂罗版印制④,光绪十六年总理衙门曾

---

① 今人点校本连《通俄道里表》也一并删去,殊属遗憾,见《俄游汇编》,岳麓书社,2016 年。

② 李鸿章《复钦差出使德俄和奥国大臣洪(光绪十六年八月二十八日)》,《李鸿章全集》,安徽教育出版社,2008 年,第 35 册,第 116 页。

③ 洪钧《中俄交界全图》题识:"原图宽广仅四五幅,今摹绘之,展为三十五幅。"原图藏北京大学图书馆,兹转引自马明达、李峻杰《洪钧史迹述略》,《暨南史学》第 8 辑,广西师范大学出版社,2013 年,第 357 页。

④ 许景澄光绪十七年十二月《致总理衙门总办函》提到"洪图玻璃原板存使馆",见《许文肃公遗稿》卷六《函牍二》,《清代诗文集汇编》,第 758 册,第 327 页。

索印百份①。

又,《交涉记》卷上《天山山中通路》"横绝天山要道,为自托库埋库入抓唔之山路"眉批:"沈刑部云,托库埋库即托克玛克,旧图无此名。按,其地在布罗纳东吹河南岸,《西域图志》所谓自萨尔奇门至和尔衮皆准噶尔诸昂吉游牧者也。当时本在界内,不知何时弃为区脱,自乾隆图已如此,与《图志》不合,大可疑。抓唔,即洪图之朱穆戞乐山,于旧图为哲尔格塔拉斯川发源之山也。"此条所言"乾隆图"应即乾隆《十三排图》,道光时曾是张穆撰写《蒙古游牧记》所参考的主要舆图。沈曾植注意到,《十三排图》与《钦定皇舆西域图志》虽然同样基于乾隆二十一年(1756)至二十六年官方在西域的实地测绘,在地名标注上却有不合之处。事实上,两书对新疆诸多地点的经纬度标注都不一样②。惜沈氏没能对这两种时人不易见到的文献加以系统对比和梳理。

回到《交涉记》翻译与江标本人的中外史地文献研习的关系问题。江标自序总结了四条"译西书之难":

> 文法不同,一也;地名人名无确音,二也;西文尚反复,中文尚简净,删则不能尽其旨,不删又嫌其杂沓,三也;西人言地里者,图说兼详,然西文之图,经纬道里、山川脉络细若牛毛,中国手民不能尽其技,四也。③

---

① 光绪十六年七月十四日《发出使洪大臣电》,《清代军机处电报档汇编》,中国人民大学出版社,2005年,第6册,第422页。

② 靳煜《清乾隆年间西域测绘再考察》,《历史地理》第30辑,上海人民出版社,2015年,第258—263页。

③ 《江标集》,凤凰出版社,2018年,第190页。底稿见《江标日记》(下),光绪十八年九月初七、初九日,第509—510页。

这些难处造成了江标译本的一些缺憾。例如译名不统一：个别处译作"英里"，但多数时候译作"买依路斯""买依路司""麦伊鲁斯""麦伊鲁司"；医官"立盖路"又译作"立艾鲁"；今译"海拔"一词，江氏有"高于海面""拔海面""拔海""出海面……之高度"等多种译法；表示"俄里"的英文单词 verst 译文首作"阜路司子"，随后作"培鲁司子"①，就发音而言，"阜"当为误字。

　　以上这些是技术问题，还有些译法则显露出史地学基础方面的不足。如"太鲁其""他鲁稽""太鲁既""他冷稽"诸译法都是指塔勒奇山（又作塔尔奇、塔尔齐）②，用字差距较大，表明他对此词所指比较陌生。《交涉记》卷上有眉批引《西域释地》："太鲁其，即塔勒奇。"卷下眉批则引沈曾植意见曰："他冷稽司，即塔勒奇山也，西人谓种类曰斯，此系塔勒奇山之种类。"这两处解释应该都是后来补刻的。其实塔勒奇山之名在江标早就熟知的《东湖丛记》卷三中出现过多次，在《西域水道记》《新疆识略》中提及频次更高。又有塔尔奇河，该河下游的塔尔奇城是乾隆中后期建立的伊犁九城之一，有绿营驻扎。故塔勒奇、塔尔奇相关山川地名皆为要津。

　　《交涉记》卷下多次提到的"莫差鲁托""莫柴鲁托"（今译木扎尔特），江标也需借沈曾植指出其实际方位："沈刑部云：莫差鲁托即穆素尔达巴，伊犁南境通阿克苏之要道，诸书称'冰岭'者也。"穆素尔达巴，江标见过的李文田《朔方备乘札记》作木素尔岭，《清实录》《平定准噶尔方略》均作穆素尔岭，《新疆识略》作木苏尔达巴罕。达巴、达

---

①　比照《交涉记》中江标对其他词汇的译法，英文 verst 当译作"培鲁司特"或"威鲁斯特"，不应作"培鲁司子"。而"俄里"的俄文 верста 复数形式 версты 的音节 ты 发音接近"子"，可能江标曾咨询过通晓俄语的友人（比如缪祐孙），故对此处翻译有所更定。

②　参姜付炬《登努勒与塔勒奇地名演变考》，《伊犁师范学院学报》（社会科学版）2014 年第 4 期。

巴罕、达坂，均为察合台语发音 daba 的译名。地质学上的木札尔特冰川谷道，自古就是天山中路的一条捷径①，乾隆朝平定准噶尔叛乱之后为了屯田驻防，在伊犁和阿克苏之间设立多个军台，中间部分台站就分布在此谷道上，即著名的冰岭道②。

又，今天通行的"浩罕"（Khoqand）一词，源自记录嘉道间平定新疆西部张格尔叛乱的官修书《平定回疆剿擒逆裔方略》（道光九年成书）以及《那文毅公奏议》（道光十四年刊刻），两书皆作"浩罕"。私撰《西域水道记》《西域考古录》、官修《皇舆西域图志》《平定准噶尔方略》《清职贡图》《清文献通考》《清续文献通考》《（嘉庆）大清一统志》等则通作"霍罕"，《申报》新闻亦作"霍罕"③。今人谭其骧《中国历史地图集》的地图标注写作"霍罕"，即主要承清代官书而来。《西域闻见录》《海国图志》《圣武记》《朔方备乘》等私撰著述则大多作"敖罕"，但"敖罕"容易与蒙古高原东部的昭乌达盟（今赤峰市）之人名地名"敖罕札萨克王""敖罕王旗"相混。江标又自出机杼地译作"敖汗"，个别处作"敖罕"，直至该书初刻本印出后，才在眉批中补刻道："《新疆识略·外裔门》：霍罕，距叶尔羌二十五站。此敖汗即霍罕。"这就表明江标在研习西北史地时，对以往官修书的关注不够，导致在一些关键知识点上把握不稳，译名歧出。当时许景澄的《西北边界图地名译汉考证》尚未出版，如果能借助许氏此书，当能减少一些纯自拟的音译。

---

① 施雅风、王宗太《历史上的木札尔特冰川谷道和中西交通》，《冰川冻土》1979 年第 2 期。

② 详参王启明《清代新疆冰岭道研究》，《中国历史地理论丛》2013 年第 1 辑；陈海龙《〈西域闻见录〉所载伊犁至乌什之"冰岭道"考释》，《中国历史地理论丛》2017 年第 3 辑；王科杰《清代新疆冰岭道建置考》，《中国历史地理论丛》2020 年第 2 辑。

③ 《俄人释霍罕酉回国》，《申报》光绪六年十一月二十日（1880 年 12 月 21 日）第 3 版。

"译西书之难"还提到地图的问题。《交涉记》卷上《记伊犁》曰："兹从诸家亲历记载考求得之,先记伊犁三角,揭以近来俄罗斯军务测量司所制定最确地图一幅(此图甚细,未及画出)。"说明该书原作是有地图的,但限于中国刻工水平,江标未能翻刻。这既进一步表明原书价值,也凸显了删去地图的遗憾。《交涉记》原作者称该图为"俄罗斯军务测量司"制定,而洪钧《中俄交界全图》的底本《亚洲俄罗斯及其邻地》也与俄国军事部门有关,由俄国参谋部出版①,未知是否为同一种图。

今人在总结清代中后期的边疆史地学研究时注意到:嘉道间风气保守,俄国使团进呈的书籍被束之高阁,著名学者张穆虽极重考订,却"并不赞同参考西人史料,理由是内外之异、华夷之别的传统说法";道咸间风气稍开,张穆学生何秋涛看重域外史料的价值,只是何氏咸丰间编纂《北徼汇编》(即《朔方备乘》)时受条件限制,参考的域外资料大都是从林则徐、徐继畬、姚莹等人的著述转引而来,如《四洲志》中的《俄罗斯国总记》和乾隆末年俄罗斯图,《瀛寰志略》中的《俄罗斯国志略》,《康輶纪行》中的《俄罗斯方域》和颠林地图等,"于是,他所绘的那些地图只能是不具经纬、不讲比例、只标识方位的示意图……所反映的地理信息并不准确"②。

到光绪朝,学者们对域外材料的认可度普遍提升,所以翰林江标在翻译英文史料后能获得不少师友的热心指正。此种研究风气的改变,直接缘于十九世纪六十年代以后全方位恶化的陆海边疆困局——沙俄怂恿浩罕部落阿古柏势力入侵新疆,日本侵台湾、窃琉

---

①　洪钧《中俄交界全图》底本信息参德国人赫尔曼《中国地图学中之西域》,兹转引自韩儒林《关于洪钧》,《穹庐集》,河北教育出版社,2000年,第146—147页。

②　郭丽萍《绝域与绝学:清代中叶西北史地学研究》,生活·读书·新知三联书店,2007年,第250、263—264、274—275页。

球,中法战争后中越边境门户洞开,英国对西藏和帕米尔地区步步进逼;间接推动力则来自总理衙门重要性的上升。一方面,京官在职业出路上日益重视出使一途,而总理衙门即主管此途。邹代钧、缪祐孙、洪钧、许景澄、钱恂等人之所以能从海外搜集地图,即是基于驻外使员的身份便利。另一方面,总理衙门的藏书译书功能也为部分学者提供了便利。例如光绪年间翰林黄国瑾曾从总署抄出《俄罗斯进呈书目》,其好友叶昌炽又从黄氏处转抄,载于日记①。

只是风气改变太迟,总是落后于形势的变化和需要。有沈曾植、李文田等深入堂奥者数人,却不能组织起来系统传授边疆史地知识,培养学生。这种局面长期不能扭转,导致学者圈内小范围的边疆史地研究几乎无法对时局提供直接支撑,于是每当勘界谈判,主事者一再左支右绌。光绪五年,崇厚在伊犁因为俄方地图受欺;光绪六年,曾纪泽在俄谈判仍是依靠英国和俄国所刻地图;光绪十六年至二十一年的中俄英帕米尔勘界,主持者又陷入临阵磨枪、疲于奔命的状态。帕米尔勘界之初,总理衙门在地图方面一筹莫展②,许景澄不得不在勘界谈判期间花费大量时间搜集欧洲刊刻的中亚和新疆地图,并考证诸多地名和山川名③;中途因误解洪钧从俄国带回的地图中

---

① 　叶昌炽《缘督庐日记》,江苏古籍出版社,2002 年,第 3 册,第 1578—1605 页。

② 　总理衙门此前有过规划,但执行不尽如人意。总理衙门在"同治三年(1864)完成新疆勘界,签订中俄《塔城界约》后,立即就颇有远见地要求沿海沿边各省测绘呈送舆图。但除江苏、广东省外,其他大多数边疆沿海各省不是未计里画方测绘地图,即是因战乱等原因未完成测绘"。见王一帆《清末地理大测绘:以光绪〈会典舆图〉为中心的研究》,复旦大学博士学位论文,2011 年,第41 页。

③ 　郭丽萍《西北界务谈判与西方地图使用——以光绪年间两次中俄西北界务谈判为中心》,《山西大学师范学院学报》2002 年第 2 期。

的虚线,造成中方撤去哨所事件,引发舆论沸腾①,洪钧本人不仅遭到弹劾,更是在从总理衙门大臣去职的次年病逝;许景澄整理翻译成的《光绪勘定西北边界俄文译汉图》最后是在俄国圣彼得堡印制,应该也是因为国内缺乏现代制图工具和人才②。

江标翻译《咸同以来中俄交涉记》,正值帕米尔勘界,也正值重修《会典舆图》期间,故此项工作受到公私内外各层面的强烈现实映衬,折射出了上述复杂的时代光谱。就其翻译行为本身而言,有学者指出,"从时间上看,1900 年以前,翻译界大抵是西译中述的天下,1900年以后,则为日译人才、西译人才的时代"③,江标应属于在 1900 年以前少有的从事直接西译的人才。

在译完《交涉记》的次年,江标创作了《和顺德李侍郎师和林金石诗十四首》,部分底稿载于光绪十九年七月的日记中。此组诗是对李文田《和林金石诗》的应和之作。李氏这十四首诗题咏对象是对发现于蒙元故都和林的碑刻,后来与江氏和诗、李氏《题俄人和林图印本》《万安宫遗址诗》《癸巳杂诗》一起被江标刻入《灵鹣阁丛书》,总名《和林诗》。

李文田《和林金石诗》亦与俄国有关。据王国维《九姓回鹘可汗

---

①　大理寺卿延茂奏称:"乾隆二十四年御制纪功碑文勒石叶什勒库勒诺尔之上,即在帕米尔境内,及再定回疆,臣左宗棠、刘锦棠设立苏满八卡,以卫帕米尔之地。乃洪钧率俄人所订中俄界图,译之以归,将八卡皆划界外。是时俄人方争帕地,竟有退兵撤卡之举,于是英人嗾阿富汗进据苏满等卡,俄遂以马步逐阿而据其地。刻下俄兵虽撤归,明春势必复来。"见王彦威辑《清季外交史料》卷八十六《总署奏遵查延茂奏称新疆边事掣肘由于洪钧绘图错误各节核与事实不符折》,光绪十八年九月二十二日,书目文献出版社,1987 年,第 1539—1540 页。

②　李天鸣、林天人主编《失落的疆域:清季西北边界变迁条约舆图特展》,展览图录,台北故宫博物院,2010 年,第 25 页。

③　熊月之《西学东渐与晚清社会》,上海人民出版社,1994 年,第 680 页。

碑跋》记述，光绪十九年俄国使臣喀西尼（Arturo Paul Nicholas Cassini, 1836—1919）将《蒙古古物图志》一书送总理衙门，请时任总理衙门章京的沈曾植考释其中的三种唐碑，沈为之作跋[①]，跋文结合两《唐书》《唐会要》等史料考证传主身份及史事，"顺德李仲约侍郎文田始录拉氏书中各碑之文为《和林金石录》"[②]。又，缪荃孙为李氏所作 60 寿序评点其学术时也提及李著《和林金石录》一卷，并概述其内容[③]。那么在光绪十九年八月 60 岁生日之前，李文田已将俄国学者之书翻阅一过，考录了包括三唐碑、十一元碑在内的石刻文字，因此相关题咏应该也在此际完成。

沈、李所见《蒙古古物图志》（*Atlas der Alterthümer der Mongolei*）出版于光绪十八年（1892），是俄国突厥学学者拉德洛夫（Vasily Vasilyevich Radlov[④], 1837—1918）基于光绪十七年俄方对蒙古高原鄂尔浑河流域的考古探察而编纂的成果集。该考察由俄国科学院组织，拉德洛夫领导，另一俄国学者雅德林采夫（Nikolai Mikhailovich Yadrintsev, 1842—1894）参与。雅德林采夫在光绪十五年（1889）的

---

① 跋文见钱仲联辑录《沈曾植海日楼文钞佚跋（四）》，《文献》1992 年第 2 期，第 231—238 页。

② 《王国维手定观堂集林》卷十六，浙江教育出版社，2014 年，第 407—408 页。

③ 缪荃孙《艺风堂文集外编·顺德夫子六秩寿序》，《续修四库全书》第 1574 册，第 158—159 页。《和林金石录》章寿康抄本有李文田跋，未知是否即抄自李文田原本；罗振玉以汪康年抄本底本，校以章抄本；江标将罗校本刻入《灵鹣阁丛书》，但删去了罗氏眉批校语；后来罗振玉得到和林诸碑拓本，以之校勘章抄本，并加入了王国维《九姓回鹘可汗碑跋》。参罗振玉二校本《和林金石录》序，《石刻史料新编》第 2 辑，新文丰出版有限公司，1979 年，第 15 册，第 11463 页。

④ 俄文名 Василий Васильевич Радлов。德文全名 Friedrich Wilhelm Von Radloff，书前署名 Wilhelm Radloff。

游历中确定了哈喇和林的地点,该次游历也有俄国官方背景,是基于其与俄国地理学会的合约①。观《蒙古古物图志》原书可知,俄国考察团在鄂尔浑河流域发现了颇多古代回鹘、突厥及蒙古遗迹和文物,均拍照存档,并绘有古城地理图。

李文田不通异域文字,故见到拉德洛夫之书后最重视其中的汉文碑刻,包括唐碑三种——《阙特勤碑》《苾伽可汗碑》《九姓回鹘可汗碑》,元碑十一种十三件——《敕建兴元阁记》《和林兵马刘公去思碑》《三灵侯庙记》《大司农保厘朔方残石》《岭北省右丞郎中收粮记》《渊潜胜概残碑》《和林仓碑》《岭北省和宁路题名》《汉家石》《四世同居立石》。为便于论析,兹将李文田原诗和江标和诗分列于下表:

碑刻名	李文田诗	江标和诗
阙特勤碑	处月穿碑接暮云,眩雷介弟旧能军。因思移剌《双溪集》,字字分明阙特勤。	正是开元全盛时,可汗犹子语堪思。阴阳气隔异君长,此是皇家得体辞。
苾伽可汗碑	遗址荆榛默棘连,大唐祠像旧香烟。李融文字分书在,拟共冰潮较极妍。	剥落残碑认短铭,舍人书体出天廷。吾从字画征旁刻,大泰山铭小孝经。
九姓回鹘可汗碑	安世邪氛鼎未移,晚唐回鹘费操持。喁昆门外真珠水,此语还应《醉隐》知。	大字先题登里啰,可汗名字曰毗伽。半从佛法治天下,莫怪年来景教多。
敕建兴元阁记	百字残碑识有壬,长篇磨灭草深深。《圭塘小稿》胜金石,阁记兴元许翰林。	币施十六万五千,造此兴元阁子年。题字犹书臣学士,至元钞楮已云烟。

① 参《巴尔纳廓历史文化志》(Memorials of Barnaul History and Culture),1983 年,第 70—77 页。Barnaul 今属俄罗斯联邦阿尔泰边疆区,今译巴尔淖尔,兹仍用清朝名称。

续表

碑刻名	李文田诗	江标和诗
和林兵马刘公去思碑	兵马刘公德政存（名天锡），碑刊至顺尚攒岏。左丞十载迁儒学（撰人张思明，《元史》有传，《宰相表》前十年已为中书左丞，至是乃学正），此事教人耐讨论。	梵书大刻是何时，碑是刘公记去思。曾拓中州伊阙石，一般唐突古时碑（碑半刻梵书，皆掩原文上）。
三灵侯庙记	直疑东汉建宁中，胥相勋名杜伯功。作手离奇灵恍惚，几人黄绢识文雄。	祷雨而雨祈晴晴，庙记三灵语尚明。立石撰书人仿佛，和宁路字各题名。
大司农保厘朔方残石	丙戌秋刚至正逢，平章光禄大司农。别儿怯不花名字，强半消磨乱草踪。	脱脱已罢嶙嶙卒，谁是平章至正秋。一记不传名姓在，朔方剩有断碑留。
岭北省右丞郎中收粮记	经世空闻大典夸，典章通制半麻茶。一朝食货多良法，谁补和中入史家。	谁书总管收粮记，字字分明市籴篇。碑末附书新造字，顺宗皇帝妥欢年。
三皇庙残碑二	惠民良局有官方，羲后黄神庙貌彰。不读天台《辍耕录》，元医谁悟祖三皇。	和剂良方世尚知，三皇祖庙已无遗。世间谁信阴阳学，亦入医家共一支。
渊潜胜概残碑	残文八九失名称（存字七十二），胜概渊潜想矩绳。李芃鲁翀全传载，宗禋院事有旁征。	安阳五刻残张寿，汉石零星世尚珍。不意元朝存碎砾，亦从百字认残鳞。
和林仓碑	和林仓在定都年，朔漠遗图迹未迁。札古剌仓河旺吉，事当岭北改名前。	和事睦民者姓氏，判官蛮子列头衔。和林仓与和林路，大小同官百字镌。
岭北省和宁路题名	行省多官有伯颜，和林岭北总堪观。李罗帖木儿何物？此是元家断送官。	不花札木各题字，岭北和宁省路碑。欲检史书征姓氏，文经三写校谁知。

续表

碑刻名	李文田诗	江标和诗
汉冢石	卜兆谁从汉俗求,韩陵片石朔方留。千秋挂剑高情在(碑言徐君于和林东北三十里得小山),禅智山光此首邱。	青冢年年塞草青,汉家遗碣尚亭亭。纸灰吹起秋风急,来读徐郎百字铭。
四世同居立石	四世同居义可钦,洛阳门第重和林。寻思奇渥温家事,至竟华风未造深。	和林耆老各题名,四世同居好弟兄。至正四年春二月,大书合拟古田荆。

两人题咏都着眼于史事、制度、地理、人物、书法,但李文田诗句择取的要点更深入细致。如注意到《刘公去思碑》撰人张思明在《元史》中也有生平记载;《收粮记》碑文中的岭北行省"和中"之职可补史书之阙;《三皇庙残碑二》联系到《南村辍耕录》卷十一提到的江阴三皇庙;《和林仓碑》诗句"河旺吉"是指《双溪醉隐集》卷三《三月到旺结河有感》诗所言旺结河,《朔漠图》和林南之旺吉河;《岭北省和宁路题名》"行省多官有伯颜"指该碑刻中的"承直郎和林省付兵马伯颜"和"敦武□□□宁路司狱燕伯颜不花"以及《刘公去思碑》中的"守令赵仲实、李伯颜普华"。

江标诗句的展开程度相对要弱一些。如《和林仓碑》,李诗能具体探讨和林仓的建立时间和地点,江诗则停留在题名姓氏职官的直观印象上;《渊潜胜概残碑》有残句"禋院事",李文田据此联系到《元史·李术鲁翀传》所记元文宗时太禧宗禋院的创建,而江标将此不足百字的残碑与今存 180 字的东汉《汉竹邑侯相张寿碑》(全文见录于《隶释》)相比附,总结为"亦从百字认残鳞",略显浮泛牵强;又《敕建兴元阁记》碑,李诗指出该碑残损较多,幸赖许有壬传世文集《圭塘小稿》尚存《敕赐兴元阁碑》全文,故曰"《圭塘小稿》胜金石";江诗则表明他根据的是碑中残文"十六万五千",而未见许有壬文集"县官出中饶楮币为缗二十六万五千有奇"的完整原文。

　　这种差距缘于江标在蒙元史地相关文献积累上的不足。其师李文田则腹笥渊博：仅上述组诗的字面上就涉及元耶律铸《双溪醉隐集》、许有壬《圭塘小稿》、陶宗仪《南村辍耕录》以及《元经世大典》《大元通制》《元史》等，不直观的引述则如“和林仓碑”“朔漠遗图”，应指明代《广舆图》之《朔漠图》。类似地，李氏《题俄人和林图印本》诗自注引用了《唐书》《元朝秘史》《水道提纲》《大清一统志》以及元许有壬《至正集》、元周伯琦《近光集》、明杨士奇《东里集》等史料；李氏《耶律铸西游录注》引据诸书包括宋洪皓《松漠纪闻》、元耶律楚材《湛然居士集》、元刘祁《北使记》、元刘郁《西使记》、元盛如梓《庶斋老学丛谈》、明陈诚《使西域记》、明陈士元《诸史译语》、明艾儒略（Giulios Aleni）《职方外纪》、清俞浩《西域考古录》、清李光廷《西域图考》等。缪荃孙日记还显示了李文田对《元名臣事略》《揭文安公集》《近光集》的收藏、对《双溪醉隐集》的抄录等日常积累。[①] 此种扎实的文献功夫令其《元朝秘史注》《朔方备乘札记》《西游录注》《双溪醉隐集笺注》中对人名地名的串联和对音、对职官史事的考证大多征实可信，也使李文田成为可与沈曾植相颉颃的蒙元史大家。

　　当然，江标也翻阅过一些基本文献，其诗句“题字犹书臣学士，至元钞楮已云烟”表面是泛论沧海桑田之感，但选择的“至元钞楮”意象表明他应该看过《元史·食货志》。《食货志》载：“（元顺帝至正）十二年（1352），置宝泉提举司，掌鼓铸至正通宝钱，印造交钞，令民间通行。”许有壬撰写《兴元阁记》的至正丙戌（1346）尚未出现“至正通宝”铜钱和至正钞，而仍在通行至元二十四年（1287）发行的至元钞。另

---

　　① 《艺风老人日记》光绪十六年庚寅六月十四日：“送《双溪醉隐集》《劫灰录》根本迂谟于仲若师。”十六年十月十日：“顺德师还《双溪醉隐集》来。”十八年壬辰十一月廿五日：“谒顺德师，借元周伯琦《近光集》一册。”十八年腊月廿六日：“谒李顺德师，还《职官分纪》《元名臣事略》。”十八年腊月廿七日：“假顺德师郑师小、揭文安二集归。”第 276、311、505、513 页。

外,江标《和林兵马刘公去思碑》诗自注言"碑半刻梵书,皆掩原文上",表明他可能在李文田或沈曾植处见过拉德洛夫《蒙古古物图志》。因为李文田《和林金石录》只是说"去思碑篆额九字为番僧镌梵文六字于其上"[1],只有看过拉德洛夫书中的原始图片才会理解"掩"的情形——梵文极大,勒刻方式类似中原碑刻的双钩法,勾勒范围内仍保留诸多原刻汉字,导致大号梵文看起来像掩在碑刻上的装饰纹饰(见下图)。

和林诸碑可与唐代、元代正史及笔记、文集互证互补,在这一维度上,李文田和江标之诗都体现了传统考据学者的本色。同时,这些碑刻上的非汉文部分也有极高价值,如《岭北省右丞郎中总管收粮记》碑阳和碑阴都有数行蒙古文,而《阙特勤碑》汉文只占碑身一面,其余三面均为突厥鲁尼文[2],《九姓回鹘可汗碑》有古突厥文和粟特

---

① 《石刻史料新编》,新文丰出版有限公司,1979 年,第 2 辑,第 15 册,第 11471 页。

② 参林梅村等《九姓回鹘可汗碑研究》,《欧亚学刊》第 8 辑,中华书局,1999 年,第 151—171 页;陈浩《阙特勤碑南面铭文的作者与镌刻年代问题》,《学术月刊》2017 年第 6 期。

文。《蒙古古物图志》展示了这些民族文字的清晰照片，但当时的考据学者们既缺乏释读能力，也没有表现出破译的兴趣。另外，《蒙古古物图志》还收录了大量碑刻环境照片、无字文物照片及等高线地图，对此李文田有《题俄人和林图印本》之诗，但诗歌自注的重点仍是史实考据，而对来自外国的新方法和新技术——由国家学术组织发起集体参与的赴异国考古、借助仪器和现代地理学知识全面记录考古环境信息，他并没有明显的反应，江标同样没有。于是我们看到，当近现代考古学、地理学迎面走来之时，光绪中叶的翰林院菁英们仍然沉浸于书斋中的传统史学考据、金石学趣味，既没有对沙俄的所谓科考探险给大清唐努乌梁海地区带来的扩张阴影感到紧张，也错过了学术方法上师夷长技以制夷的一次契机。

第二节　赴日本考察与外交之梦

江标在翰林院期间正值边疆不宁，故一心济世的他在进士登第的次年即选择前往日本游历考察，回国之后则为实现外交官梦想而多番努力，但最终未能如愿。

一、日本考察之旅以及回国后与日人的交往

据江标自述，光绪十六年（1890，日本明治二十二年）八月，他请假出国游历日本，且"拟东渡太平洋，以期促未果"[1]。又据其密友祝秉纲云，此行是"考察变法所自及学校规制"[2]。八月初八日，江标自上海虹口码头登上日本轮船"西京丸"号赴日，首抵长崎。此后的两个多月中，先后至大阪、横滨、东京、神户、萨摩等地。惜《日记》此时段所记大多为行程路线、书画古籍访求、友朋宴飨及笔墨游艺，且八

---

① 《题张樵野侍郎〈运甓斋话别图〉》，《江标集》，第 323 页。
② 祝秉纲《江建霞京卿事实》，《江标集》，第 483 页。

月二十九日至九月十八日间未记,稍后凭记忆补记了参观博览会之事,其间于政治、经济、教育等方面的实际考察心得缺乏及时而明确的记录。不过我们仍然可从人际交往方面窥见其接触和互动的主要领域以及相关脉络。

江标在日期间交往的人群不外两类:一是清廷驻日使员,二是日本官员和文化界人士。接触较多的驻日使员是黎庶昌(1837—1898)、孙点(1855—1891)、陈榘(又作陈矩,1851—1938)、陈明远(?—1920)。

黎庶昌于光绪七年(1888)至十年、十三年至十六年两度任出使日本大臣,第二任期原本应于光绪十六年七月结束,实际回国时间是光绪十七年初[①],故能够与十六年八月赴日的江标相识。黎庶昌在日期间的著名业绩:一是在东京搜罗汉籍善本,编刻《古逸丛书》26种200卷;二是发扬首任驻日公使何如璋邀集日本文士之举,频繁组织日本政学两界名流宴饮文会,诗酒唱和,在扩大使馆影响的同时搜集情报[②],时人评价其"熟通彼此之情,因机适变,刚柔互济"[③],当与此宴集的组织活动密不可分。江标早年研学和科举已得益于《古逸丛书》(见本书第一章),到日后下榻驻日本公使署(《嘤鸣百叠集序》),又得黎庶昌之邀请,参加光绪十六年九月黎氏组织的红叶馆宴饮,回国后在力图获得出使职位的过程中也得到黎氏帮助(详后文)。

---

① 张剑《黎庶昌传笺》,《明清文学与文献》第5辑,中国科学出版社,2016年,第54页。

② 《续遵义府志·黎庶昌传》:"宫岛诚一郎者,日本老儒,与庶昌交最笃,一日举酒慨然叹曰:我公奉使于此而与我等好也,顷将别,奈何? 庶昌心异其言,使人侦知其事,密电驰报李鸿章,时方在告,张树森署直督,遂以大将统兵,风驰电迈,执戎首归。日兵迟到半日,受盟而退。"

③ 夏寅官《黎庶昌传》,《碑传集补》卷十九,《清代传记丛刊》,明文书局,1985年,第121册,第247页。

孙点,字君异、子与,安徽来安人。光绪十三年十一月至十七年四月为驻日随员,经历黎庶昌、李经方两届公使。其主要贡献是编刻黎庶昌多次宴集的酬酢诗词,包括《癸未重燕集编》《戊子重九燕集编附枕流馆燕集编》《己丑燕集续编》《庚寅燕集三编》等。江标初次乡试时即在南京与其有过一面之缘,到日后在公使署中再见之,"得尽数日欢",并为孙氏唱和诗集《嘤鸣百叠集》作序①。孙点有《梦梅华馆日记》,惜截至光绪十六年八月十日,好在江标日记记有二人详细活动,如同赴岸田吟香家、赴浅草寺旁观油画、在古书肆观书、同访画家野口亲、同游劝工场等②。后来听闻孙点因病在横滨蹈海自尽,深感震惊和悲戚③。

陈榘(1851—1938),字衡山,贵州贵阳人,诸生,著《灵峰草堂集》等。光绪十五年一月至十六年十二月为黎庶昌随员,曾佐助傅云龙编纂《游历日本图经》。在日期间热心搜集古籍和金石,金石古物之有文字者所得凡四千八百余种④,江标日记所记二人交往也主要在此方面,如携江标赴古玩铺,为其出示黎庶昌石印本宋元绘画,出示自藏王文治临古册、日本天皇和皇后写经⑤。陈榘还为江标所藏日本光明皇后写经作跋⑥。江标回国后为陈氏《东游诗稿》题诗,为陈氏所藏唐写本《妙法莲华经》卷、宋刻佛经作题跋,正是由这两则题跋在日记中的底稿,我们可以得知江氏在日本购得宋绍兴二年归安圆

① 《江标集》,第 209 页。

② 《江标日记》(下),光绪十六年八月二十四日、二十七日、二十八日,第413—414 页。

③ 同上书,光绪十七年五月初九日,第 437 页。

④ 《先考陈公衡山府君行述》,《中华历史人物别传集》,线装书局,2003年,第 71 册,第 455 页。

⑤ 《江标日记》(下),光绪十六年八月二十一日、二十六日,第412—414 页。

⑥ 《陈矩跋江建霞太史藏唐开元中日本光明皇后写文殊师利菩问菩提经卷》,《江标集》附录三,第 516—517 页。

觉藏《大般若经》九卷、残宋藏本《广弘明集》、宋藏经本《妙法莲华经》等，并从中参悟了唐代经生书法和中日刻书刀法之异同①。

陈明远，字哲甫，浙江海宁人。廪贡生，以道员候补广东。光绪十年至十三年为驻日使馆随员兼参赞，光绪十三年至十六年任驻日使馆参赞②。工诗歌和书法，《庚寅宴集三编》录有其诗作③。在日期间和陈榘一样都曾到上杉家观览藏书④。江标在东京与之相识同游，日记可见两人回国后交往持续，光绪二十年订立兰契，直至湖南学政任上仍与陈明远通信⑤。

江标与日本官员的接触集中于光绪十九年九月的红叶馆宴集，席上诸人兼具有汉学修养。其中金井之恭、重野安绎、宫岛诚一郎、岸田吟香均为明治时期贵族院议员，岩谷修为元老院议员，森泰二郎（即森槐南）为宫内大臣秘书官，金井、岩谷又擅长书法，重野、宫岛、三岛毅以文学著名，石川英兼工汉文学与山水画，重野创立东京大学国史学科，南摩纲纪任教东京大学汉文学科，向山荣富有藏书。宴会上向江标赠诗者甚多，但大多只此一面之缘。

宴会外尚有交流者似仅有宫岛诚一郎(1838—1911)一人。据日本国会图书馆藏江标致宫岛信，知宫岛曾赠以诗集，江标称赞其诗能于一般日本汉诗家"似我随园、船山诸家，易近浅熟"的风格之外另辟

---

　① 《江标日记》(下)，光绪十八年十二月十六日，第522页。

　② 王宝平《清末驻日外交使节名录》，《中日关系史论考》，中华书局，2001年，第245页。

　③ 《黎星使宴集合编》，贵州人民出版社，1992年，第140、233、234、267、276、320、328、341页。

　④ 陈捷《日本米泽藩旧藏宋版三史与近代中日文化交流》，《文献》2011年第3期，第156页。

　⑤ 《江标日记》(下)，光绪十六年八月二十五日、二十八日，十九年十二月十四日，二十年正月十二日、十五日，二十年五月廿四日，二十一年九月廿三日，第413、414、553、556、557、565、620页。

蹊径,并告知回国后的通信方式①。但供职于修史馆的宫岛与清廷诸人的交流文化只是表象,这种看似非关厉害的交往实际是宫岛与大久保利通商订好的政治策略,其主要目的是为日本政府搜集情报②。

江标零星交往的日本文化界人士主要有三位:藤野真子(1865—1923),文士藤野正启之女,后为黎庶昌义女,工诗画。江标曾登门拜访,回国后寄赠书信以及江标夫妇合照,藤野亦有回复。又,野口亲(1847—1917),即野口小蘋,日本近代南画的重要画家。本姓松邨,与丈夫野口正章均为关西浮世绘名师日根对山的弟子。野口亲与日本汉诗文家往来频繁,曾为游日的陈明远作《红叶馆话别图》。江标曾登门拜访,赞其"恽南田嫡乳也",并求其画灵鹣阁图。又,源蓝水(1861—1892),即村濑绪,号蓝水,其祖父村濑秋水、父村濑雪峡均为南画家。蓝水继承家学习画,又以江户明治间儒学者佐藤牧山③为业师。蓝水寓居上海数年④,光绪十三年(1887)即与江氏相识⑤。曾

---

① 薛英辑录《江标致宫岛信》,《文献》1988 年第 3 期,第 286 页。

② 宫岛笔谈是会被日本外务省官员和参议员阅览利用的。通过第一届驻日使团随员沈文荧笔谈间不经意透露的情报,宫岛了解到美国前总统格兰特将来调停琉球案的外交机密,迅速上报日本政府,使日方成功影响了格兰特的调停偏向,赢得了交涉的主动权。见戴东阳《近代中日同盟思想的表与里——以宫岛诚一郎为例》,《史学月刊》2013 年第 12 期。

③ 佐藤牧山(1801—1891),名楚才,字晋用,号牧山、雪斋,尾张人。肄业于昌平黉,师事汉学家古贺侗庵(1788—1847)、依田匠里等。任尾张藩弘道馆总裁、明伦堂督学,明治维新后移居东京,为斯文学会讲师。著《周易丛说》《中庸讲义》《清朝史略》《牧山楼文集》等。

④ 黄协埙《莲岛盍簪吟三十四首》有致村濑蓝水诗,黄氏自注曰:"君姓源,裔出前大将军源氏,村濑其氏,亦善画山水,寓沪有年。"见黄协埙《鹤窠邨人诗稿》卷一,1930 年,复旦大学图书馆藏。《庚寅燕集三编·登高集》卷首有村濑绪所绘《芝山话别图》,图中自作题识末有印章"源绪",可为印证。见王宝平主编《晚清东游日记汇编 1:中日诗文交流集》,上海古籍出版社,2004 年,第 310 页。

⑤ 《江标日记》(上),光绪十三年十一月初十日,第 286 页。

在苏州小住一年多①，拜师俞樾门下②。江标在东京时"访蓝水，欢笑如故"③，蓝水出示其在华学画的师长戴以恒之画作，江标为之作跋④。

　　由上可见，日记中所见江标在日活动主要与文化有关，明显与时务有关者是参观日本第三回内国劝业博览会。其他则需要细察，如日记有一则曰："王振夫贻日本东京地图，系彼国陆军省印行，精甚。"但与此人早期交往痕迹不明。今考王肇铉，字振夫⑤，与江标为苏州元和县同乡，彼此应是初识于日本。王肇铉于光绪十一年(1885)以随团使员身份赴日，受驻日参赞陈明远之聘，博采日本国内印刷的实测地图百余种，历时两年编成《日本环海险要图志》，该书被黎庶昌咨送海军衙门，可惜未能得到清政府重视利用；光绪十六年、二十三年，王氏又两度赴日，力图刊刻日本海图⑥。王氏赠予江标的东京地图应当就是在编撰《日本环海险要图志》时所集。王氏另著有《中俄交界地名表》《北徼水道考》《星度考》《测图学讲本》《译文须知》《刻铜小记》等，翻译出版《普通体操学教科书》，皆专力实学之作⑦。江标回国后的日记曾提及"熙吉甫来谈，云《盛京省图》已成，欲招振夫往刻

---

　　①　《庚寅燕集三编·题襟集》中，村濑诗《重会芝山奉送莼斋学使返槎即和瑶韵呈政》有句"吴王旧地吾曾到"，自注云"余游吴门，小住年余"，见《晚清东游日记汇编1：中日诗文交流集》，第 359 页。

　　②　《来自"和纸之乡"的浓情美意》，《杭州日报》2011 年 8 月 19 日 A2 版。

　　③　《跋日本源蓝水藏戴以恒山水图卷》，《江标集》，第 217 页。

　　④　此卷曾现身北京诚轩拍卖有限公司 2008 年秋季拍卖会。

　　⑤　《嘤鸣馆春风迭唱集》王肇铉题识自署"振甫"，见《黎星使宴集合编》，第 114 页。

　　⑥　徐磊《清政府的对日情报收集研究(1871—1894)》，吉林大学博士学位论文，2013 年，第 13、300—304 页。

　　⑦　关于王肇铉诸书的简介，参王宝平《清代中日学術交流の研究》，汲古书院，2005 年，第 288—296 页。

铜版"①,这是指熙吉甫父亲盛京将军裕禄委派王肇铉赴日本雇工匠,用铜版刻行会典馆要求该省测绘进呈的舆图②。甲午战争当年,王氏又为江标带来日本刻本朝鲜舆图,并在经济上予以救济。江氏任湖南学政后,两人仍有书信往来③。与王肇铉的交往可作为江标在日期间在现实事务上有所用心的一个视角。

旅日归来的次年,黎庶昌等日本使员陆续回国,江标得以近距离延续其交谊,如宴请黎庶昌和蹇念咸④,以及前文所述与陈榘、陈明远的来往。另外,在黎庶昌的牵线下,他还宴请到日本驻华使馆诸官员:

> 黎莼斋星使来,同至嵩云草堂,相度请日本公使大鸟诸人。〈光绪十七年三月初一日〉
> 晨起,至嵩云草堂豫备请日本使臣及随使员等。午后一点钟,诸人来。首为大鸟圭介⑤(原元老院议官)公使,次为书记官

---

① 《江标日记》(下),光绪十九年八月初一日,第542页。

② 《申报》光绪二十年二月十七(1894年3月23日)第2版《借材异地》:"古吴王振甫茂才,曾游日本,馆于陈哲甫参赞处。馆课之暇,究心舆地之学,既而撤帐言旋。适中国各省开办舆图,茂才得邀荐剞,派在奉天省。至去冬奉裕军帅委赴日本雇用善刻铜板之匠数名,茂才航海而东,于去腊抵东京,托宁商王惕斋保荐著名巧匠林荣之助等五名,此次乘神户丸赴申江,再行搭轮船赴牛庄。"

③ 《江标日记》(下),光绪二十年五月初一日、七月初五日,二十一年九月廿三日,第564、569、620页。

④ 蹇念咸(1851—1909),字虚甫,遵义府学廪生,光绪十三年由四川同知奏调为驻日本神户领事馆领事官,光绪十七年回国。署理东川、昭通知府,后削职充军新疆。

⑤ 大鸟圭介(1833—1911),少年时习汉学、医学与兰学。早年效忠幕府,对抗新政府,1869年武装斗争失败而入狱。1872年获特赦出狱,受新政府委任,以四等开拓使身份前往美国考察并募集外债,中途曾赴伦敦考察(注转下页)

今立吐醉,次为交际官中岛雄及翻译官郑永昌(郑芝龙之后,明末至日本),尚有松井孝一、田中位敏二人,当亦交际官等也。畅谭尽欢。郑永昌尤善中语。今立、中岛二人亦能略通语焉。饮毕,大鸟先成七绝一首,各人继和而散。〈光绪十七年三月十三日〉

在日方的回请宴席上也有诗文活动:"饮半,大鸟首成一诗,各人继和。毕,少坐,为王廉生前辈代请公使题《海岱人文》册签子。"①此番打开局面后,江标与使馆诸人颇多往来:

> 日本交际官中岛雄来(号时雨)谭,贻笋簟两盒,出其文一卷属阅。笔墨不甚修洁,然确读中外书者,与之笔谈数时始去。〈光绪十七年三月廿七日〉
> 午后至日本使馆,见大鸟公使,曾以刻印三,报吾倭扇两柄。〈光绪十七年七月十九日〉
> 日本高洲太助(赞臣)来止余斋,与谭甚乐。渠聘董念和(宝谥)署正为师,教以中国语焉,余即以时雨所译英人《清俄关系论》译以中文,即属赞臣评说之。〈光绪十七年八月二十八日〉
> 晚与赞臣谭日本事。〈光绪十七年九月十日〉
> 晨起,至天宁寺送二哥赴陕西学幕,学政为黎壁侯(荣翰)前辈。时同送者孙燕秋、徐肖石、高洲赞臣及儿聪。〈光绪十七年十月初三日〉
> 午赴中岛参赞之招,至日本使馆。见桥口参赞及其夫人并

(续上页注)产业。1875 年以工部官员身份赴泰国考察。1877 年任工部大学校校长,1881 年任元老院议员,1886 年出任第三代学习院院长,1887 年兼任华族女学校校长。1889—1894 年任日本驻清国特命全权公使,1893—1894 年兼任日本驻朝鲜公使。1894 年回国后出任枢密院顾问官。1900 年授男爵,跻身华族。

① 《江标日记》(下),光绪十七年三月二十五日,第 434 页。

二女,畅谭抵欢,所用皆日本馔,中有熏鳗一,味剧佳,即彼国所谓蒲烧也。〈光绪十七年十月二十八日〉

下午偕赞臣出门,至亨达利。薄暮归。为大鸟公使撰《觐见帖》后跋。〈光绪十七年十一月初二日〉

午后至日本使署见中岛时雨,招西馔,薄暮归。〈光绪十七年十一月初十日〉

午后偕赞臣候西医周□□夫妇,欲其治癣患也。〈光绪十七年十一月二十一日〉

午后偕肖石、赞臣一游白云观,人多如蚁,少坐即返。〈光绪十八年正月二十日〉

至广和居小饮,有伯讷、肖石、彦和、赞臣四人。〈光绪十八年正月二十四日〉

日本国钦使大鸟如枫(圭介)来,随携翻译官郑永昌,谭片时始去。手贻石印《高句丽好太王碑》,并附渠国亚细亚协会所撰《高句丽碑出土记》。〈光绪十八年三月初九日〉

答拜市村君,并候大鸟钦使、桥口、中岛二赞使。〈光绪十八年七月二十四日〉

送日本大鸟圭介星使回国。〈光绪十九年三月十七日〉

又至高洲处小坐,归。〈光绪十九年七月初二日〉

至赞臣处,见景维行(贤,雅利买办)。〈光绪十九年九月廿九日〉

送驻中国参赞官桥口直右卫门领事美洲,赠以照相并红绿绉纱。〈光绪十九年十月十四日〉

印若、中岛来谭。中岛携藤野真子女士来函并照相一纸,重洋远寄,殊可感也。即作覆书,并寄薛涛笺、《鱼玄机集》。〈光绪十九年十一月十六日〉

午赴中岛之招,晚归即睡。〈光绪十九年十二月初一日〉

赴张君三之招,同坐中岛诸君,薄暮始散。〈光绪十九年十

二月廿九日〉

可以发现,其中中岛雄和高洲太助的出现频次最高。中岛雄(1853—1910),江户人,号时雨,肄业于江户同人社,师事著名学者中村正直和海军官员胜海舟,胜海舟将其推荐给外务省卿寺岛宗则。光绪四年(1878)底,中岛雄来日本驻华使馆任职书记生,负责公使馆的翻译和文书收发。光绪九年(1883)底回国度假,十七年八月回到北京后,担任使馆与总理衙门交涉文书的主稿等机要工作。光绪二十九年回国。著有《随使述作存稿》《日清交际史提要》[①]。与总理衙门大臣曾纪泽、总理衙门章京袁昶、翰林院编修李盛铎、江标交好。中岛雄在华尽职,在《随使述作存稿》中自陈道:"谕折无论已,今世名流日乘随笔,及传奇小说,苟助发明之书,无不搜访历览。间与搢绅士大夫优游浸迹,每有得辄述而作,致之于外务省,前后二十五年,几乎百余万字。"[②]可见信息搜集之巨。中岛能作汉诗,但似乎汉语口语不济,与江标多为笔谈,多在使馆和江氏家中相见。

高洲太助,字草梦,号赞臣。长期担任驻北京使馆书记生,光绪三十二年(1906)起先后任日本驻杭州、长沙、福州领事馆领事[③],民国时期在扬州盐务稽核所主事十年(1914—1923)。前述引文显示,与中岛不同,高洲时常参与江标与其他友人的日常小酌聚会,甚至还为江标二哥江钧送行,江标也陪高洲去西医处看病,表明其聘请汉语教师后口语交流能力进展可观,且与江氏交谊明显超过一般礼貌性交往。

---

① 中岛雄传见东亚同文会编《对支回顾录》(下),东京原书房,1973年,第208页。又参孔祥吉、村田雄二郎编《中岛雄其人与〈往复文信目录〉——日本驻京使馆与总理衙门通信目录(1874—1899)》,国家图书馆出版社,2009年,第2—16页。

② 转引自孔祥吉、村田雄二郎编《中岛雄其人与〈往复文信目录〉——日本驻京使馆与总理衙门通信目录(1874—1899)》,第13页。

③ 《清季中外使领年表》,中华书局,1985年,第198、201、197页。

江标与使馆诸人的来往还顺带涉及其他临时来华游历的日本人，如依光方盛、市村瓚次郎①、冈仓天心等：

> 见中岛时雨，又见公使书记生□□□及新游历各处之人，姓依光，名方盛，曾出外六年，出门时只携日本货三圆六十钱，自是托身于外国帆船，周游宇内也，现拟至楚、鄂、蜀中游历，赠以一扇三绝句，甚喜。〈光绪十七年七月十九日〉

> 午后，日本高洲太助偕其友市村瓚次郎来谭，片时而去。市村为学习院教授，新来中国，颇读中土乙部数，问中国尚有如赵瓯北、王西庄之人乎，又言若到苏杭，必拜俞曲园先生，是亦笃守儒教者。〈光绪十八年七月二十三日〉

> 午后至日本使馆，答拜美术学校冈仓觉藏，渠云欲游历中州，至西安，至成都，至武昌，至沪回国。于中国古画古刻皆极究心。〈光绪十九年七月初九日〉

> 晨起，属肖石写一函与受之，又为写一函与陈衡山，一函与黎莼斋，皆托照料冈仓。又为代购武梁祠画像一分，又以后秦造

---

① 市村瓚次郎(1864—1947)，字奎卿，号器堂，筑波人。1887年毕业于东京大学古典讲习科汉书课，与林泰辅为同期生。先后任教于学习院、东京帝国大学、早稻田大学等校，东京大学东洋史学科奠基人之一。著有《支那史》《东洋史要》《支那论集》《文教论集》《孟子讲话》《东洋史研究》《东洋史统》等，今东京都立日比谷图书馆有市村文库。1901年6月至8月，在紫禁城(当时由日军和美军驻扎)、皇史宬、孔庙、白云观等处调查文献，是最早进入内阁大库进行调查的外国学者。1905年7月至10月，到日军侵占的奉天调查文溯阁四库全书以及明清时期朝鲜有关史料。传见《东洋史论丛：市村博士古稀记念·市村博士年谱略》，富山房，1933年；童岭译注《东洋学的系谱·市村瓚次郎篇》，《古典文学知识》2011年第6期；伍跃《日本学界对明清档案的利用与研究》，《地方档案与文献研究》第五辑，国家图书馆出版社，2021年；《黎明期の歴史学——東洋史学者市村瓚次郎資料から》，二松学舍大学历史文化学科开设记念展示，2022年。

像一尊赠行,属心渊刻数字于象侧。寄燕秋书,托其招一通中亚
文学生,许以十元一月,来时给盘川八元。〈光绪十九年七月初
十日〉

上述记录是增补三位日人生平和交游颇可宝贵的史料。其中冈仓天
心是受日本帝国美术馆编纂出版《日本美术史》之委托,来华游历考
察。江标为关照其行程,多方致信,甚至帮助寻觅通中亚文的翻译,
另据冈仓氏日记,尚有文物相赠:"高洲大八氏と共ニ江票翰林ヲ訪
ふ,古銅鏡及周陶片ヲ惠マル,鏡ハ漢鏡,陶片ハ周ノ彝器……"①其
热情程度可谓超出常理。

二、考差和出使举荐的挫折

　　江标出国考察和回国后与使馆诸人的热络交谊,主要是为了开
眼看世界,实现折冲樽俎的济世梦想,另一方面,成为使臣也事关生
计出路。

　　江标本身对举业文字一直兴致不高,即使中进士、得庶吉士,内
心感觉也主要是慰藉母亲:"科名本不足重,然或以此报吾母苦节三
十年,母在南中得此信,或一解颜也。"②光绪十六年春的散馆试,好
友费念慈高居一等第二,而江标则为李鸿藻所抑,列二等第二十一,
他本以为将无缘翰林院:"今将改官作部曹矣,于自问则已不为无益,
然堂上亲戚师友之期望固不在此也,殊以自愧。"③在乎的仍然是亲友
的期待,而非功名本身。进入翰林院后,其主要精力在考据研习和著
述以及友朋往来上,考差前大多临时练习,故光绪十七年至十九年间

---

　　①　《支那旅行日志》明治二十六年(1893)八月十九日,《冈仓天心全集》,
东京平凡社,1979年,第5册,第26页。
　　②　《江标日记》(上),光绪十五年五月十二日,第370页。
　　③　同上书,光绪十六年四月十八日、十九日、二十六日,第399—400页。

的每次考差均不顺利。但居于京师的日常生活与人情往来历来都是巨大的经济压力，他居京期间生育多个子女，"不善治生，起居服御如豪贵家"，又不能通过各类考差获得较多收入，结果入不敷出，"所得古器及宋元精椠名画辄以易米"①，债台高筑。其日记中既有"衣食累人，亦名利苦人也"的烦闷，也有出门躲债、闭门垂泪的无奈和苦涩。

其实从日本回国后的光绪十七年四月，黎庶昌就力劝其出洋，且致信正在欧洲的出使英法义比等国大臣薛福成，希望薛氏能"援汪芝房前辈之例"奏调江标为二等参赞。所谓汪芝房例，是指与江标同为苏州元和人的翰林院编修汪凤藻于光绪十三年成为出使俄德等国大臣洪钧的参赞②。但黎庶昌致薛福成之札长期没有回音。十七年十一月，在得知薛氏先行奏调的王咏霓③不愿意西行之后，江标立刻给时任礼部右侍郎、顺天学政李文田写信，希望李文田能致信薛福成再作推荐④，同样未见下文。这一年江标与日本驻华使馆诸人往来颇

---

① 叶昌炽《江标建椒事实》，《江标集》附录二，第 479 页。江标致李盛铎信札中也显示他在京购有车马，有"此席大约冠带，故不能徒步而来也"之语，可见其车马出行之举应与当时风气有关，《江标集》，第 98 页。

② 《字林沪报》光绪十三年六月廿二（1887 年 8 月 11 日）第 2—3 版《续调随员》、九月十三日（1887 年 10 月 29 日）第 4 版《钦差出使德意志等国随员衔名单》。洪钧曾致函李鸿章，祈其保荐汪凤藻为"英美大邦之公使"，事当在此之后。见《艺风堂友朋书札·缪祐孙（七）》，上海人民出版社，2018 年，第 304 页。汪凤藻是上海广方言馆的早期毕业生，同治间被选送京师同文馆，后任副教习、出使日本大臣、上海南洋公学校长。

③ 王咏霓（1839—1916），字子裳，号六潭，浙江黄岩人。光绪六年进士。光绪十年，刑部学习主事，被驻法德奥荷四国公使许景澄奏调为随员，十九年以候补知府奉安徽巡抚委托办理洋务局。后署凤阳知府。见《申报》光绪十年五月二十日（1884 年 6 月 13 日）第 2 版《电调随员》、十九年四月十九日（1893 年 6 月 1 日）第 10 版《皖省官报》。著《书序答问》《函雅堂集》《道西斋日记》《道西斋尺牍》等。

④ 《江标日记》（下），光绪十七年十一月十五日，第 453—454 页。

多(参见前列日记引文),《咸同以来中俄交涉记》也在此年开始翻译,可惜努力未见回报。

至光绪十九年四月,江标家计尤为支绌:"日来景况日窘,万不能敷衍时日矣,如再不得差,势将穷饿,奈何!"[1]当时驻日本使馆随员的月薪是白银 60—80 两,参赞官月薪在 200 两左右[2],驻欧使员当更高,在外还可以免于京师的各类随礼和敬赞。对比之下,江标考差无望的现实打击可想而知。而当年下半年,多位亲密友朋都得到了出使东西洋的机会:

> 是日,为曾敬诒(广铨)、王杉菉(树善)、王振夫、胜之、袁渭渔(宝璜)、李少薇,皆出使东西洋者,余则静皆、熙吉甫二人。[3]

曾广铨(1871—1940),曾纪泽嗣子,七岁至十三岁随曾纪泽在欧洲生活,通英、法、德语。光绪十九年十月,出使英法义比等国大臣龚照瑗延请时任兵部员外郎的曾广铨为同文馆翻译考试阅卷,同时奏调曾广铨为出使参赞,时任刑部主事王树善则被龚照瑗奏调为随员[4]。王同愈(1856—1941),号胜之,乃江标同乡、进士同年及密友,光绪十九年冬被第六届出使日本大臣汪凤藻奏调为驻日使馆参赞,袁宝璜、李嘉德[5]则被汪凤藻奏调为随员[6]。同批赴日的江标好友还有随员

---

① 《江标日记》(下),光绪十九年四月十六日,第 533—534 页。

② 王宝平《清末驻日外交使节名录》,《中日关系史论考》,中华书局,2001 年,第 248 页。

③ 《江标日记》(下),光绪十九年十月二十一日,第 547—548 页。

④ 《申报》光绪十九年十二月二十四日(1894 年 1 月 30 日)第 1—2 版《星轺续纪》。王树善后续出使经历丰富,见中国第一历史档案馆编《清代官员履历档案全编》,华东师范大学出版社,1997 年,第 7 册,第 274 页。

⑤ 字少薇,同治间苏州知府李铭皖之子,时任国子监祭酒陆润庠之婿。

⑥ 《申报》光绪十九年十一月初五日(1893 年 12 月 12 日)第 1 版《金轺随笔》。

查燕绪、神户兼大阪正理事官郑孝胥。江标在为友人欣慰的同时,想必亦有时运不济之感。

直至光绪二十年二月,薛福成在料理完中英滇缅界务和商务谈判、出使大臣任期临近尾声之际,终于向清廷进呈奏折,保举光绪十五年己丑科的三位进士曾广钧(1866—1929)、江标、王同愈为出使之材:

> 查翰林院编修曾广钧,系曾国藩之孙,曾纪泽之胞侄,才华卓越,博览多识,经世筹略,尤所饫闻,方其年未弱,前大学士左宗棠与谈洋务,竦然惊异,推奖甚至。翰林院编修江标,研究群书,好学不倦,留心时事,志趣卓然。翰林院编修王同愈,谙晓舆图,兼涉西学,周历边塞,能耐劳苦。以上三员,年力均富,傥蒙敕下总理衙门存记,酌备出使之选,该员知有以自效,当奋宽闲之岁月,研远大之经纶。[①]

江标于当年四月下旬获知此事,正值保和殿考差之后,他对此感慨无尽:

> 自念讲求外务已十有余年,近来泛滥人海,反于此道相隔。今忽膺荐牍,颇深惭感,惭其于此道究竟未能通达,而感叔耘年伯不藉一语之求,竟许其重任。将来即未必奉使,而有此一荐,亦足以慰我生平素愿矣。[②]

<hr />

① 薛福成《庸盦海外文编》卷二《保荐使才疏(甲午)》,《清代诗文集汇编》,第738册,第315—316页。原朱批奏折藏中国第一历史档案馆,档号04-01-12-0562-064,光绪二十年二月三十日。

② 《江标日记》(下),光绪二十年四月廿二日,第563页。

薛折迟至四月三十日才上递①,最终亦无下文。江标不仅未能出使外洋,甲午战争爆发后,其与使馆日人的交往和薛福成保荐的声名还成为"人言交谪,谗口继起"的话柄②,可谓始料未及。

从黎庶昌的劝勉和帮助来看,江标个人素养和知识积累是足以胜任参赞的,但当时随使人员并不由公开考试决定③,而是依赖奏调制度。与总理衙门考选汉章京须"择拔贡、举人、进士出身之郎中、员外郎、主事、内阁侍读、中书充补"④不同,当时驻外公使奏调参赞和随员是可以从翰林中择人的,例如龚照瑗奏调王同愈为参赞时,报纸就提到"已由总理衙门行文翰林院"。但"略仿汉制得自辟僚属之意"的奏调制度仰仗公使本身的眼光和复杂的人际关系,"这种参酌中国传统的领事选任制度,导致包括领事在内的所有使馆领署随员皆相当于钦使的私人幕僚,领事与公使的关系同国内幕主、宾僚如出一辙,实则幕府的海外翻版"⑤。江标向李文田致信求助也正是因为这一点。

光绪十四年冬,出使俄德奥荷国大臣洪钧因为洋务日亟、人才宜储,奏请"由翰林院掌院学士就新科馆选庶吉士择派出洋充使馆二三等参赞官,三年期满,由使臣保奏授职",讨论结果仍然是不能违反奏调之例:"庶吉士果有熟谙洋务堪备出洋之选者,应准出使大臣奏调,

---

① 《江标日记》(下),光绪二十年四月卅日,第564页。

② 同上书,光绪二十年七月十二日,第569页。

③ 早在同治末年,李鸿章即主张设立专科考试拔取人才,遭到礼亲王世铎等人反对,因而未能被总理衙门采纳。详参川岛真《中国近代外交的形成》,北京大学出版社,2012年,第113—114页。

④ 《总理衙门未尽事宜拟章程十条呈览折》(咸丰十年十二月二十四日),贾桢等纂《筹办夷务始末》(咸丰朝),中华书局1979年,第8册,第2715—2719页。

⑤ 马一《简论晚清驻外领事的选任》,《贵州师范学院学报》2015年第5期,第23页。

惟保免散馆。未便更改旧章,应毋庸议。"①此处"旧章"应即《奏定出使章程》。然而保奖优厚的出洋差使,"并无身份及外语能力的要求,因此成为公使及高级官员安插亲友、部属的机会,参赞成为谋求官场机会的奔竞之途"②,能员反而常被排斥在外。

至清末施行新政,京师新设的外务部、学部、商部、民部等衙门更是"撇开职司铨选的吏部,从不同渠道、不同地域频繁奏调官员与留学生","途径各异、标准不一的取才选官导致鱼龙混杂及冗员、冗费,且未能有效地解决人才匮乏的急需"③,这也成为引入西方文官考试制度的现实推动力。结合此种宏观大势观之,江标有出使之材而无出使机会,并不是单纯的人生际遇问题,而是缘于清廷外交体制的不畅④,更是晚清中央政府机构专业人才培养和选拔体制的转型迟缓不灵的反映。

最终江标所能倚赖的仍是传统的国内考差。光绪二十年三月十八日,上谕内阁:"考试詹翰,自光绪元年后久未举行,著于本月二十六日在保和殿考试。"(《光绪朝上谕档》)事发突然,大多数人都略无准备。翁同龢覆勘试卷时,欲将江标答卷从三等拔置前列,但被军机大臣张之万阻止⑤。此次大考詹翰,文廷式、秦绶章、陆宝忠、戴鸿慈、陈兆文、王懿荣六人为一等,江标与叶昌炽、费念慈、沈曾桐、徐仁

---

① 《清实录》,光绪十四年十一月,中华书局,1987年,第55册,第504—505页。

② 李文杰《晚清驻外参赞研究》,《历史档案》2015年第1期,第91页。

③ 关晓红《清季引入近代文官考试的酝酿与尝试》,《近代史研究》2015年第6期,第42页。关于民国外务部与晚清总理衙门在人事选拔制度上的延续和变革,详参文杰《继承与开新之间——清末民初外务(交)部的人事嬗替与结构变迁》,《社会科学》2014年第6期。

④ 马一《晚清驻外公使群体研究》,广西师范大学出版社,2019年,第228—231页。

⑤ 《江标日记》(下),光绪二十年三月廿七日,第563页。

铸、缪荃孙等师友位列三等①,其中徐仁铸、缪荃孙等九名排在三等末位者被罚俸两年②,幸而江标排在三等第十七名,免于罚俸将导致的雪上加霜。

二十年四月中旬,复逢每年一度的部院考差。考试四书题《论笃是与君子者乎》,经题《南山有台北山有莱》,诗题《槐阴清润麦风凉得清字五言八韵》,均无甚新意,亦不关世事。江氏对答卷亦不自信,乃求诸骨牌占卜:"似时运未必大通,恐仅得房差,然则窘甚矣。"③八月初一是学差揭晓日,以为彻底无望的江标声泪俱下地向时任工部左侍郎、总理衙门行走④的师长汪鸣銮写信求援,忽然得报奉旨简放湖南学政。自此,江标告别了困窘的京师生活,而在湖南的三年勤政之后,他将再次迎来外交梦的曙光。

值得注意的是,位居本年詹翰大考三等靠后名次的庞鸿文、钱骏祥、黄卓元、刘世安、姚文倬、徐继孺六人也与江标一同外放为学政。这显然无法用三月考试集体失利、四月考差集体进步来解释。江标日记显示,三月份的詹翰大考是因为"翰林拥挤,欲变动章程故也"⑤,而位居三等的翰林们无疑是最易陷入仕途壅滞的群体。四月考差后的学政外放通知又迟至八月,令人怀疑决策者很可能是综合了三月、四月两次考试的等次来决定学差的最终结果。

---

① 《大考等第单》,《申报》光绪二十年四月初十日(1894 年 5 月 14 日)第2版。

② 《本馆接奉电音》,《申报》光绪二十年四月初十日(1894 年 5 月 14 日)第1—2版。

③ 《江标日记》(下),光绪二十年七月廿六日,第570页。

④ 《清实录》光绪二十年七月壬寅(二十八日)条:"命兵部尚书敬信、工部左侍郎汪鸣銮在总理各国事务衙门行走。"中华书局,1987 年,第 56 册,第 426 页。

⑤ 《江标日记》(下),光绪二十年三月十八日,第562页。

第三节　对甲午战争的关注和进言

江标与日本使馆诸人的交往一方面是其追求外交官梦想的实践步骤，另一方面则超出其预想，涉入中日甲午战争的历史进程。

甲午战争清廷的惨败不仅源自政治军事上的战略和决策失败，也与情报工作上的落后粗糙直接相关。而日方早在十九世纪七十年代就开始有制度、成体系地派员深入中国社会，获取官场动向和基层民情，调查军事地理信息[①]。其中驻华使领馆即是重要据点，使领馆官员也肩负搜集情报的职责。本书前文曾列出使馆诸人与江标往来的记录，显示出中岛雄、高洲太助与江氏的融洽关系，另外还有数条日记值得注意：

> 招今立吐醉（秋潭）、中岛雄（时雨）、曾重白、杨石渔、若溪、江叔海（瀚，福建汀州人）饮于敝斋。〈光绪十七年八月二十四日〉
>
> 午赴汉辅之招，同坐中岛雄、堤虎吉、高洲赞臣，皆日本人也。张君立（权）后至。〈光绪十九年十二月十八日〉
>
> 午约吴仓硕、张吉人、高洲太助、王孝禹（瓘）、吴彦复（葆初）、江润生（云龙）、梅韵生（振瀛）饮。〈光绪二十年三月十五日〉

上述记录的中方人员包括有出洋背景者、讲求实学者以及擅长书画者，这对于日方把握清廷各类人群的政治态度显然非常有利。同时上文还显示，日方使馆人员在官方交往之外，也渗透进了曾广钧、杨楫、

---

① 　许金生《近代日本对华军事谍报体系研究：1868—1937》，复旦大学出版社，2015年，第50—60页。

王崇烈（王懿荣之子）、张权（张之洞长子）、江标、吴葆初（淮军名将吴长庆之子）等京中名士的日常生活。这种渗透甚至不必主动钻营，只需接受中方各类官员邀请即可，如王崇烈召集的宴集，又如江标发起的家中聚会。其中杨楫后来参与津芦铁路督造、兼山海关内外铁路暨北洋支应局事，正属于日本驻天津领事馆情报搜集的对象和范围。

上述引文中的堤虎吉还现身于江标另一则日记："日本人堤虎吉贻盐渍樱花一瓶，云可点茶水，入碗花即开如新，惟无色耳。"①此外他还曾为江标组织的诗画社画册题诗（见《来蝶仙堂诗画册》）。实际上，堤虎吉只是日本驻天津领事馆武官泷川具和的化名。泷川为日本海军大尉，于光绪十八年奉命至天津进行谍报活动，重点侦查北洋舰队情报，光绪二十年甲午春还前往山海关一带探察沿途地理②，但是一般著作极少提及光绪十九年他在京城的活动。

光绪二十年四月，朝鲜内乱，清廷应邀派遣海陆军赴朝平息民变；六月，日本乘机进兵汉城、仁川，无视清廷外交努力，大肆增兵朝鲜，并在朝鲜牙山洋面击沉清政府租用的运兵轮船英国高升号；七月初一日，清廷正式颁布上谕对日宣战。

江标五月日记已显示对朝鲜局势的关注，认为日兵不撤是"取琉球之故智"③。六月，他从书上得知俄国将建成西伯利亚铁路，遂一厢情愿地认为日本是欲与中国一同保护朝鲜免于俄国威胁，并"拟日高策，大致宜和不宜战"，托汪鸣銮转呈座师李鸿藻。得到李鸿藻首肯后，江氏又改写一份呈送座师翁同龢④。六月二十二日上午，江标

---

①　《江标日记》（下），光绪十九年三月十九日，第 529 页。

②　李新伟《甲午战争时期日本对华谍报活动述评》，《长江论坛》2015 年第 5 期，第 90 页。

③　《江标日记》（下），光绪二十年五月廿五日，第 565—566 页。

④　同上书，光绪二十年六月初三日、初十日、十九日、二十日，第 566—567 页。但翁同龢日记没有收阅江标首次条陈的记录。

谒见李鸿藻,李氏言已经其条陈存军机处,并嘱其"再拟一妥办之法";下午,江氏约见中岛雄,大约是问询日本方面的官方态度,但发现"此人至正经事语语脱卸,其滑可知";当晚,江氏拟出第二本条陈,内容是"一以陆路进兵,一速遣专使",说明态度又转为同时准备战争与讲和。二十四日日记言从汪鸣銮处得知两次条陈皆被李鸿藻送往军机处。二十五日,文廷式、李盛铎来家中谈论时事,言局势将有大变。二十六日,江氏约见中岛雄,"知海上已见战事,则已决裂矣"①。

七月初四日,江标作《治日议》一篇,再呈李鸿藻,这是第三次条陈。据其致李盛铎信札可知,在写此稿的前后,他再次与中岛雄和高洲太助碰面:

> 示悉,至感。今日必去。今日午后尚拟续有写稿,明日可送阅也。昨见中、高二公,人多,不能提一字,明日拟往探之,必有新说,当再奉闻。木兄同年。弟标顿首。②

上述史料显示了当时翰林院诸人对时势的反应变化和频繁交流信息的状态,值得重视。枢臣可以通过电报了解战情(参《翁同龢日记》),其他更多人只能通过邸报或口头传闻得知,江标则更主动地借助与日本使馆人员的私交来跟进战争态势。江标欲探得日方更多信息,但此前相谈甚欢的中岛雄此时"语语脱卸",高洲太助几乎隐身。其获知形势的来源尚有海外使馆人员,即当时正任驻日使馆参赞的王同愈,这一点可从江标致李盛铎札中窥知:

---

① 《江标日记》(下),第 568 页。

② 《近代史所藏清代名人稿本抄本》,大象出版社,2011 年,第 1 辑,第 140 册,第 437 页。

　　　　胜之书来,有闻所未闻者,盍来一看。木公同年。标顿首。
　　　　昨谭为快,胜信已取回呈阅,能即另录一分,将原稿付还?
　至感。因郎师索阅也。闻陈梦陶言,接电奏,知聂将身被七创而
　亡,叶帅不知下落,汉城南无华兵矣,可叹。归思浩然,秋风起
　时,鲈鱼正美也。此上木公同年。标顿首。①

　　既言"汉城南无华兵",则当值光绪二十年七月间;又言主帅叶志
超不知下落,结合《翁同龢日记》"北洋报牙山军挫,叶不知下落"
语②,知此札当作于七月初六日之后。汪鸣銮应当也是由江标闻知
王同愈来信内容,故索阅之。札中言及从时任内阁中书、总理衙门章
京陈名侃(字梦陶)③处闻知电奏内容,江标日记从未提及此人,但能
以此较为机密的信息相告,说明江标与总理衙门不少人员交往密切,
远不止于日记所载。至于提到聂将身亡,实为误传,聂士成在朝鲜陆
战中表现英勇,直至光绪二十五年(1899)才在与八国联军的战斗中
牺牲。

　　江标相与讨论战事者,一类是所谓清流一派的师长辈李鸿藻、汪
鸣銮、志锐等,另一类是平辈同道,如上文提及的文廷式、李盛铎、陈
名侃、王同愈等,特别是李盛铎。除了前述三封信札,尚有其他日记
条目,如六月十:"晨候李木斋,同至志伯愚师处,议日高事。"六月
二十一日:"得木斋书,亦言高阳师甚赞条陈。"六月二十五日:"芸阁、
木斋来,云高王已至东京,则大有变动矣。"七月十三日:"竟日与木斋

　　①　《近代史所藏清代名人稿本抄本》,第409、410页。
　　②　翁万戈编,翁以钧校订《翁同龢日记》,光绪二十年七月初六日,中西书
局,2012年,第6册,第2760页。
　　③　夏孙桐《二品衔都察院副都御史陈公墓志铭》,《碑传集三编》卷七,《清
代传记丛刊》,明文书局,1985年,第124册,第401页。

谭,颇有识见,自问少渠一岁,而远出渠下,朽木无能,可愧可恨。"①今存档案所载李盛铎仕履非常简略②,江标日记和信札则保留了较多李氏发迹前在翰林院期间的行迹,包括藏书交游和日常琐事,此处关于甲午战争间李氏踪迹的日记尤可宝贵。他在进士同年中与江标来往较密切,既互相讨论形势,又阅看江氏条陈初稿。又可见李盛铎与李鸿藻关系颇为亲近,能先于江氏了解到李鸿藻对其条陈的态度。这与该年三四月间的会试有直接关系,李鸿藻是该科正考官,李盛铎为同考官、第一房阅卷官,其间李鸿藻与李盛铎以及副考官汪鸣銮频繁共谈③。江标对李盛铎的眼界识力十分钦佩,而实际上李氏的博学多识更多服务于人事上的夤缘④,甲午下半年即经慈禧太后宠臣荣禄举荐,得充督办军机处文案⑤。

　　在条陈内容上,江标日记只言第三次条陈含四条意见,而无详文,幸而此篇尚存于世⑥,可供详考。基本立场上,他认为日方不敢久战,清廷断不可求速和,因为一旦议和,大概率会伏匿后患:"昔者金陵议款,则有津门之役;台湾议酬,则有琉球之役;经界不正,则有伊犁之役;西贡不问,则有北宁之役。力求速成,事必中变,觊觎之所以易生,肆侮之所以迭乘也。"为此其拟定四条对策:宜饬海军夺取对马岛,重扼釜山,以断其接济邮传之路;宜饬陆军直扑汉城,兼袭元

---

①　《江标日记》(下),第 567—569 页。

②　《清代官员履历档案全编》,华东师范大学出版社,1997 年,第 8 册,第757 页。

③　李宗侗、刘凤翰编《李鸿藻年谱》,中华书局,2014 年,第 526—534 页。

④　马一《晚清榜眼公使李盛铎驻外事迹述论》,《山西档案》2015 年第 2期,第 133—134 页。

⑤　翁万戈编、翁以钧校订《翁同龢日记》,光绪二十年十一月十五日,中西书局,2012 年,第 6 册,第 2804 页。

⑥　见于中国社会科学院近代史研究所图书馆藏李鸿藻档案,档号 JDS-JB-0070-010-02-03。

山，分截南来军马大道，以蹙其势；不必藉泰西各国兵力以求速胜；不可徇泰西各国之请，辄与议和。

具体而言，军事部署上，他认为对马岛在日本肥前国之南、壹岐岛之前，离釜山仅六十八英里，日方军马、粮饷、兵火、邮书至高丽者皆出此道，清军应当趁其不备，直抵对马岛北侧的严原港，毁掉该处的日方邮传电信设施，阻绝援兵，在此基础上清军方能海陆两路合攻釜山；同时另派两军，西攻汉城，东袭元山，并在东三省练军为后应，以防日军北窜。外交方面，他强调需要依靠本国实力，不可寄望外援："中与泰西仅为通商之国，倭与泰西均非仇敌之邦，既不能助倭以欺中，亦未必助中以敌倭。"并以太平天国之乱为例——"咸丰十年粤匪之乱，俄人请助剿代运，时统兵大臣曾国藩、袁甲三、薛焕、王有龄等力止不可，事寝而乱亦旋平"，这是针对当时传闻的沙俄欲出兵对日作战而言；同时也不能听从欧美列强的议和怂恿，"一恐久战则关碍各口商务，一或受倭人之私求，阳为调停之使，阴有狐兔之悲"，应吸取中法战争的前车之鉴①。

与甲午战争期间常见的攻击日本本土、围魏救赵之论②相比，江标着眼于对马岛的拒止对策已属理性。比如当年冬，其好友前驻日使馆参赞陈明远也奏进了条陈（由左都御史裕德代奏）。该条陈指出："数月以来未克奏功，盖由倭自马关至釜山、仁川两路轮船络绎添兵添饷，我北洋海军未能南去截其来路之所致也。"希望清廷能充分利用此前王肇铉进呈的《日本环海险要图志》，调兵进攻日本本土，另派舰队游弋对马岛洋面，截断其后援。更指望"在英德各国选招洋将，设法添船，洋员性质朴诚，能效死力"。又"愿皇上弗从他国使臣之调停、

---

① 《甲午治日议》，《江标集》，第1—3页。

② 详见《清光绪朝中日交涉史料》，文海出版社，1970年。这种攻打日本本土的策略早在日本侵台期间已经出现，详参叶伟敏《晚清官员的"攻日"对策》，《史林》2010年第2期。

遽与倭和"①。在十一月的战争态势下,陈明远进兵之策显然不切实际,但强调在对马岛上的战略主动权的想法与江标也是一致的。

江标获学政任命后,与钱应溥②、庞鸿文③一起于光绪二十年八月十一日同得光绪帝召见,其日记详细记载了此次召对。其间光绪主动询问其对时局的看法:

> "日来海面上不甚平静,外间谣言若何?""初尚有所闻,自屡降谕旨,人心渐定,近已寂然。"
>
> "日本太无理。""其国甚小,兵力亦甚弱,似尚易制。"
>
> "海军太无用。""中国海军本来创始仅十余年,陆军则较各国为胜,因其能耐劳苦。"
>
> "进兵太缓,海军提督太难。""大约胆小无识见。臣前曾坐过定远兵轮至台湾,以大风转至澎湖,可见毫无把握。实则日本兵轮仅三十只,其大者仅同经远、来远大,不如定远、致远之坚实。"

---

① 戚其章主编《中国近代史资料丛刊续编·中日战争》,第 1 册,中华书局,1996 年,第 689—690 页。

② 钱应溥(1824—1902),字子密,别字葆慎,号闲静老人,浙江嘉兴人,钱泰吉次子,钱骏祥之父。道光二十九年(1849)以拔贡入国子监。咸丰十年至十一年充军机章京。同治间入曾国藩幕府,参赞戎机。官至工部尚书,光绪二十四年因病乞假。参见《清史列传》卷六十一本传,《清代传记丛刊》,第 103 册,第 467—469 页;朱福诜《馆总裁嘉兴钱公墓志铭》,《碑传集补》卷四,《清代传记丛刊》,第 120 册,第 283—288 页。

③ 庞鸿文(1845—1909),字伯䌹,号䌹堂,江苏常熟人,庞钟璐长子,庞鸿书之兄。同治九年(1870)举人,光绪二年(1876)进士。光绪八年、十一年、十四年、十六年分别任广西乡试副考官、顺天乡试同考官、云南乡试正考官、会试同考官。光绪十五年至十八年教习庶吉士。光绪十七年国史馆纂修,十九年署文渊阁校理,二十年出任湖北学政,二十四年补国子监司业、太常寺卿,二十五年授通政司副使。参见《申报》以及《清代官员履历档案全编》,第 5 册,第 731 页。

　　"朝鲜近亦依附日本,其情可恶。""彼国分两党,一从日本,一遵中国教化,朝鲜贫弱,国王又无识见,不能振作。现在诸军皆在平壤,实则釜山口与对马岛甚近,与长崎亦近,所有军火粮饷皆从此处调济,能设法截断并速了结此事方好。"

　　"中国办理各事迟缓,不肯用心。""即如海军一事,西洋各国及日本刊刻舆图极精,中国海军并未讲求此事。"

　　"中国各事皆敷玩。你当常看他们的书?""曾经考究,大约中国书重考古,西国书重考今,截然不同。"①

此时的江标认为日本兵力甚弱,依据是其舰船仅三十艘,其主力舰规制亦不及北洋水师诸舰,且清国陆军实力居各国之上,因而宽慰光绪帝不难制服日军。光绪帝不满于海军战力和进兵速度,江标则根据自身乘坐定远舰的经历表示,海上气象条件不定,非人力可完全把握。这次乘坐经历发生于光绪十五年(1889)十二月。当时进士登第后南下报喜的江标在上海得见丁汝昌,相谈甚欢,遂与之同坐定远舰赴台湾游历,但被巨大风浪吹至澎湖,只得在澎湖停留数日后继续南下前往香港。在澎湖岛上,江标参观了炮台和镇台官署,结识相关官员,包括自基隆而来的靖远、镇海、致远三舰上的林泰曾(1851—1894,林则徐从孙)、邱宝仁、叶祖珪(1852—1905)、邓世昌(1849—1894),以及定远舰总管轮机事的余贞顺等人②。日记中只对丁汝昌有印象评论——"阅历既深,见闻多不作门面语",但在致叶昌炽札中则提及此行感到"海军之无用"③,盖指业务水平和军纪。至甲午召

---

　　①　《江标日记》(下),第571—572页。

　　②　《江标日记》(上),光绪十五年十二月初五日至二十二日,第389—390页。

　　③　《江标集·致叶昌炽(六十)》,凤凰出版社,2018年,第62页。惜详言海军无用之札今已散佚。

对，言"中国海军本来创始仅十余年"，而没有直言海军之不济，但向皇帝提示了技术细节——水师不讲求精细舆图，应向西洋列强和日本学习。同时乘机进言，当下应从平壤驻军中分调部分攻取对马岛，截断日本的军火粮饷运输，以从速了解战事，这正是江标第三次条陈的主要内容之一。

然而，战争的实际走向与其条陈中"中国兵力足以胜倭，中国人心更足以胜倭"的预期完全不符。八月，平壤清朝守军损失惨重，退至鸭绿江以西。李鸿章欲重兵镇守旅顺以做准备，而清廷强令其将守卫重点放在九连城，为后续丢失旅顺、金州埋下伏笔。黄海海战中，北洋水师死伤千余人，经远、致远两艘巡洋舰沉没。十月，日军全面侵入辽东，攻陷旅顺后大肆屠杀军民约两万人。十二月至次年正月，日军从山东荣成登陆，攻占威海卫港，苦心经营十几年的北洋舰队覆灭。与江标在澎湖有一面之缘的邓世昌后来在甲午八月的黄海海战中壮烈捐躯，林泰曾则于甲午十月引咎自杀。

江标主动攻击对马之策并不是少数人的想法，早在北洋水师筹划之初，薛福成就提出将战场推至日本的策略："若东人不靖，应将蚊船各守其口，由三军抽简精锐，分道趋长崎、横滨、神户三口，彼当自救之不暇，安敢来扰？此以攻为守之妙术也。"①但在官兵训练水平、临场战术、国内政治环境等多方面的差距下，各类条陈之策终究无法挽回失败的命运。

就在江标南下赴任湖南学政的途中，监察官员余联沅②上奏攻

---

①　薛福成《庸盦海外文编》卷一《酌议北洋海防水师章程（辛巳）》，《清代诗文集汇编》第 738 册，第 183 页。

②　余联沅早年以弹劾李鸿章而著名。光绪二十一年外任福建盐法道，二十四年署福建按察使，二十五年署布政使，以办理洋务出力而赏二品顶戴。二十五年五月，调任江苏苏松太兵备道，不久将二子送往日本留学。详参戴海斌《余联沅：从"铁面御史"到"洋务干员"——上海道研究的一个个案》，《晚清人物丛考二编》，生活·读书·新知三联书店，2018 年，第 510—543 页。

击其为倭奸。称其效媚洋人是缘于长兄江衡,衡"曾充上海洋学生,人共目为鬼奴"。江标赴日考察的经历也被扭曲为"私至日本张罗,挟重赏而归"。其回国后与日本大使大鸟圭介的交往则被描述为"每接见辄引入内室,屏人密语",又常通消息,容留倭人住其私宅,"终日抄录中华掌故,其人去不久而倭衅起矣"。"维时通国未闻警报,江标早已得信,逢人称说,若或预知。故人言藉藉,至有元和三汉奸之目",因此请旨派员密查严办①。其奏折通篇捕风捉影,大鸟圭介之名都被写成大鸟介圭,至于说某倭人"去不久而倭衅起矣",更属暗昧之甚。但余氏吏科掌印给事中的要职令其言论不可轻视,幸而江标连上条陈,军机处诸要员均知其实情,赴任学政前的御前对话也表明了立场,最终没有受到余联沅指控的影响。

---

① 《吏科掌印给事中余联沅奏为臣闻湖南学政江标行同鬼蜮请旨派员密查严办事》,光绪二十年九月二十五日,中国第一历史档案馆藏,档号 03 - 6030 - 002。

第三章　日记和信札等所见湖南学政任上的改革和刻书(1894—1897)

第一节　考试改革及其路径脉络

一、湖南观风考试与乾嘉以来的纂述励学法

到湖南履任之初,江标延续清代学政的惯例,先举行观风试。所谓观风试,是始于明代万历年间的一种考察举业的非强制型官办考试,当时由巡按主导。至清代成为上自督抚学政、下至知府知县普遍从事的例事,如乾隆朝名臣沈德潜参加过巡抚、河督、布政使的观风试,晚清学者管庭芬在嘉庆间参加过海宁知州、杭嘉湖兵备道、杭州府东塘海防同知等官的多次观风试①。清代学政观风因为与岁科考试相联系,影响最大,优秀观风卷还可刊入学政试牍,同治末年湖北学政张之洞《江汉炳灵集》的第五集、光绪前期山东学政陆润庠《山左校士录》的第一卷都是专门的观风卷。光绪年间张预、江标先后督学湖南,发布观风题后,当地学者皮锡瑞为使其子给学政留下印象,亲自为其子代作数题②。

---

① 沈德潜《沈归愚自订年谱》,《北京图书馆藏珍本年谱丛刊》,北京图书馆出版社,1999年,第91册,第140页。张廷银整理《管庭芬日记》,中华书局,2013年,第1册,第13—14、17、33页。

② 吴仰湘整理《皮锡瑞日记》,中华书局,2020年,第1册,第2—3、257页。

　　江标观风题共有二十六道,除了《述而不作信而好古》《探赜索隐钩深致远》《广柬广微读书赋》《镜赋》《论帖绝句》《论画绝句》《便邮政议》《论勘界事宜》《宋元刻书官私板本考》《今日之战用炮用枪孰为优劣论》等题外,都与长篇纂述有关,正如观风题前引言所自道:"今使者所举诸题,欲集通省好学之士,而扩使者纂述之旧志。"纂述类具体题目如下:

　　《续经义考》(此自秀水朱氏原书,后有大兴翁氏之《补正》、嘉定钱氏之《补考》及《续考》。然钱氏书至今未刻,即有存稿,数十年来亦可续补。兹仿朱氏原书例,分经续纂,凡一人专治一经者,即作完卷论,兼治者更善)。

　　《九经古义补》(惠氏原书以训诂解经,为乾嘉以来学派之祖。近日古书(如慧琳《一切经音义》等所引古逸书)古字(如古金彝器文字)日出,新义益明。兹当搜采旧文,互相参证,勿穿凿附会,勿袭旧说旧解,贵精不贵多,仍踵惠氏例可也。惠氏书无《孟子》《孝经》《尔雅》,或专补此三经亦可)。

　　《续小学考》(南康谢氏原书搜采极博,实为小学之通牖。然百年以来,专家辈出,撰述日富,辑录古小学书多乾嘉诸老所未见,亟当依谢氏书例,为之续考)。

　　《读廿四史表志札记》(诸史精例,具详表志,学者读书有得,必多确说。兹拟汇集各家,以成通释,专习一史或专习一表一志亦可。成卷惟约,不剿习旧说,不附评论,不袭明人批尾习气,考证、校勘、补遗、订讹,循此四类以求,可矣)。

　　《沅湘理学渊源录》(沅湘理学,醇儒代出,授受渊源,至今未绝。使者奉命后,蒙恩召对,皇上犹询湖南尚有讲理学人否,可见儒林宗派,上系宸怀。然身体力行,不涉迂腐,此为真理学。今拟仿安溪李氏《闽中理学渊源考》之例,博采师承,条析支流,分撰小传,各注其所据之书,并附其论学之语,以为传记之实)。

　　拟重订补《海国图志》释例(邵阳魏氏此书厥功甚巨,后有议之者,不知其创之难也。兹拟循其旧例,逐门订补,图表二门尤当精确。此学湘中师承有素,必有奇才以成大著,如拟《释例》后再能订补成书者,尤深殷盼也)。

　　拟刻《子学丛书》,先定条例,并举目录(此非重刻古子书也,拟专刻国朝诸家补遗、订误、集证、校勘诸子各书。意在搜遗,不求习见,生存人稿本确有成书者,亦当列于目中,详其提要,以备采访,或录副送署备刊)。

　　拟辑《行人录》(刘子政《说苑》有《奉使》篇,今欲于《史》《汉》《通鉴》中采录奉使专对不辱之才,如苏武、郑众之使匈奴,班超之使鄯善、于阗,燕梁琛之使苻秦,魏李顺、于什门之使凉燕,后唐姚坤之使契丹,富弼之力争献纳,洪皓、张邵、朱弁三人之不辱命。自汉而唐而宋元明,至国朝同治、光绪以来关涉洋务之书,无不广辑,拟次为《行人录》,亦当世之要务也)。

　　《吴荷屋中丞筠清馆金文释谊补正》(此书足为《积古斋款识》之后一劲敌,然向闻此书释谊皆出仁和龚氏。百年以来,金器日出,大篆古籀,人尽能读,书中颇有误释及遗漏之处,世有薛尚功其人,必能举经史小学诸书为之订补焉)。

　　《古今算学解诂》(《周髀》《九章》为算学最古之书,音义撰于李籍,厥后畴人辈出,名目日增,若无释解以明之,几不知作何语,此算书之所以难读也。程汝思《算法统宗》首列乘除用字释义,最便初学,试仿其例,取古今算学书中名目,分字编韵,以小学家训诂之法解之)。

　　《对数通释》(真数对数相求,旧用连比例,屡求中率,或真数递次开方,假数递次折半,立术繁重,取径艰深。道咸之间,乌程徐氏、钱塘戴氏、金山顾氏、南海邹氏、海宁李氏,及近译诸西书,各创新术,日趋简易。然以代数解之,术虽不一,理实相通,盍胪举诸家之术,列式演草,以明其理之所以同与术之所以异)。

《骈体通议》(仿会稽章氏《校雠通义》例,分类凡几,折衷诸家,究其原委,作《骈体通义》若干篇,惟行文宜以骈体,略与章氏原书不同)。

《湖南金石诗》(灵石杨氏连筠簃所刻江宁严氏《湖北金石诗》,意在考据,兹仿其例,尤重在搜遗,补著录所未及。诸士子能举本邑所存,上自三代彝器,下及宋元碑刻,各成一诗。详细注款识文字,纪年月日,撰书人姓名,并收藏存佚,附以考证,亦金石家不废之学也。能兼及通省通府者更善)。

《弭会匪策》(曾文正公论会匪,谓不必问其会不会,且先问其匪不匪。至哉斯言,亦仁者之言也。是弭会匪之法,宜先从有无为匪实迹上分别,再定弭之之策。湘人见闻较确,果能从文正之说入手否,其条举要策以对)。[①]

这些题目与一般观风考试的四书文、五经文和诗赋大异其趣,其宗旨明显是希望考生继承乾嘉考据学经典著作的学术范式,精研经史小学和金石,同时关注现实社会的会党和外交问题,在算学、外交上沟通中西。其题前引言也直言是对阮元、毕沅修书的效法:"昔阮文达公在浙江、江西,毕秋帆尚书在陕甘,皆合众力,成书多且速,使者虽不敢仰希前哲,然沅湘学者未必无臧拜经、孙渊如、洪北江、江郑堂其人。"可是阮元、毕沅组织的幕僚、书院生员修书与生员自撰并非一事,江氏类比并不贴切。且这些题目的难度颇大,既需大量参考书籍,又远非其告示所定两个月期限可以竣事。故湖南学者皮锡瑞在日记里批评道:"见江学使所刊题目,多大著作,不过欲见己之学问而已,未足以取经学、词章之士也。"[②]

---

① 《江标集·湖南学政观风题》,凤凰出版社,2018年,第32—35页。

② 吴仰湘整理《皮锡瑞日记》,光绪二十年十二月十一日,中华书局,2020年,第1册,第256页。

　　那么江标为何要以此种大型题目来向全省考生宣示学风导向？这一方面是远绍乾嘉盛举，典型是阮元组织人力纂辑的《经籍籑诂》《十三经注疏校勘记》《两浙金石志》《两浙輶轩录》等书、毕沅组织编撰的《续资治通鉴》以及金石方志诸书，另一方面其实是继承了当年江苏学政王先谦的做法。

　　王先谦在莅任之初颁发的观风题规模不大，但同时下发的学政条约《劝学琐言》向全省士子发布了纂述任务。《琐言》上卷首先简述了分治经籍、依州县分授卷帙、以期三年有成的劝学计划，接着按照《尔雅》《说文》《昭明文选》《水经注》以及部分正史的顺序，详列应采纳的论著、作法以及各州县的对应篇卷；下卷重点是在科举正场和经古场各诗文体裁上给出示例名家和专书，并概括其风格利弊，但在小字附注中仍散见纂辑新书的建议，可概括为：订正增辑刘宗周《人谱》以正心诚意，赓续贺长龄《皇朝经世文编》以切实用，在人地史事和引文方面增注姚鼐《古文辞类纂》以习古文，补注《文心雕龙》并附集刘勰所评诸篇章以习骈文，仿纪昀《庚辰集》之例注解近人四家赋（吴锡麒/顾元熙/陈沆/鲍源深）的合刻本以习赋体①。具体可以《说文》部分为例：

　　　　说文之学，国朝为盛，但二徐传本不同，诸家立说互异，拟合二本，萃聚众说，校正异同，推究义蕴，为《说文集释》一书。每篆文一字，一行许氏元文，大小徐本歧出者双行标注，次二徐音注（正文及音注各本有异同者，并详之。大徐以近日淮南书局重刊汲古阁本为主，以通行汲古阁五次剜改本、段氏汲古阁《说文订》及朱、孙、额诸本参校，小徐、祁本为主，以汪、马本参校），次诸家说（逐条提行，低一格，冠以书名，或二字，或三字）。
　　　　其段玉裁《说文注》、钮树玉《新附考》《续考》《段注订》、郑珍

---

①　王先谦《劝学琐言》，光绪间刻本，苏州大学图书馆藏。

《说文新附考》、徐承庆《段注匡谬》、桂馥《说文义证》、姚文田/严可均《说文校议》、姚文田《说文考异》、严可均《说文翼》、钱坫《说文斠诠》、汪宪《系传考异》(本朱文藻撰)、王筠《说文句读》《说文释例》《系传校录》(《释例》宜散入各字下,《考异》《校录》宜入校注下)、惠栋/席世昌《读说文记》、柳荣宗《说文引经考异》、程际盛《说文古语考》、陈瑑《说文引经考证》皆全钞(诸家说多复出,勿遽删)。段注为世推重,而疏舛甚多;钮、徐匡订,尚非极至;桂氏《义证》,或病其繁。不知博通字义乃能精究字原,此书甚要,不可忽视(朱骏声《说文通训定声》、薛传均《说文答问疏证》,采其精者)。此外倘得希有之本,胪举勿遗,再加补正折中,宏畅厥旨(凡纯体字篇末注云于六书为某体,兼体字注云于六书为某体兼某体)。其声读之书,别为一册。

上述向士子解释任务做法的段落比江标观风题目后的小字注解篇幅更大,几乎是手把手地引导读者在何种范围内采辑材料、以何种思路联缀材料。

只是王氏分纂任务最终未见成书。缪祐孙起初即疑此计划难成:"将令诸生分纂经史疏注(各学分派甚不均,以不知文风优劣者也),此则奢愿难偿,亦未审诸生谋食谋衣之况,百人中难得一真能著书者也。"[①]但事实上,本质原因并非分配不均和谋食先于励学,而在于另外两方面。一是《琐言》不具强制性,像考试五言八韵诗就是科举制度的必选项,当时不喜诗、不擅诗者都会因此而勉强学诗。二是分纂任务的宗旨重点并不是非成书不可。如果旨在成书,其高效之法既可仿效前人幕府修书例,组织学政幕下诸人乃至外地同道,也可依赖苏松常等府优秀生员,如科试期间仅苏州府生员经古场就有

---

① 《艺风堂友朋书札·缪祐孙(五十五)》,上海古籍出版社,2018年,上册,第360页。

368 名到场参加,被录取者 64 名①,人员不是问题。作为对比的是,王氏同时发布的《皇清经解续编》编刻计划则明确要在任内成书,故校勘多由南菁书院诸生承担。王先谦三年即高效完成全书 1430 卷的编刻,紧接着又组织书院学生编刊了《南菁书院丛书》数十种。而王先谦自身也在对《水经注》积累多年之后,于光绪十八年(1892)独立完成了《合校水经注》。

王先谦作为前国子监祭酒,对学生学力了然于胸,其主要目的是以具体经典详示门径,鼓励更多"中材以下"者登堂入室。正如《琐言》卷上结尾所明言:

> 学人每患途径暗昧,欲从末由,苟循斯道,决无歧误。如或惊为高美,病其难能,当思日知无忘,历久弗懈,积小高大,便成通儒。中材以下,皆可勉为,非必天禀异人始可从事……切望士尽治经,人皆读史,文教修举,人才振兴。

江标的动机其实也相差无几。更重要的是,江标做法并非独例。四度出任学政的瞿鸿禨在光绪十一年督学浙江时,其观风题既有常规主题,又出三道长题,"皆为文澜阁补书之事",从半年交卷的期限和沪上报纸"题长不备录"之言来看,应当也是对应着专著规模;在光绪二十三年(1897)督学江苏时,瞿氏观风题也被报纸评为"极崇宏阔大",当中《皇朝三礼经解辑要(专辑有关典章制度者,诸说异同折中一是,其训诂碎义不必录)》《〈五礼通考〉补(本曾文正公之说,补盐漕赋税诸政,其他当补者以次采编)》《算学考(仿〈经义〉〈小学考〉例)》三题有与江标《续小学考》类似者,并超越排比故训的旧法,更多在意可资实用的典章和算学,都不是短期内所能卒业。

----

① 《苏试三述》,《字林沪报》光绪十三年九月初一日(1887 年 10 月 17 日)第 4 版。

在具体题目上,江标《读廿四史表志札记》题明显是从江苏学政黄体芳光绪六年(1880)观风题《拟汇刻宋人及国朝人补历代史表志序》①脱胎而来,《续经义考》《九经古义补》《续小学考》诸题又与王先谦《劝学琐言》中《尔雅》《说文》等分纂任务由小学入经学的宗旨一脉相承。而瞿鸿禨在江苏学政任上拟于江阴设新学堂时,计划延聘江标②,结合前述瞿氏《算学考》等题名目,有理由相信籍隶长沙的瞿氏在命题时很可能受到江标在湖南命题的影响,而江标又以阮元为效法对象,由此便浮现出一条跨越百年的影响链,显示出始于乾嘉时期的纂述励学法在光绪朝的继承和扩展。

江标观风题中的著作纂述类题目主要集中于乾嘉考据学擅长的领域,《论勘界事宜》以及拟辑《行人录》则明显与本书第二章所论江标在京期间所逢西北边界争端和出使梦想有关,《今日之战用炮用枪孰为优劣论》显然与甲午战争的实践有直接联系。这种现实性的命题体现了另一条清代文教领域的历史线索,即晚清各类官员的观风命题经世取向的增强。

道光至光绪早期,各类官员的观风考试题不时涉及本地治理问题。如道光间的程含章(1762—1832)屡任知府、布政使、巡抚等要职,每以当地弊端作为观风策问题,令考生详述③。光绪间,浙江宁绍台兵备道薛福成、宁波知府陈梅章在常规观风试中提出《浙东郡县利病说》《宁波风俗利弊说》的题目,强调"各就本郡县应兴应革之事立说"④。对有关全国的时政时务,也渐见涉及。如《轮船利弊论》

---

① 《奉行学宪观风示》,《申报》光绪六年十一月二十七日(1880 年 12 月 28 日)第 2 版。

② 《江标集》附录二《祝秉纲〈江建霞京卿事实〉》,第 484 页。

③ 程含章《月川未是稿》卷九《连州观风策问》《观风策问》,《清代诗文集汇编》第 473 册,第 617—618、620、621—622 页。

④ 《宁道观风》,《申报》光绪十年甲申十二月初二日(1885 年 1 月 17 日)第 3 版。《汇录甄别观风题》,《申报》光绪十一年三月十一日(1885 年(注转下页)

（光绪九年浙江学政祁世长）、《海防筹饷议》、《援台湾策》（光绪十年宁绍台道薛福成）、《铁路利弊论》（光绪十一年山东学政陆润庠）、《整饬外海水师议》（光绪十一年浙江学政瞿鸿礼）、《海防论》（光绪十四年台湾巡抚刘铭传）、《海国图志跋》（光绪十八年安徽学政吴鲁）等①，但甲午之前，观风题中此类数量实属零星。

　　此现象应与清代规定学校生员不许议政的规定有关。岁科考题中自然不敢直接引入现实政治经济话题，非正式的观风试中督抚学政也十分谨慎。即有抑制不住的家国忧愤，也只能在四书五经题和诗赋题中寄托于古事。学政龙湛霖光绪十五年（1889）观风江西时，有《汉颁约四条与单于赋（以收宣帝所为约束还为韵）》《拟班孟坚燕然山铭》《拟杜子美诸将七律》诸题。前两题缅怀东汉的对外武功，即宣帝时大破匈奴、呼韩邪单于归附，和帝时大将军窦宪大败匈奴北单于、刻班固所撰铭文于燕然山，而杜甫《诸将五首》旨在批评安史之乱以来诸将不能为国靖边。在汉唐旧事和光绪前期中法战争议和、中葡《北京条约》签订的现实映衬下，出题者的忧时感喟呼之欲出。特别是《拟班孟坚燕然山铭》一题，至少还在安徽学政徐郙观风试（1883）、宁波知府陈梅章观风试（1885）以及宁波辨志文会的书院月课（1880）中出现过，可谓当时社会情绪的一种普遍寄托②。

――――――――――

（续上页注）4 月 25 日）第 9 版。

　　① 《学宪观风》，《申报》光绪九年正月十九日（1883 年 2 月 26 日）第 2 版；《宁道观风》，《申报》光绪十年甲申十二月初二日（1885 年 1 月 17 日）第 3 版；《台抚观风》，《益闻录》光绪十四年（1888）第 767 期，第 237 页；《学宪观风题》，《益闻录》光绪十八年（1892）第 1156 期，第 153 页。

　　② 《学宪观风》，《益闻录》光绪九年（1883）第 225 期，第 34—35 页；《郡辨志文会五月分课题》，《申报》光绪六年五月初四日（1880 年 6 月 11 日）第 3 版。拟杜甫《诸将》的诗作也有零星出现，但大量发表于报刊是在 1908 年以后，相关统计参见苏德《近代报刊拟杜〈诸将〉刍议》，《杜甫研究学刊》2021 年第 2 期，第 80—81 页。

甲午战争之败较之此前两广、马尾诸战更加创巨痛深,士民舆论鼎沸,使得生员不得议政的祖训实质上被完全打破。以往各官观风题总计 10 道上下,而此战之后总题量动辄超过 20 道,个别更飙升至五六十道[①]。其中四书文、五经文和试帖诗的数量并没有加增,甚至还在减少,经史考据、时政、西学类的"杂作题"则占绝大多数,张亨嘉观风浙江时虽仅有 9 题,但全为经史策论,彻底舍弃四书文[②]。其他人的四书题《鲁颂曰戎狄是膺荆舒是惩》、经题《君子听鼓鼙之声则思将帅之臣》、赋题《诸葛卧龙赋》、论题《富弼如契丹请易书而行论》之类借古讽今的传统路径[③],也突破了此前仅见于试帖诗题型的局促观感。

江标观风在甲午酣战之中,但他已经敢于涉及勘界、外交使员、枪炮等多个直面战争现实的话题,与维新变法期间湖南学政徐仁铸的观风题《问近人诸家出使游历日记能胪举而评之否》《各国兵商趋重太平洋说》《兵战比如商战商战不如学战论》等[④]主题类似,但更偏重于学术和技术层面,政论意味没有维新时期浓烈。

二、经古场科目的改革及其土壤

观风题主要体现了江标个人的纂述之志,至岁试科试,其考察重点则力图避免"以一物掩天下"和"百学限一家",而是践行"试士者,

① 如光绪二十二年(1896)松江知府陈遹声、光绪二十八年富阳知县陈承澍的观风题分别有 50 道和 64 道。见《益闻录》光绪二十二年第 1575 期,第 237—238 页;《邑令观风》《续录邑令观风题》,《申报》光绪二十八年五月初二日(1902 年 6 月 7 日)第 2 版、五月初四日(6 月 9 日)第 2—3 版。

② 《张大宗师观风题》,《浙江新政交儆报》光绪二十八年(1902)壬寅春季智集,第 10 页。

③ 《[徐致祥]补行观风》,《申报》光绪二十年十一月二十日(1894 年 12 月 16 日)第 9 版;《[庞鸿文]学使观风》,《申报》光绪二十年十二月十五日(1895 年 1 月 20 日)第 2 版。

④ 《学院观风告示》,《湘报》光绪二十四年(1898)第 23 期,第 90 页。

所以尽一省之士之所长而一一试之,非以一己一人之所长而强一省之士尊而宗之也"的自我期许①。为此,他在学政有变通余地的经古场(经学古学场的简称)进行科目改革,分经学、史学、掌故、舆地、算学、词章六类试士。

此分科法仍与江氏早年经历有关。本书第一章提到,江标本身即因经古场表现而被江苏学政夏同善选拔入学,中举前又曾多次投卷应考上海求志书院和宁波辨志文会,求志书院正是分设经学、史学、算学、舆地、掌故、词章六斋课士(求志所分六斋应是直接效法了更早创建的上海龙门书院),辨志文会则分设汉学、宋学、史学(兼掌故)、算学(兼天文)、舆地、词章六斋,亦颇接近。书院以此日常课士,不考八股,是意味着重视实学,不以科举为目标;江标主持科举体系的岁科考试,正场四书文五经文不可撼动,但经古场正好可以容纳远离八股的实学科目,通过提高经古场的成绩优先级,可以使功利效果完全不同。

这种重视经古场的选材之法首先来自制度层面。乾隆元年(1736)上谕,嗣后岁科考试,考试文艺之后,学政就御纂诸经中摘取旧注异同,令生童条对,不责文采。此即经解之始,意在增强士子功底,并普及和强化御纂经疏的影响。乾隆四年,朝廷议准嗣后考选优贡和拔贡时应从御纂诸经中就先儒异同之说作经解一篇,其答卷一体解部磨勘②。乾隆十二年议准,学政发问答不失旨者,即以"经解"二字印记卷面,再结合正场答卷决定是否录取入学。十七年,江苏学政雷铉奏请定考试经解之期,礼部议覆学政在按临之前,饬提调官将正试生童卷、同愿试经解卷一并先期投纳呈送学政,经解场与正场座

---

① 《沅湘通艺录》江标序,《丛书集成初编》本,商务印书馆,1935 年,第 1 页。

② 《(嘉庆)钦定学政全书》卷二十四《取录经解》,《故宫珍本丛刊》,海南出版社,2000 年,第 406 页。

号相同①。至于经古场的具体科目,三十七年,河南学政徐光文奏陈其按试时除了正场制艺、试帖诗,"另场考试经解、论、赋、策问及性理、小学";三十八年,礼部议覆湖南学政褚廷璋条陈学政各事宜,有"经解诗古"和"经古"之语②。则此前经解场已有赋、策、问等其他内容,并习称"经古"。后来经古场亦有覆试。

　　在实践层面,乾隆至光绪的百年间已有诸多名臣案例。如乾嘉之际的朱珪(乾隆四十五年至四十八年福建学政,乾隆五十一年至五十四年浙江学政)和阮元(乾隆五十八年至六十年山东学政,乾隆六十年至嘉庆三年浙江学政)就重点利用经古场的经解和诗赋来甄别考生。阮元督学浙江时,其试牍《浙江考卷》仅收录两篇四书文、两篇赋,考证专集《浙士解经录》则单独成书,这正是向全省士子宣扬经古场的价值,推崇考据学风③。至光绪年间,此风不衰。光绪十一年湖南学政陆宝忠在赴任前,就从"一梧前辈"④处获得忠告:"做学政以提倡古学、俾士子专心读书为主。"⑤同届江苏学政王先谦更是利用经古学大力提拔才士。如上海学者于鬯(1854—1919)长于经义和小学,年过30却长期踬于岁科考场,王先谦对其所呈著作大为赞赏,遂于经古场录置前列,发案时列为第一⑥。读书于苏州义塾的贫生唐继盛

---

①　《清实录》,乾隆十七年五月癸酉条,中华书局,1987年,第14册,第425页。

②　同上书,乾隆三十七年四月条、乾隆三十八年十二月丙午条,第20册,第150、864页。

③　黄政《清代的学政试牍与科举文风》,《文学遗产》2020年第2期。

④　当即"益吾",即王先谦。王氏生年和进士科年均早于陆宝忠,可称前辈。陆氏日记后来又提到"一梧谓校经院长如不得人,或移请思贤讲舍山长为之亦可",王先谦为长沙人,故能熟悉长沙各书院情形。见《陆宝忠日记》,光绪十一年九月初四日,中华书局,2022年,第12页。

⑤　《陆宝忠日记》,光绪十一年八月二十六日,第10页。

⑥　《松试述余》,《申报》光绪十三年十月二十七日(1887年12月11日)第2版。

本系无锡县人,冒籍参加吴县岁试,后被当地绅士查出,禀明学政,照例应取消考试资格,但学政王先谦因其诗卷特出而爱重其才,取为经古场和复试第一①。江标也是因为经解、诗赋两科而被王先谦列为科试苏州府经古正取第一名②,其诗赋题答卷还被王氏编入试牍《清嘉集》。

早前学政经古场的具体类别主要是《孝经》、性理、经解、古体诗、骈体赋、史考史论等;江苏学政王先谦更兼有小学、韵学、算学、兵学等类③;广东学政汪鸣銮岁试广州府时,在小学、韵学、算学外又有舆地(生场)和海防兵学(童场)④;至科试广州府时,童生经古场门类名称多达二十种,包括《说文》、海防、矿学、天文星学、《水经注》、兵法、西汉官制、时务、《公羊》、医学、舆地、鼎彝文字、刑名律例等⑤,生员经古场则有海防、兵策、《文选》、《说文》、时务、遁甲兵机、数学、医学、金石等名目⑥。其中《说文》、鼎彝文字不入小学类,《公羊》不入经解类,《水经注》不入舆地类,西汉官制不入史学类,显然类例大乱。

以上梳理表明,江标本身是经古选拔的受益者,又在本籍江苏和游幕之所广东亲身见识过王先谦和汪鸣銮的经古命题,对此类考题

---

① 《苏试十一述》,《字林沪报》光绪十三年九月二十日(1887年11月5日)第4版。

② 《苏试四述》,《字林沪报》光绪十三年九月初一日(1887年10月17日)第4版。

③ 《苏府科试余闻》,《申报》光绪十三年九月初二日(1887年10月18日)第2版。

④ 《汪郎亭学使岁试广州府属生童经古全题》,《字林沪报》光绪十三年正月初八日(1887年1月31日)第4版。

⑤ 《广东汪学宪十五日考广府各生员经古题》,《申报》光绪十三年九月廿五日(1887年11月10日)第2版。

⑥ 《粤东科试》,《字林沪报》光绪十三年九月念三日(1887年11月8日)第4版。

的丰富性和切中时需的特质、门类不固定带来的混乱均有直接认知，这些不易兼得的经历成为江标在湖南改革经古科目的时代背景，是其改革科目时得心应手的重要凭借，也显示出沿海风气对内陆省份影响的具体过程。

具体到湖南本省，改革之前的科目和风气如何？是与江标南辕北辙还是对其改革有所辅助？实际上，从同治末年以来的湖南学政们已经为江标经古场新六科的传统学术方面培育了多年有利土壤。这些学臣分别是：同治九年(1870)至十二年的廖寿恒、同治十二年至光绪二年(1876)的顾云臣、光绪二年至五年的朱逌然、光绪五年至七年的陶方琦、光绪七年至十一年的曹鸿勋、光绪十一年至十四年的陆宝忠、光绪十四年至十七年的张亨嘉以及光绪十七年至二十年的张预。

廖寿恒(1839—1903，字仲山)在湘学术成绩无甚记载，但其督学河南(光绪五年至八年)所编的试牍自序曰："术何在？在所师。师何在？在乡先生。学者诚能以睢州之学为本，而辅以商邱之词章，广以偃师之考据，宏纲细目，胥秩然矣。"[1]意在将乡贤汤斌、宋荦、武亿作为生童榜样，其中乾隆朝学者武亿(1745—1799)擅长《三礼》和金石学。廖氏视学河南时呈现出义理、词章、考据相结合的导向，督学湖南时亦当不弃考据。

顾云臣(1830—1899，字子青)受业于嘉道间著名学者丁晏，通群经大义[2]。著有《左氏左邱氏辨》《尔雅篇数考》《吴疆域考略》《释筲》等篇。在湘倡导的文风是"勿浮悠以流，勿诘屈以涩，勿气萎而体瘵，勿语仝而词芜"[3]，并明确"以通经博古提倡湘人"，曾推荐石门朴学士子

---

① 廖寿恒《中州试牍》自序，清光绪八年(1882)刻本。

② 《顾竹侯先生行述》，《中华历史人物别传集》，线装书局，2003 年，第 82 册，第 283 页。

③ 顾云臣《抱拙斋文集》卷三《督学湖南观风示文》，《清代诗文集汇编》，第 709 册，第 472 页。

阁正衡为优贡,而大吏不与,顾氏遂专门上奏,阁氏最终得旨授训导①。其子顾震福亦幼承家学,举业之外兼治声音训诂之学。

朱逌然(1836—1882,字肯夫)"稍以汉学倡导后进,十年之间,斯风大盛"②,对仿效阮元学海堂的长沙校经堂尤其重视,影响深远。

陶方琦(1845—1884,字子缜)本身以小学闻名,著《郑易马氏学》《韩诗遗说补》《尔雅古注斠补》《尔雅汉学证义》《仓颉篇补本》《说文古读考》《埤仓辑本》《字林考逸补本》《淮南许高二注异同考》《淮南许注异同诂》《许君年表》等,其衡文校士离不开自身最擅长的领域。

曹鸿勋(1846—1910,字仲铭)同样宗尚朴学,谓:"浮华流丽淫之音,心性启空谈之渐,习而不察,害溥斯宏,自非诵经、力崇朴学,何以救之哉?"(《校经堂初集叙》)

陆宝忠(1850—1908,字伯葵)虽然导学宗旨更偏义理,谓"往者湖南考官姚惜抱先生列学为三,曰义理,曰考据,曰辞章。余则谓学者夫学义理而已,考据之博博此耳,辞章之达达此耳",又以"崇尚敦朴,循循焉于规矩无敢放言高论"为正③,但仍然重视经古场。赴任前曾向费念慈询问可请之相关幕友,费氏推荐两位通算学的苏州人,其中江见露"算学不甚深而经古颇佳,前在柳门处,今恐为凤石请去",江啸怀"算学与时文功夫皆深而经古略逊"④。其离任前所编试

---

①　段朝端《翰林顾先生传》,《清代诗文集汇编》,第 709 册,第 450 页。

②　《沅湘揽秀集》陆宝忠序,清光绪十四年刻本。

③　见《校经堂二集序》,见《校经书院志略》,岳麓书社,2012 年,第 110 页。《近代名人小传》本传对陆宝忠人品学问皆颇有微词:"然亦俗学,且自负江南富人文,对人恒訾议边方无学者。南江岳森充咸安宫教习,宝忠适为总裁,森读《书》'平章''平'为'便',《小戴记》'若夫''夫'为'孚',则斥其误,然皆浅近,少习注疏者知之。宝忠竟弗达,其腹俭可想。"见《清代传记丛刊》,第 202 册,第 458—459 页。

④　《陆宝忠日记》,光绪十一年八月二十九日,中华书局,2022 年,(注转下页)

牍《沅湘揽秀集》卷二录有四篇策问,涉及南北朝经师宗尚、地理考证、《说文》读若例;卷四全为经解卷,当中题目除《新周故宋以春秋当新王说》讲究义理,其余均为具体考证,如《虞易郑易异同考》《宋儒订正古易考》《禹贡锥指订误》《诗双声叠韵考》《春秋左氏传贾服注胜杜注说》《舍人注多异字考》《说文解字补逸》等。

张亨嘉(1847—1910,字燮钧)的试士导向一方面继续重视考据,谓"训诂明则义理出,考据审则典章存,惟名山之藏,亦经世之业"[①];另一方面加入实政内容,自谓"先之以训诂,本之以义理,广之以兵谋、舆地、农政、河渠,略仿苏湖成法,以经义、治事隐括之,而益以辞章一门,其于时文则以才学识为主,使圣人之经典、先儒之著述与前代之史熔冶于八比之文而不为绳尺束缚之陋"[②]。所谓仿苏湖成法,即北宋胡瑗(993—1059)在苏州和湖州官学所行经义、治事两斋课士法:"经义则选择其心性疏通、有器局、可任大事者,使之讲明《六经》。治事则一人各治一事,又兼摄一事,如治民以安其生,讲武以御其寇,堰水以利田,算历以明数是也。"(《宋元学案·安定学案》)庆历间该法被宋神宗推行于太学,影响广泛。清代不少书院一度以经义、治事分斋教学,将其视为对科举时文的补偏救弊之良法。

张预(1840—1910,字子虞)延续了张亨嘉的思路。强调"治事宜明大体","经济必宗乎史策缉史之效,考据不过一端,而干略乃其伟抱,地舆、天算、时务、海防,非博观乎数十百家之书、切究乎数十百年之迹、更阅乎数千百辈之人情、涉历乎数千万里之道路、洞夷险、周中

(续上页注)第 10 页。但到任后的实际幕友中没有江见露、江啸怀,见《湖南巡抚卞宝第奏为查明新任湖南学政陆宝忠阅文幕友姓名籍贯事》,光绪十二年正月二十一日,中国第一历史档案馆藏,档号 03-7189-013。

① 张亨嘉《湖南校士录》,《稀见清代四部补编》,台北经学文化事业有限公司,2019 年,第 156 册,第 5 页。

② 同上书,第 2 页。

外、达情伪、识取与,则不足以语于是"①。其试牍《湖南校士录存真》
收录经义 79 篇、治事 42 篇,与四书五经文(共 150 篇)、诗赋(共 302
篇)的篇数有差距,但篇幅上实可与后两类鼎足而立,足见其分量。
其经义题如《夜亦省声黍雨省声说》《鲁宋无风说》《补丧服义》等,兼
及小学和制度;治事题中,《堑堵测量释用》《八线对数体用解》《释重
心》《地半径差说》已与西学对接,《山陕边防重于海疆议》《外夷以许
与各处通商要求无已将何说以拒之》《魏默深筹海篇书后》《各国定约
不得侵荷兰疆域地势敌情何属试者著为论》诸题则事关中外时局。

　　由上可见,多位学臣在乾嘉考据的学风方面已铺垫多年,强调治
事的风气则是从张亨嘉开始,故江标面对的文教土壤并不贫瘠。道
光年间的湘水校经堂已经是以经义、治事、词章三科课士,江标日记
中自己所拟考题也有《胡安定立经义治事斋以敦实学赋》②,所以江
氏经古场新六科的改革实与当地教育传统有较多交集,省内士人对
新六科的改革方向并不会感到明显冲击,只是具体题目的深度和难
度上会感到与以往不可同日而语。江标日记里的书信底稿提到,他
在出京之际曾面晤张亨嘉,张氏嘱其重视长沙校经书院的藏书建
设③,则席间大概率会谈到其经义治事的考试科目。此外档案还显
示,江标到任后的阅文幕友江苏附生朱廷琛也曾是张预的学政幕
僚④。故江标的科目改革可谓对前代湖南学臣(特别是前两任)政策
的延伸。

------

①　张预《湖南校士录存真》卷十二《严禁夹带洋版刻文并分条戒勉培养真
才诰示》,《稀见清代四部补编》,第 163 册,第 1343—1344 页。

②　《江标日记》(下),第 637 页。

③　同上书,第 631 页。

④　《湖南巡抚张煦奏为查明新任湖南学政张预所延阅文幕友姓名籍贯
事》,光绪十七年十二月初十日;《护理湖南巡抚王廉奏为查明湖南学政江标所
延阅文幕友姓名籍贯循例具奏等事》,光绪二十一年二月初十日。中国第一历
史档案馆藏,档号 03 - 7198 - 001、04 - 01 - 38 - 0174 - 026。

三、经古场命题与范文的导向

六科试士如何育才选才，端赖具体考题的导向和水准。其正式考题和范文集中见于试牍《沅湘通艺录》八卷。该书卷一为经学，卷二为史学，卷三卷四为掌故，卷五为舆地，卷六为算学，卷七、卷八为词章。

其经学题延续了乾嘉朴学对训诂家法的重视，如《周易》题《郑参天象王释人事合释》《汉初摈孟喜改师法论》、《诗》题《素衣朱绣鲁诗绣字作绡以为绮属试申其义》、《周礼》题《申先郑赞牛耳谊》；其次是重视《说文》及其与经文和《尔雅》的贯通，如《说文读若释例叙》《夏书螭珠许书系于秕篆说》《尔雅兔子娩说文释文作娩说》等，即使题面未言及《说文》，考生作答时也往往要借助《说文》段注考证字义，如考生李定勋的《申毛传熠燿谊》答卷[1]；再次是重视学术史，如《国朝经师得失论》《国朝小学家平议》《问治经考订字义与引申大义孰为难易》，此类题目在往届湖南学政中训练较少，既须细读具体经传，特别是清儒注疏，又需阅览《国朝汉学师承记》《四库全书总目》或《经义考》《书目答问》等宏观梳理之作。湘潭考生杨昭楷答卷就体现了这种经典和概论相辅的学术进路，既有宏观眼光，谓"考订之学，其端有六：曰训诂，曰音韵，曰舆地，曰名物，曰典制，曰校勘"，又有具体的经典阅读心得，谓"高邮王氏本假借以通训诂，解经最为精确，可谓东树无以毁之"，"若《挐经室集》中《释门》《释心》诸篇，殊称超妙。然郝懿行承传其学，作《尔雅疏》，而双声通转失之太滥，非其流弊欤"[2]。同时，江标出题也没有局限于训诂和校勘，其《春秋》题颇重义理，《公羊传不以父命辞王父命以王父命辞父命说》《春秋黄池之会发微》《胡母生以公羊经传传授董氏广证》《春秋为尊者讳为亲者讳为贤者讳

---

① 　《沅湘通艺录》，《丛书集成初编》本，商务印书馆，1935 年，第 16 页。
② 　同上书，第 33 页。

说》数题皆与公羊大义有关。这自然基于其自身对《公羊传》的熟习，对公羊学的积累曾助其在戊子江南乡试和己丑会试中获隽（见本书第一章）。

史学题部分，其关注和引导的重心在于史籍作法。如《修邑志繁简孰长论》有关方志体例，《太史公本纪取式吕览辩》《班书艺文志郑渔仲明焦弱侯皆有訾议近人会稽章氏又驳郑焦之说得失若何》是讨论纪传体史书的本纪和志的代表性著作，《广万氏史表略例》借万斯同《历代史表》提示如何为正史补表，《书国朝先正事略后》是对史部传记类著述的举例。其次是史论练习，出题最多者为历史人物论。另外，《广顾亭林言考前代史书中国不如外国义》《诸史作外夷传语多失实略证》《孙子无约请和广证》《各国君主民主君民共主表》四题对现实的关切更为明显，其中有对传统史籍外夷记述准确性的不满，也有将《孙子兵法》与现代外交相沟通的努力，更期待考生开眼看世界、关注外国政体。

掌故题部分，他不再停留于当年上海求志书院掌故题主要关注的救荒捕蝗、弭盗募勇、养老育婴、掣签铨选等旧体制内容（参本书第一章），而是跟上了自光绪十七年以来求志书院所出《书列国岁计政要后》《别开西学科议》《设官银行造官钞票议》《拟续瀛寰志略凡例》《练内外蒙古以备俄议》《出使外国四大臣箴》《西藏立约通市议》等掌故题的脚步，并超越了求志书院至光绪甲午年尚在考察的《书章氏文史通义后》《淮军战功考》《湘军战功考》等保守话题[1]，完全聚焦于西学西制学习、中外交涉、外国社会历史等新课题。

在具体事务层面，其掌故题首要关注的是中外交涉和国际形势，如《拟游历例言》《拟设立游历公会章程》《拟开中西条例馆条例》《重译说》《释争》《论今日交涉之难》《治交涉宜讲求春秋朝聘会同之义

---

① 吴钦根编《〈申报〉所见晚清书院课题课案汇录》，凤凰出版社，2018 年，第 98—117 页。

论》《古今和战之误皆害于使臣说》《问近日俄兵入朝鲜幽国王杀大臣重改国政中日两国将来有何损益》《欧洲诸国不许俄船出黑海论》《书曾惠敏公金轺筹笔后》《书薛叔耘先生出使四国日记后》，这部分也是其本人在翰林院期间译书、追求出使等活动的精神延续。其次是国内经济建设，如《拟设赛工艺会条例》《论国债》《理财之道不重节流而重开源说》《拟自造各种机器遏洋货利权议》《中国以银钱购枪炮船只与兴铁路矿务学校耕农之事孰为有益论》《有铁路始可广言开垦说》。其中《论国债》直接指向甲午战后向西方借债偿还对日赔款的现实。

再次是对政党制度的关注，如《英人有公保二党中国将来是否有此气象说》《说党》。这两题需要与史学题《读后汉书党锢传》放在一起来观察和理解。《读后汉书党锢传》是历来科举考试和书院课士的常见题，主旨在于批判朋党。宋欧阳修《朋党论》试图以君子小人义利之辨为东汉和唐宋党人洗冤，但通篇仍落在"朋"字而尽量避言"党"字；苏轼《续欧阳子朋党论》重在用"才者不失富贵，不才者无所致憾"来化解朋党的结成，前提也是将朋党争斗视为王朝政治之患；明万历中后期内阁党争和科道官的党争、东林党与阉党的斗争均十分惨烈，被清人普遍视为明亡的直接原因，乃至文人结社亦被视为结党亡国之渐①，故清代对学校生员的行为规范《卧碑文》明确规定"生员不许纠党多人，立盟结社"。清世祖更亲自作《御制朋党论》诫勉群臣："投分相好止可施于平日，至于朝廷公事，则宜秉公持正，不可稍

---

①　朱一是《为可堂初集》卷一《谢友人招入社书》："盖野之立社，即朝之树党也，足下不睹东林之害乎？万历中一二大君子研讲道术，标立崖畔，爰别异同。其后同同相扶，异异交击，有好恶而无是非，急友朋而忘君父，事多矫激，人用偏私……道术流而意气，意气流而情面，情面流而货赂，狐城鼠社，蔓引茹连，罔上行私，万端一例。遂致事体蛊坏，国势凌夷。"清顺治间刻本，中国国家图书馆藏。

涉党援之私。"(《上谕内阁》雍正二年七月十六日谕)清代康熙朝、道光朝朝堂存在实际上的朋党,光绪间也有所谓"清流",但主流话语中朋党仍是忌讳,科举考官更不会为结党张目。所以我们看到,《沅湘通艺录》收录的考生谢序荃《读后汉书党锢传》答卷起首即言"国家之祸莫甚于朋党,洛蜀党成而宋因之弱,东林党成而明因以亡",尽管谢文重点是在表彰东汉党人的敢于任事、忠节不拔①。

　　至《说党》题,《沅湘通艺录》所收文章则引入外国政制来拓展朋党内涵。考生邹永江的《说党》答卷仍认为党争坏政,但着眼点变为"五洲各国之大局":"欲平天下各国之党,则必自立五洲之公会始,立公会必自通五洲之学术始,通学术必自齐五洲之人心始,齐人心则必自改文字以归简易、合中西以为一律,而后中西之人农工商贾妇女皆能读书,则其学一者其见同,其见同者其谋事亦同,由是中西无隔阂之心,而交涉之事皆可会通办理,无彼此互争之端,而党可息矣。"又提出中国当前欲平守旧、图新、中立三党之纷争,莫若先开议院,"设议院亦不能无弊矣,又宜先设实学堂","庶几日后选入议员之人无奸人,无迂人,无妄人矣"②。其中逻辑不免幼稚,改文字之议更可谓近代汉字改字母主张的先声,然邹永江以学堂和议会制度缓解党争的主张却把握到了近代的发展趋势。考生李固松概括出以业为党、以事为党、以国为党、以政为党的维度,取消了旧有朋党的义利对立属性,同时将各类政党总结为由英美为代表的"朝代不同之党"、法意为代表的"意见不同之党"③。考生邹代藩鉴于泰西各国求新、守旧、中立之党更仆迭起,"求新幸而终胜","如英如日,君益以安富尊荣",故强调"有天下者,诚何恶于党哉"④,即希望君主支持求新之党以保种

---

① 《沅湘通艺录》,商务印书馆,1935 年,第 77 页。
② 同上书,第 171 页。
③ 同上书,第 169—170 页。
④ 同上书,第 172 页。

保教、实现富强,对党派制度本身没有更深思考。当时即使出国使员也往往只能看到议会纷争喧哗的表象、习惯性地比附洛蜀党争①,因此能让考生重新思考和定义党字内涵,实为转变士人观念的重要步骤。

《说党》题还只是寄望考生摆脱传统朋党观的体现,《英人有公保二党中国将来是否有此气象说》题则明显给出了江标当时的政治改革理想范本。就命题者而论,他此处并没有像徐继畬一样以美国制度为范本,也没有号召学习日本政党,而是选择以英国为方向,一方面可能是因为访日期间曾了解到日本自由党(1881年成立)和立宪改进党(1882年成立)之间激烈争斗②的情况,另一方面应是受到薛福成的直接影响。这一推断的线索来自"公党""保党"的称呼。尽管光绪十三年(1887)出使英国的刘启彤在光绪十六年上海广百宋斋出版的《英政概》中已经使用了这两个词汇③,早于光绪十六年才出使英国、十七年才出版《出使英法义比四国日记》的薛福成的记载,但江标在湘所出掌故题有《书薛叔耘先生出使四国日记后》,表明他看过薛氏日记,而刘启彤之书不见于江标著述记录,所以此题最有可能的来源当是薛氏日记。该日记对欧洲议院和政党制度有简要分析④,

---

　① 汪强《形象塑造与知识生产:晚清域外日记中的英国议会(1866—1885)》,《华东政法大学学报》2019年第3期,第177页。

　② 真边将之著、袁甲幸译《明治维新和政党认识——日本近代史上政党的"部分性"和公共性·爱国主义的矛盾》,《中山大学学报》2019年第3期,第75页。

　③ 《英政概》又收入光绪二十年出版的《小方壶斋舆地丛钞补编》。对《英政概》中英国政党制度的评述参见王晓秋、杨纪国《晚清中国人走向世界的一次盛举:一八八七年海外游历使研究》,辽宁师范大学出版社,2004年,第180—194页;潘光哲《晚清士人的西学阅读史(一八八三～一八九八)》,凤凰出版社,2019年,第276页。

　④ 详参尹德翔《东海西海之间——晚清使西日记中的文化观察、认证与选择》,北京大学出版社,2009年,第200—204页。

且不止一次提到英国的两党制,其描述最能体现江标所谓"气象":

> 英国上下议院有公保两党,迭为进退,互相维制。公党者,主因时变通,裨益公务。保党者,主保守旧章,勿使损坏。两党胜负之数,视宰相为转移。保党为宰相,则保党在院皆居右,而公党皆居左;公党为宰相,则公党居右,亦如之。今之首相侯爵沙力斯伯里,实保党也。沙侯若退,则公党必有为相者。一出一入,循环无穷,而国政适以剂于平云。(光绪十六年九月初九日)

> 泰西诸大国,自俄罗斯而外,无不有议院,实沿罗马之遗制也。其所由来,数千年矣。议院者,所以通君民之情也。凡议政事,以协民心为本。大约下议院之权,与上议院相维制;上下议院之权,与君权相维制。英国有公保两党,公党退则保党之魁起为宰相,保党退则公党之魁起为宰相。两党互为进退,而国政张弛之道以成。然其人性情稍静,其议论亦较持平,所以两党攻讦倾轧之风尚不甚炽,而任事者亦稍能久于其位。法国有左右中三党,而三党之中,所分小党甚多。又有君党民党之别。其人皆负气好争,往往嚣然不靖……(光绪十八年二月十八日)①

薛氏以法国多党制的混乱作为对比,强调英国两党互为进退、和平议政的机制和风气保证了中央政权的权力平衡与合理决策。由薛氏日记还可以反观江氏该题面没有提到议院话题,但这不表示江标不支持议院制度。西方党派政治与议会制度是紧密结合的,读薛氏描述即可了然,且江氏还将好友徐建寅《德国议院章程》刻入了自己的《灵鹣阁丛书》,其日记也有赞许议院的记载:

> 凡欲知一物之精恶,必当考其源流。源流何在? 非证诸书

---

①　薛福成《出使英法义比四国日记》,岳麓书社,1985 年,第 227、515 页。

籍不可。若凭己私而定美恶者,不失诸偏,即失诸滥。此犹集议院诸人而公论之,再当自行决断,安得有不是哉!①

但他仍有对传统朋党弊政的顾虑,因而倾向于避免直接鼓吹议院制度。其日记所存公牍底稿有一条给士子的纪律——戒干预公事,湘省士人以往有借公事为名遍传揭帖、转相鼓噪的行为,他认为"事不切己,已属非分,主谋国事,尤属妄为,既非泰西议院之时,足启前代朋党之渐"②。其光绪二十一年所作《德国议院章程序》更是批评时人不知议院制度运行的复杂性、与中国时下环境的不合拍:

> 近之谈泰西之学者辄曰开议院之善,殊不知议院之设,其事之繁、例之严、法之密、语之公,非朝夕可见效者。一语必回顾,一事必详审,方苦中国凡事不能速效,抑知泰西开议院窒碍之时,更有甚于中国者?③

综合来看,他认可议院广开言路的作用,同时又认为中国目前尚未到引进施行的时机,故前述题面也是强调"将来"中国是否有此气象④。

---

① 《江标日记》(下),光绪二十二年八月初十日,第 680 页。

② 同上书,第 632 页。

③ 《江标集》,第 200 页。

④ 关于晚清士人对议会的认知历程,可参孙会文《晚清后期变法论者对西方议会政治的认识与态度(一八九〇——一九〇四)》,《台湾大学历史学系学报》第 3 期;方维规《议会、民主与共和概念在西方与中国的嬗变》,《二十一世纪》第 58 期,2000 年 4 月号;王健《西法东渐:中西法律概念对应关系早期历史的考察》,《清华法治论衡》第 2 辑,清华大学出版社,2002 年;张朋园《议会思想之进入中国》,《华东师范大学学报》(哲学社会科学版)2004 年第 6 期;闾小波《近代中国民主观念之生成与流变——一项观念史的考察》,江苏人民出版社,2011 年,第 117—127 页;秦珊《近代士绅对美国议会制度的认知》,(注转下页)

相关范文虽然也提及议院,但不是重点。考生何盛林直奔两党制实效——"其权势视宰相为消长,而一进一退,亦无畸轻畸重之虞",歆羡英国两党对利国之政的合作——"有党之名,无党之实,议一不协而宰相告退矣,事一不公而舆论沸腾矣",痛感"中国则不然……权操自上,非下所敢问也,同僚之际阳为和恭,阴为排挤,无党之名,有党之实"。他主张中国亦宜有公党和保守党,但重点是和衷共济,同时开学会之禁,令各行业皆有学会,"分而为众小党,合而为一大党,不党之党,党而不党,以培国脉,以持国运"①。考生陈为镒认为,无论保守或趋新,皆须有足够学识保障国家利益,中国当前"所谓守旧者,胥吏而已,例案而已","其所谓崇新者,亦但能条陈铁路,请购船械,讲述方言而已",多不能见诸实事,"窃恐议院一开,党人哗讼,而兵已造于城下矣,欲求如今日英国之景象,能乎",故主张"广开学会,五十年之内不事兵革,专意人才,而后付宰相以党权,付党人以议柄"②。两人认为清朝当前政治生态下无法照搬英国两党制,取得共识、以工商实政救国才是急需,而这两点都有赖于专门之学的普及、百业人才的养成,这显然符合江标的整体立场和取向。

江标掌故题的另一大特点是关注原则理念和方法论,如《学新法须有次第不可太骤说》《治新学先读古子书说》《骛新知新辨》《尊新》《尊专》《论公私》《论情法》《知创不如巧术论》《守旧不如图新论》。其中《论公私》对考生而言是观察时局和重塑认知的重要角度。以往士子更熟悉《礼记·礼运》的公天下私天下说、君子小人维度上的公义

(续上页注)《暨南学报》2017 年第 4 期;汪强《从域外新知到朝中实践——晚清议会知识史研究论纲》,《金陵法律评论》(2017 年春季卷),法律出版社,2019年;李文杰《议会与会议——晚清议院论的侧面》,《杭州师范大学学报》(社会科学版)2018 年第 5 期;汪强《形象塑造与知识生产:晚清域外日记中的英国议会(1866—1885)》,《华东政法大学学报》2019 年第 3 期。

① 《沅湘通艺录》,第 164 页。
② 同上书,第 165 页。

与私利等，江标选录文章则暗示考生宜从国内外对比中体察其指涉。唐才常答卷即聚焦欧美列强国内的公权私利的协调机制，痛感清朝"官私其权，民私其力，商私其利，士私其学，而四万万其人且四万万其心焉"，涂儒翯则以中外现实交涉为例，批判国际公法的虚伪，谓"方其弱，则公而非私，既借法以便己；强则有私无公，又借法以陵人"，即对外交涉时不应迷信所谓公法，应勇于抗争本国之私利①。又，《尊新》《尊专》是仿照龚自珍文集中的《尊史》《尊任》《尊隐》诸篇命名，继承龚氏的批判和改革之意隐寓其中，考生答卷也合此微旨。如唐才常《尊新》指出，清朝五十年来迭受外侮，病在"新其政不新其民，新其法不新其事"，"欲新民必新学，欲新学必新心"。所谓新心即融合中西之隔膜，只是化解隔膜之法又回到了"周秦诸子所言辄与彼中格致之学不谋而合"式的"吾尊新之即以复古"的旧观念。刘善涵《尊新》将五十年来改革之低效归因于"未尝力行新法"，即使时下新开之京师强学会、新议之津芦铁路亦遭多方阻碍，故须广开议院、报馆，以"新其耳目、新其灵明、充其量驯"②。陶炳麟《骛新知新辨》指出，大致同时起步的中日学馆学堂最终效果差异巨大，原因是"中国同师期法而不同其奋往，同其变通而不同其精进"，"此一则骛于新，一则知所以新之明证也"。至于《学新法须有次第不可太骤说》，唐才常提出的方法是教育与部分实业先行，京师设学部大臣统领大学，地方多建中下等格致书院，同时建设铁轨、轮船、矿务、邮政。此外商业先于农业，工政先于军政，报馆先于议院，公法先于议和议战，界务税务先于禁烟办教。刘善涵则专就湖南宜行之新法言之，包括通算学、通外国语言文字、广译西书、创立《湘报》馆诸事。《治新学先读古子书说》题其实也是对学新法次第的一种展开。此外，《尊专》题很可能还受到薛福成《治术学术在专精说》的影响。

---

① 《沅湘通艺录》，第131—133页。
② 同上书，第123—125页。

地理题部分,除《楚地今名考》《山海经为地理书说》《滦水非即濡水说》《五月渡泸今地证》等少数旧式考证,其余都直涉现实。其中《读魏默深先生海国图志》《魏氏海国图志近日应改应增条例》《各国皆辟新地中国何以不能说》《险要不足恃论》诸题意在引导士子关注世界地理和国际形势,《拟教初学者通舆地之学条例浅说》《地舆之学须通天文说》《测地球周径里数法述》《辨高深》《分寒暑》《曾子说城郭不必中规矩道路不必中准绳是否合于今日泰西新法试详证之》是从算学基础和城市规划等技术层面提示考生学习西方地理学,《拟设立测绘公会章程》又由测绘技术上升到学术组织和制度建设,《洞庭湖创设浅水商轮有益无损说》《洞庭湖淤塞于常德有何损益说》则属于经济地理。

上述测绘诸题与江标自己当年乡试答卷用地球周长来阐释"地之广"的做法(见本书第一章)、在翰林院期间师友对中外舆图的重视(如本书第二章提到的王肇铉编《日本环海险要图志》、洪钧编译《中俄交界全图》)、翻译《咸同以来中俄交涉记》时对西人地图之精密的感受相贯串,但还有一个更重要的事件背景,即光绪十五年开始的新修《会典舆图》工程。

当时会典馆要求各省一年之内解送各府县舆图及图说,但实际完成普遍延迟。广东省于光绪十八年交稿已是最早完差,光绪二十一年十一月湖南全省舆图才告完工①,江标在给友人汪康年的信札中也提及湖南舆图告成事。多数省份都申请展限,江西省于光绪十七、十八年两次奏请展期,黑龙江更是至光绪二十三年还在申请延期,二十五年才完成。延迟原因一是工程量大、条件艰苦,如湖北多湖泊,云南多烟瘴;二是测绘人才和工具的缺乏,故黑龙江将军依克唐阿等奏请"拣调内地精于测量天度及博通文艺、殚见洽闻各员北来

---

① 《湖南巡抚陈宝箴为报湖南舆图测绘告成等事奏折》,《光绪朝各省绘呈〈会典·舆图〉史料》,《历史档案》2003年第2期,第51页。

襄办"，盛京将军裕禄则咨商直隶总督李鸿章、署船政大臣闽浙总督卞宝第，调取天津水师学堂教习王庆熺、福建船厂绘事院学生陈清祥、台北西学堂学生庄公鲁来关外测绘，安徽巡抚福润向湖北省商派测天绅士借用西洋仪器。

绘图工程暴露的重要问题是缺乏测绘人才的专业化、常态化培养。即使能勉强凑齐班组的省份，也多为临时教授技术，如甘肃省是在官幕中择其姿质颖悟、于算学稍能领会者十数人，"授以测量法门，试可而用"。陕西省也是选择本地聪颖诸生及在省候补人员入馆学习，"该员等为之昕夕讲求，口授指画，娓娓不倦"。湖广总督张之洞在展限奏折中说得更详细："惟各种仪器殊鲜通晓善用之人，必须转相教授学习，通晓之后又须精练目力手力。若持器稍有动摇，目力稍有模糊，在天度如差一度，在地面即差二百里，事理精微，非仓猝所能娴熟。"[1]张之洞在上奏中还顺带提到外国情形的对照："迄今泰西各国咸以测绘舆图专属之武职各员。"这是在暗示应该加强测绘工作的专业队伍建设。其实当时天津水师学堂、天津武备学堂以及广州、威海、南京的水师学堂都有舆地和测绘课程，但是培养效果不尽如人意，也没有形成全国规模。甲午战败之后的光绪二十二年，直隶成立武备学堂，此后全国先后成立了十五所武备学堂，包括诸多内陆省份。但专门研习测绘的京师陆军测绘学堂则迟至光绪三十年(1904)建立，此后各地也纷纷效仿，以适应时代需求[2]。故前述测绘题的经世用意和切中时需的价值已不难理解。

特别是《拟设立测绘公会章程》《拟教初学者通舆地之学条例浅说》两题，一为专门者作学会，一为初学者设阶梯，尤其值得见诸施

---

[1]　以上史实据中国第一历史档案馆藏与会典舆图相关的各督抚将军奏折，见谢小华编选《光绪朝各省绘呈〈会典·舆图〉史料》，《历史档案》2003年第2期。

[2]　卢良志《清末测绘教育的兴起与发展》，《解放军测绘学院学报》1989年第2期。

行。关于"测绘公会"的取名,可能来自对西方学会的效法,但更可能与现实当中的邹代钧武昌舆地学会有关。光绪二十年十月,江标在赴任学政时途径武昌,见到了湖北会典舆图的总纂邹代钧,一见即在日记中赞其"精舆地学,谭论亦通达"①。次年,邹代钧创立舆地学会②,倡议集资编译新式舆图,并由友人汪康年主持的上海时务报馆兼办募股集资事,其在《时务报》第一册刊登的《译印西文地图照顾章程》中既称"舆地社",落款又称"地图公会"③。

在《拟教初学者通舆地之学条例浅说》话题上,考生姚炳奎的长篇答卷可称优秀。该文特重地图,强调经籍舆地专书均宜与图对读,且"看今图亦宜分先后":"初时看图,李申耆五种内图好,湖北官书处所刊《内府舆地》缩摹图亦好,此书湖南亦尝刻之,《韵编》及《舆地略》均附于后。外则可观胡大令伯蓟所刻《内府图》,装订成本,三层轮换,其图仅载各府厅州县及绘某山某水,列举其名,眉目最为朗然。郡中谭刻,益以各处道里,小点作线,尤便于阅。胡文忠《一统图》虽详备,初学骤览,恐易迷目。至外国则可时取《万国舆地》及近时增绘各图兼看。"又详示欲知国内外地理应该阅览何书:"首以《读史方舆纪要》为最善……湘省刻有节本,于历代州域形胜、各省地利要害,甚属已得其崖略,金陵则刻有《方舆纪要简览》,颇详州县沿革、山川阨塞……欲知外域,则宜首观五台徐氏《瀛寰志略》,其书有文法,有圈点,雅饬可诵,繁简亦颇得宜;再进则中国边境,有《新疆识略》《满洲源流考》《西藏图考》《越南舆地图说》《朔方备乘》诸书;外域则有《泰西新史揽要》、西人所著各国志略、华使所著各国日记及魏氏《海国图

---

① 《江标日记》(下),光绪二十年十月廿二日,第 584 页。

② 关于武昌舆地学会创立时间和名称的考证,参陈竹《清末至民国亚新地学社地图编绘研究》,复旦大学硕士学位论文,第 11—13 页。

③ 《时务报》,《近代中国史料丛刊三编》第 33 辑,文海出版社,第 322 册,第 66 页。

志》诸书。"①其中所见文献功底和心得较为深厚。此外,《沅湘通艺录》舆地题《魏氏海国图志近日应改应增条例》的唯一范文也是姚炳奎所作。据江标日记,姚丙奎当时为宝庆府学廪生,年已 44 岁②。姚氏因其舆地之学被江标擢为拔贡,又于光绪二十三年(1897)受聘湖北经心书院舆地科教习,二十八年被张之洞保奏为经济特科人才,二十九年在经济特科考试中位列二等四十一名③,三十三年纂成《邵阳县乡土志》。故江标舆地题目及其选拔将姚丙奎从老诸生的困境中解救出来,令其能在书院传授舆地之学,可谓得人。

又,《洞庭湖创设浅水商轮有益无损说》一题也值得关注。该题应是光绪二十二年按试岳州府时的题目,因该年八月江标致湖南巡抚陈宝箴札曰:"一路水涨至二三丈不等,若用轮驶,皆可畅行,可知夏秋之交若兴商轮,则其利必重矣。"④这道有关商业运输的考题实际上基于十分复杂的政治外交时势。

此前沿海省份江苏早有绅商谋以小轮行于内河,但危及传统人力渡船的生计,常因地方强烈反对而作罢,盛宣怀等议设内地轮船公司时迟疑难决的主要原因也是"虑民渡作梗"⑤,光绪十三年时任登莱青兵备道的盛宣怀还将此话题作为考题(《轮船、电报二事应如何剔弊方能持久论》),令上海格致书院诸生出谋划策⑥。然而光绪二

---

①　《沅湘通艺录》,商务印书馆,1935 年,第 210—211 页。

②　《江标日记》(下),第 271 页。

③　《电传经济特科等第单》,《申报》光绪二十九年闰五月二十二日(1903 年 7 月 16 日)第 2 版。

④　《江标集》,第 119 页。

⑤　李玉《甲午战争之前官方对待民办实业态度的再认识》,中国社会科学院近代史研究所政治史研究室、苏州大学社会学院编《晚清国家与社会》,社会科学文献出版社,2007 年,第 593—594 页。

⑥　《申报所见晚清书院课题课案汇录》,凤凰出版社,2018 年,下册,第282 页。

十一年中日签订《马关条约》后，外患压力超过了国内压力。《马关条约》强令荆州府沙市、重庆、苏州、杭州开埠，许日本建立租界，规定日本轮船可以由宜昌溯长江至重庆府，从上海驶进吴淞江及运河以至苏州府、杭州府，搭客运货。光绪二十一年闰五月，光绪帝电令张之洞筹款购小轮船十余只，专在内河运货，以收利权。光绪二十二年六月，中日签订《通商行船条约》，湖北武穴等多个长江沿线港口均准日本船卸载货物和客商，所有税赋一概豁免，这意味着腹地洞开，国家的军事和经济安全防线大溃。清廷为挽救利权，遂先后准许苏杭、淮扬、江西民间在内河行驶商轮。光绪二十二年底，湖南亦有绅士请行湘鄂小轮之禀，湖南巡抚陈宝箴予以批准，但湖广总督张之洞仍想尽量延迟洋人进入湖南内陆的时间，以减少列强制造事端勒索清廷的机会，故在给陈宝箴札中强硬表示："此事以缓办为第一义；不可，则以专渡洞庭为第二义。"[①]光绪二十三年三月，湖南士绅王先谦等援照江西成案，公禀张之洞，拟集股置备内河浅水轮船数艘，官督绅办，承运湘省矿产、机械、客商等，兼代运湖北铁政局所需湖南煤铁，张之洞则要求此项轮船必须作为善后局官轮，只许运送各类矿产[②]。

　　不久，形势大变。光绪二十三年九月，日本政府决定上海至汉口的长江航线将于西历 1898 年 1 月 1 日正式开行，每年各开 96 次[③]。由于同时还有中外争夺南北向铁路干线修筑权和路线选择的问题，张之洞顿感时不我待，此后向各处致电，云"倭造十轮，明春来行长

---

　　① 张之洞致陈宝箴书，光绪二十二年十二月二十八日，《陈宝箴集》，中华书局，2005 年，下册，第 1522 页。

　　② 《咨南抚院湘绅王先谦等请办湖南内河小火轮一案》（光绪二十三年三月二十七日），《张之洞全集》，武汉出版社，2018 年，第 6 册，第 26—27 页。

　　③ 王方中《1842—1949 年中国经济史编年记事》，中国人民大学出版社，2014 年，第 162 页。

江,湘鄂小轮如再迟,或坚持不带货之议,彼必乘间而来,通商十省。请属熊、蒋各绅迅速举行,兼行昌、沙,准其运货,毋落后",并委派谭嗣同至湖南促办铁路和轮船事宜①,但张之洞仍然拒绝湘中商轮跨省运客,这是因为光绪二十三年十一月发生了胶州湾事变。德国借口传教士在山东巨野被杀,派三艘军舰占领胶州湾,建立了蓄谋已久的在华据点,并提出更多要求。十一月十六日,张之洞给陈宝箴发去电报,强调德方六款要求"若许之,则山东已非我有,北抵畿辅,南至清淮,引狼入室,全失险要,实为交涉以来未有之奇变","若湘省果开口岸,设伤一二洋人,中国不可问矣",故"引洋人入湘一节,万分可惧"②。陈宝箴复电则谓"洋人之入与不入,实不系乎引与不引","时局至此,与其防患而终于无益,不如兴事而或有小功",主张照湘省前批允许运客带货③。实际则如陈宝箴主张执行,江标卸任后赴武昌即是由二十三年冬兴办的官轮慈航号拖带④。

在此背景下来审视《沅湘通艺录》所录《洞庭湖创设浅水商轮有益无损说》范文,就容易看出考生水准和江标赞赏的趋向了。该题范文为岳州杨仁俊所作,从荆江与洞庭湖衔接各口泥沙淤积的水文地理角度肯定了浅水轮船不易搁浅、轮叶疏沙的优势,继则反驳了商轮引西人深入内陆争利的担忧,认为"虽不设,不能制之勿南窥也,设之则我船我用,泥沙渐畅,而沿湖州县可以稍安"⑤。其着眼点是轮船行驶对浅水区泥沙的疏浚和减轻洪灾的作用,该用途实效可议,但

①　《致张之洞书》(光绪二十三年十一月十七日),《陈宝箴集》,下册,第1521页。

②　《致长沙陈抚台》,《张之洞全集》,武汉出版社,2018年,第9册,第269—270页。

③　《致张之洞书》(光绪二十三年十一月十九日),《陈宝箴集》,下册,第1535页。

④　《江标集·致盛宣怀(九)》,凤凰出版社,2018年,第114页。

⑤　《沅湘通艺录》,第225—226页。

"西人之搪挨而来,并不系商船之设与不设"的时局观与陈宝箴不谋而合。而考生对商轮益处的认识也不局限于此题,掌故题《理财之道不重节流而重开源说》的刘善涵答卷就将水道轮船载货行驶与修铁路共同视为重大利源,非节流可比①。

算学题部分,其《九数次第说》《古今仪器考》《唐设算学博士论》等题难度自然不及其观风题中的《古今算书解诂》和《对数通释》,也不及当年江苏学政王先谦所出的《书嘉定时氏百鸡术衍后》《微积释义》等②,但学术视野有所扩大——从具体数学内容扩展到了古代算学相关制度和器物。同时他也强调算学的现实应用,如《兴算学以广实用说》和考察炮弹发射角度等题。这一点是当时人的共识,早在光绪十一年上海报纸就有《算学宜求实用说》的头版评论③。《沅湘通艺录》所收算学题目数量较少,但不能据此认为江标平时算学题量也很少,须知其阅卷幕友中有两位都主攻数学,即湖北贡生许兆魁和表兄弟江苏拔贡华世芳④。

词章答卷则占据两卷,多达44题,其特点是朴学主题占据绝对分量。其中《实学赋》《小学赋》题名即著其义,《白虎通德论赋》《乾嘉两名臣赞(按,指阮元和毕沅)》《国朝骈体诸家赞》考察学术史,《毛公学赋(以毛公之学子夏所传为韵)》讲究经学传授,《唐颜秘书注汉书赋(以曲核古本归其真正为韵)》《汉成帝使谒者陈农求遗书于天下赋(以总群书而奏七略为韵)》指向校雠之学,《秦瓦赋》考察金石之学,《洪北江遗书序》《重刻洪北江文集序》意在以学者兼诗文名家洪亮吉

---

①　《沅湘通艺录》,第 174 页。

②　《苏试再述》,《字林沪报》光绪十三年八月三十日(1887 年 10 月 16 日)第 3 版。

③　《字林沪报》光绪十一年十二月初七日(1886 年 1 月 11 日)第 1—2 版。

④　《护理湖南巡抚王廉奏为查明湖南学政江标所延阅文幕友姓名籍贯循例具奏等事》,光绪二十一年二月初十日,中国第一历史档案馆藏,档号 04-01-38-0174-026。

为例,令学生略窥乾嘉贤达宏富著述所体现的学术规模①,《广学海堂记》则寓意对乾嘉学术的薪火相传。其中广学海堂不是虚名,而是江标学政官署的西斋室名,据考生曹典球范文"湘水之秀,毓斯奇观;羽琌之民,暂焉小住"语②,似为部分优秀学生的住斋读书之所。《沅湘通艺录》中相关范文文采斐然,内容扎实,如考生刘鑫耀的《秦瓦赋》对宋以来秦瓦的著录文献和研究学者梳理要言不烦,正文自注则对相关古迹地理、职官和瓦文字形考证细致③。

词章部分也有兼顾时事之题,如《马伏波到交阯立铜柱为界赋(以立铜柱为汉之极界为韵)》令人联想到中法战争后的中越勘界,《哀台湾赋》《七痛》直接表示对甲午战败的悲愤,《岳州新设浅水小轮船颂词》与前述关于浅水商轮的舆地题相照应,《税赋》《泉币赋》则意在引导考生关注历代税制、货币制度的演变。考生郭志正《税赋》答卷梳理了先秦以来商税政策,还用大部分篇幅讨论了当时常关、洋关、厘金三大税源,希望能更改洋关税则、撤水陆沿途之厘局④。

此外尚有《镜赋》一题,可谓旧瓶装新酒。此题旧有的阐释传统一是借喻反观自省,《大戴礼记·保傅》"明镜者,所以察形也;往古者,所以知今也"、晋傅咸《镜赋》"君子知貌之不可以不饰,则内省而

---

① 洪亮吉精研经学,撰《春秋左传诂》《毛诗天文考》《通经表》等;熟习小学,著有《六书转注录》《汉魏音》《比雅》等;兼顾史学和舆地,著《历代史案》《史目表》《四史发伏》《两汉同姓名录》《西夏国志》《宋元通鉴地理通释》《补三国疆域志》《东晋疆域志》《十六国疆域志》《乾隆府厅州县图志》《贵州水道考》《伊犁日记》等,参纂乾隆《长武县志》《淳化县志》《澄城县志》、嘉庆《泾县志》;诗文则有《卷施阁文集》《卷施阁诗集》《更生斋文集》《更生斋诗集》《附鲒轩诗集》等;诗文评著作《北江诗话》影响深远。

② 《沅湘通艺录》,第370页。

③ 同上书,第332—333页。

④ 同上书,第341—348页。

自箴"和唐《贞观政要》以镜正衣冠、以人明得失之典故是其代表;二是指向闺情,以北朝庾信、南朝刘缓的《镜赋》为典型,汉镜铭文"长相思,毋相忘"等乃其源头。在晚清的时代语境下,该题内涵又有不同,兼及器物铭文考据和西方光学应用,考生丁可均答卷即照此展开。其文章上篇铺陈我国传统对镜子背面纹饰和铭文的关注,下篇介绍西方光学技术原理和制器。下篇先述透光、歧光、极光等基本理论,继言摄影镜、显微镜、照远镜、分影镜等用途。全文以欧洲使者与容成氏的对话统合,虽上下篇篇幅同等,然序言谓"西人制器,每物必求实用,视中国以镜为玩具者,要自有别",结尾曰"容成侯抚然有间,退然失色,遂揖使者曰:蒙僻处于偏隅,识囿于居国,蟪蛄不知天地之春秋,斥鷃讵识斗极之南北",显然偏向西学立场①。而江标试牍此题唯一范文即此文,无疑也是在向《沅湘通艺录》的读者宣传此种取向。

　　江标日记还留有不少考题底稿。部分标注了经、史、掌、舆等字,应是成套题目,更多则未予标示。当中许多不见于《沅湘通艺录》,如掌故相关的《湘中建设学堂书院,筹画经费当以何法为善》《论厘局之弊》《论开矿之益》《开河用机器议》《治掌故之学其难有几,试条列以对》《壬癸之际著议》《论兴学会是否有益》《湘民宜自开埠以制外人之利权议》《机器制银钱宜自三库始平议》等,舆地有关者有《行船知测绘说》《图们江考》《帕米尔考》《有明以来台湾用兵考》《书汪梅邨水经注图后》等,史学有关者如《三代以上无文章之士而有群史之官说》《十七史商榷廿二史考异优劣论》等,词章题如《湖南六朝以前石刻诸赞(加骈体序)》《湘莲词(七绝,不拘首数)》《老将,老儒,老工,老商(七律四首)》《雪山,冰海,葱岭,戈壁》《传砚,选砚,斫砚,藏砚》《梅影,梅魂,梅酱,梅羹》《舟中五君子吟(五君子者,因不相同而适济于公也,故称之曰君子。篙、橹、纤、柁、帆。不拘体韵)》②。

---

① 《沅湘通艺录》,第334—340页。
② 《江标日记》(下),第633—638、692—694页。

其中词章题既有砚台制作和藏书用书之类的文房雅意,又将赏梅花和梅之饮食相搭配,引导活泼的生活兴味,又善于取譬,将湘人熟悉的行船工具与君子和衷共济的品性相联系;既有歌咏本省风物的《湘莲词》,又有心怀边疆的《雪山,冰海,葱岭,戈壁》,突破了以往较为局促的诗题样貌,给人耳目一新的观感。

日记中议论时务的几道题目,大多关系当下正在发生的具体事务。其中《论兴学会是否有益》可以说是在为江标要在长沙校经书院开设的校经学会调研民意;《湘民宜自开埠以制外人之利权议》则不仅是缘自《马关条约》签订后苏州、杭州、沙市(当时属湖北荆州府,今为荆州市沙市区)、重庆开埠给长江沿线省份带来的压力,还与光绪二十二年十二月左右英国在强迫清政府贷款时提出的令旅顺、南宁、湘潭开埠的要求[①]有关。张之洞等人欲避免开埠后的民间争端及其不可控风险,极力反对湖南湘潭开埠。而从此题来看,江标的主张是主动敞开湖南腹地对外开埠,这一提议合理性可议,不知是否最终见诸考卷。

四、经古场命题和范文的取法资源

通过前文析论,江标在经古场寄寓的学风导向灼然可见,即系统化延续乾嘉学术传统、结合现实问题深入学习西学新知。与前任学政张预的经义、治事题相比,江标考题的难度和广度有明显提升,考生答卷质量随之提高。这种考题和答卷的进境固然直接缘于认识水平,但具体实现过程需要相辅助的内容资源,那么这些资源来自何处? 我们依然可从考题和答卷本身寻找到若干有代表性的线索。

首先是具有改革思想的近代学者及其文本,主要是龚自珍

---

① 详参《张之洞全集》《陈宝箴集》等书的相关电报和信札,简要叙述可参马金华《外债与晚清政局》,中国人民大学清史研究所博士学位论文,2004 年,第 156—158 页。

（1792—1841）、魏源（1794—1857）及其代表作①。江标早年对龚自
珍的喜爱偏重于《无著词》之类儿女情长的诗歌和金石等文章②，后
来则更重视龚氏的忧时之作，督学期间不时翻阅龚自珍文集：

> 林文忠钦差粤中，龚定盦作序以送之，列三种决定义、三
> 种旁义、三种答难义、一种归墟义。文忠复手书答之，极为信
> 服。后文忠之在粤主持交涉，一切皆与龚说合。文见《定庵文
> 集补编》。③

该文即《送钦差大臣侯官林公序》（附林则徐复信）④，作于道光十八
年（1838）冬。⑤ 当时林则徐卸任两广总督、进京陛见，奉旨任钦差大
臣，前往广东查办鸦片，广东水师兼归节制。龚自珍之赠序强调要坚
定禁烟立场，谨慎消息，敢于用兵，禁止进口呢绒等，保卫国内蚕棉利
益，希望一两年内能"使中国十八行省银价平，物力实，人心定"。江
标复习这次近代交涉的标志性事件，应当是学习龚自珍应时之策的

---

① 此二人在晚清影响力的流变参马昕《龚自珍、魏源并称及其文学史意
义》，《清华大学学报》（哲学社会科学报）2023 年第 1 期。

② 今《龚定盦全集类编》所存江氏题诗有"艳福从来未必奇""却嗤华鬟
眠博综"语，见《江标集》，凤凰出版社，2018 年，第 284 页；又曾据《龚定庵集续
录·泰山刻石跋尾》考证双钩本泰山石刻之伪，见《江标日记》（上），光绪十一
年四月十七日，第 108 页。

③ 《江标日记》（下），光绪二十二年二月三十日，第 664 页。

④ 《龚自珍全集》，上海人民出版社，1975 年，第 169—171 页。三种决定
义是指开银矿维持货币、严打鸦片制贩吸食鸦片者、拥兵力以与夷人交涉禁鸦
片事；三种旁义是指维持本国蚕棉之利、勒令夷人徙澳门、多带巧匠以造火器；
三种答难义是讨论当下食货孰先、与夷人互市孰为最大利源、须敢于用兵；一种
归墟义是用"忧心悄悄，仆夫况瘁"喻善于奉使者之状，勉励林则徐谨慎和尽责。

⑤ 具体时间考证参来新夏《林则徐年谱长编》，上海交通大学出版社，
2011 年，上册，第 297—298 页。

理路,同时希望从中寻找时务考题的命题灵感。

今存《沅湘通艺录》所见考题有四道与龚氏文章直接相关,即《尊新》《尊专》《续龚定盦古史钩沉》《壬癸之际箸议》。当中《尊新》《尊专》是仿照龚自珍文集中的《尊史》《尊任》《尊隐》诸篇的命题方式,《续龚定盦古史钩沉》《壬癸之际箸议》则在具体内容上与龚氏之作更接近。龚自珍《古史钩沉论》四篇并非针对辑补史事,而是讨论君臣相处之道、史官之功(重点是对九流王官之说的展开)、勘定经典之难等①,与龚氏《尊史》三篇互相联系,语言高度风格化,今人往往解读为对君主专制的批判②。从《沅湘通艺录》所选考生杨毓麟的答卷来看,江标的确有意借此题引导和鼓励考生关注根本政治制度。杨氏谓"私天下之端自五帝始,于是君与史分位而殊尊,天下为首出之神器则史职贱,史职贱则记注有成法","私天下之端,即绝史氏之统",包括系本、考文、事神、均财、考工之统等,私天下最终导致"引绳当世贤达之士,碌碌从事于纪录要删之职,抑首嗫齿"③。这与龚氏原文论点相接,也呼应了明末清初黄宗羲对家天下的批判。

《壬癸之际著议》题中小字注指出了答题要求和效法对象:"仁和龚定庵有《乙丙之际著议》,皆述近事,而文则学周秦诸子,其气味最近匡刘,今则当学。"《乙丙之际著议》作于嘉庆晚期,嘉庆二十年(1815)为乙亥,二十一年为丙子,故称。原有25篇,现存11篇,从水灾、田赋、币制、贫富差距、官场风习乃至祆祥等角度对社会危机表达了殷忧。其中《乙丙之际著议第九》有"书契以降,世有三等,三等之

————————

①　《龚自珍全集》,第20—29页。

②　但结合龚自珍《尊命一》"若臣又曰:子之术,赵高之术也,以未兆为朕。应之曰:赵高匿其君以为尊君,吾之术,使君无日不与天下相见以尊君"之语,说明龚自珍并不主张推翻君主制。见《龚自珍全集》,上海人民出版社,1975年,第84页。

③　《沅湘通艺录》,商务印书馆,1935年,第41—44页。

世,皆观其才;才之差,治世为一等,乱世为一等,衰世别为一等"①之语,更是被多数学者视为在康有为之前用公羊三世说提倡变革的重要文本。龚自珍又著有《壬癸之际胎观》,作于道光二年(1822,壬午)至三年(癸未)间,所论更加抽象宏观。江标所谓《壬癸之际著议》则当指光绪十八年(1892,壬辰)和十九年(癸巳),大约是欲学生站在甲午战争发生前的两年来观察社会,看能否从各个角度预见到水陆军皆败、割地赔款以及随之而来的瓜分之祸、亡国之危。此题与龚自珍文章可谓名同实异,龚氏是鸦片战争之前的远虑,而江氏是甲午战败之后的穿越时空式反思,但也可谓殊途同归。

魏源为湖南人,所著《海国图志》视野开阔、史实史论系统性强,蜚声当世,成为江标训士导学的绝好资源。江氏《咸同以来中俄交涉记》译本自序言《海国图志》"议论精核,考证详明";来湘观风题亦有《拟重订补海国图志释例》,日记中公牍底稿显示,他得知邵阳某附生愿订补该书,遂谕令"若能先成《释例》送院,得与商榷诸要端,尤深殷盼也"②。其经古场考试中至少有三题与之相关——《书魏默深圣武记后》《读魏默深先生海国图志》《魏氏海国图志近日应改应增条例》。这三题的范文中,芷江田梓材答卷指出《海国图志》中部分知识性错误,点明《筹海篇》以夷攻夷说之不足恃,并据甲午之败反思了全书重视泰西各国而"于日本若忽之者"的失策;晃州舒润结合魏源师夷制夷的思路,聚焦于兵制改革,认为当前惟有仿效德国营制,"各省于绿营裁撤后,抽练一军,约以万人为额,以备非常"③;宝庆姚炳奎则从德意志统一、苏伊士运河开通、西伯利亚铁路修建等国际形势的变化方面提出对魏书的修订。由此观之,《海国图志》在江标的整体考察导向中,不只是开眼了解世界的途径,更是省察数十年来列强愈加强

① 《龚自珍全集》,第 6 页。
② 《江标集》,第 19 页。
③ 《沅湘通艺录》,第 203—207 页。

横、清廷每况愈下的危机日深之状的参照系。

在岁试邵阳后与学生的见面中,江标对优生石陶钧、蔡锷等人说:"邵阳先生辈魏源,你们知得吗?读过他的书吗?你们要学魏先生讲求经世之学,中国前途极危,不可埋头八股试帖,功名不必在科举。"这是借魏源的业绩提示学生,可以脱离科举体制去济世。以科举官员的身份作此直言,令石陶钧感到"把生长在静水湾的我忽然启示了一个新的宇宙"①。这一现身说法也可以看出他用《海国图志》命题的实际导向尺度。

其次是西方文史和科学著作的中译本。文史领域的代表是目前已被深入研究②的《泰西新史揽要》(*The Nineteenth Century*)。该书由英国人麦肯齐(John Robert Mackenzie)撰,光绪六年(1880)出版于伦敦,后由广学会传教士李提摩太(Timothy Richard,1845—1919)口译、蔡尔康笔述,于光绪二十年(1894)以《泰西近百年来大事记》之名连载于广学会机关报《万国公报》,次年发布单行本,改名《泰西新史揽要》。该书历述法、英、德、奥、意、俄、土、美等国交战历史、各国制度、民情等,贯穿了进化史观。李提摩太译述宗旨充满了殖民主义论调③,但原书本身知识系统、可读性强,加上渴望革新的社会

---

①　《江标集》附录三,第 499 页。

②　参熊月之《西学东渐与晚清社会》,上海人民出版社,1994 年,第 597—602 页;刘雅军《李提摩太与〈泰西新史揽要〉的译介》,《河北师范大学学报》(哲学社会科学版)2004 年第 6 期;邹振环《西方传教士与晚清西史东渐:以 1815 年至 1900 年西方历史译著的传播与影响为中心》,上海古籍出版社,2007 年,第 269—307 页;赵少峰《广学会与晚清西史东渐》,《史学史研究》2014 年第 2 期。

③　李提摩太在序言开篇倡言此书可以救民保国,又将列强侵华歪曲成"中国偏欲恃其权势遇事遏抑而压制之"、泰西"不得不借兵力以定商情",并对清廷直接提出改革建议——请岁科乡会考试必就西史命题条对、请以此书考核皇室和翰林院青年才俊并择优游历西国以肄习新法。见马军点校(注转下页)

心态,使得此书风靡南北。据意大利牧师贾立言(A. J. Garnier)记载,该书第一版发售三年内的正版销量超过两万部,戊戌变法当年出版的第三版在两周内就售出四千部①。英国浸礼会士莫安仁(Evan Morgan)在回顾广学会早期工作时,将该书与《万国公报》的重要性相提并论:

> 我倾向于认为这些出版物赋予了早期广学会极大的影响,它们包括月刊《万国公报》(随后 W. A. Cornaby②主持下的《大同报》)、麦肯齐《泰西新史揽要》以及《救世教益》(*Benefits of Christianity*)。《泰西新史揽要》是一本明星书籍。它销量可观,且迅速打开了邻近和远方省份的市场。在湖南,一个一度极为保守和排外的地方,该书以各种形式和版本被重印。湖南的这些版本是私下发行或由书商自费出版的,而这些变体的成本和收益都与广学会无关。③

(续上页注)《泰西新史揽要》,上海书店出版社,2002年,第1、3页。这套说辞除了又见于《万国公报》上发表的《富国新规》,还见于光绪十年对山西按察使和光绪二十一年七八月间对李鸿章的劝进,参王树槐《外人与戊戌变法》,上海书店出版社,1998年,第52—53页。

①　《毋欲速:广学会五十周年纪念特刊》(*No Speedier Way*:*A Volume Commemorating the Golden Jubilee of the Christian Literature Society for China*:*1887—1937*),CLS,上海,1938年,第24页。北京大学图书馆藏。

②　William Arthur Cornaby(1861—1921),中文名高葆真,出生于伦敦,英国循道公会(Wesleyan Methodist Missionary Society)传教士。光绪间来到汉阳主持一所教堂和教会学校,后受李提摩太邀请为广学会工作,主编《大同报》《中西教会报》等。详参姜剑《英国来华传教士高葆真的文化传播研究》,浙江大学博士学位论文,2019年。

③　前引 No Speedier Way,第18页。

其中特别提到了湖南的翻印和盗版情形,而此书第一、第二版的发行正值江标督学湖南期间。《沅湘通艺录》中,姚炳奎《拟教初学者通舆地之学条例浅说》答卷提出以《泰西新史揽要》和西人所著各国志略等作为学习域外地理的入门读本,正说明他已经读过此书。江标与译者蔡尔康本为旧友,见到此书以及蔡氏另一译作《中东战纪本末》(记甲午中日战事)后,"称为新学导师",言"湘中几家有其书",更以书币聘请蔡氏为讲席①,这印证了该书在湖南的流行和江标对蔡氏译述的重视。

在科学知识方面,考生左全孝的《测地球周径里数法述》答卷提到"英天文家侯失勒云,地理以球形而推算,可因天文而知地球之形状与尺寸,富路玛遂纂其意而言测地之事","法之最简明者,则犹有傅兰雅之语"②,据此可知该考生的测绘知识应来自英国工程师富路玛(Edward Charles Frome,1802—1890)所著《测地绘图》。该书由傅兰雅口译、徐寿笔述,江南制造局出版③。又,前文提及的考生丁可均《镜赋》答卷下篇梳理西方光学技术原理和各类光学仪器,其实主要撮述自英国传教士合信(Benjamin Hobson,1816—1873)在华编译的名作《博物新编》。咸丰年间该书在广州、上海多次出版,共分三集,《初集》包含地气论、热论、光论、电气论等,《二集》含天文略论、地球论、行星论等二十余个主题,其中《二集》附有望远镜、显微镜、各式透镜的图片④。《博物新编》曾与合信编译的《全体新论》等四种医

---

① 《江建霞京卿事实》蔡尔康跋,《江标集》附录二,凤凰出版社,2018年,第485页。蔡氏原文所谓"皋比",可能是指长沙校经学会讲席。

② 《沅湘通艺录》,第219页。

③ 详参吕道恩《晚清测绘学译著〈测地绘图〉研究》,中国科学技术大学硕士学位论文,2011年。

④ 详参邹振环《合信及其编译的〈博物新编〉》,《上海科技翻译》1989年第1期;田锋《西方光学知识在中国的传播(1853—1902)》,上海交通大学博士学位论文,2016年,第30—32页。

学著作合刊,称《西医五种》,江标很早即觅购该丛书,并在光绪十年(1884)购得①。他定然看过其中的《博物新编》,因此《镜赋》的命题很可能受到了该书的启发。另外,江标在湖南刊刻的《灵鹣阁丛书》第二集中还收入了另一本光学专著《光论》,此书是英国科学家田大理(John Tyndall, 1820—1893,今译丁达尔、丁铎尔)所著,由美国传教士金楷理(Karl Traugott Kreyer, 1839—1914)②口译、赵元益笔述③,与《测地绘图》一样由江南制造局出版于光绪二年(1876)。鉴于赵元益与江标的表兄弟关系,《光论》不排除是由赵直接赠予江的。这几种译作理论上有可能是考生购得,实际上则更可能是在长沙校经书院阅览,该书院藏有江标购置的大量西学书籍(详后文)。

其次是报纸杂志。登载国内外新闻和《京报》奏折的《申报》对内陆士人而言早已不陌生,如皮锡瑞在湖南居家和在江西主持经训书院期间都会阅览《申报》(见《皮锡瑞日记》),此外,《时务报》也在湖南产生了重要影响。光绪二十二年(1896),该报由汪康年等人创设于上海,为旬刊,内容包括专论、各地新政章程、谕旨奏折、外文报译(包括欧洲日本报纸和上海的西文报纸)、路透社电音等,鼓吹变法,梁启超《变法通议·论学校》即连载于该报。短期内即将发行范围扩至重庆、昆明、贵阳等内陆城市以及神户、大阪、新加坡等海外地区(见《时务报》第十八册附录),影响深远。该报第六册所载《江西绅士请行内河小轮公牍》、第十三十四册所载《中日通商行船条约》、第二十册所载《奏办湖南矿务总局章程》都是江标掌故考题的即时背景。在具体

---

① 《江标日记》(上),光绪十年闰五月十三日、十六日、十一月初二日,第17、18、64页。

② 金楷理生平参高田时雄《金楷理传略》,https://www.zinbun.kyoto-u.ac.jp/~takata。

③ 对丁铎尔和《光论》的介绍,参田锋《西方光学知识在中国的传播(1853—1902)》,第37—43页;熊月之《西学东渐与晚清社会》,上海人民出版社,1994年,第506页。

答卷上,何盛林《辨高深》文中言"水之深,如英伦西一百七十六度之地,水深三万六千三百三十尺",自注"见《时务报》第一册"①,即第一册的译报部分《测量海洋》,译自西历 1896 年 5 月 29 日的伦敦《东方报》②。这种一般读者会当成逸闻奇事涉猎而过的细节,却被有心者织入科举答卷,可谓意外之用。

江标本人与汪康年有多年私交,对《时务报》也热心支持。《时务报》开办三个月左右即得到岳麓书院院长王先谦重视,购买遍给诸生阅览,其劝阅手谕被江标主动寄予汪氏,汪氏刊入《时务报》第十八册中。江标还致函汪康年,拟将存放汪处的款项"半助贵报,半助广学会"③。江氏《湘学新报》创办章程提到"海内建议变法之文,如《时务报》《万国公报》,俱粲然可观",实际上也是在对省内士子宣传两种沪上报纸的切中时需。《时务报》创办当年,江标已言"湘中家弦户诵,且试者以之为兔园册",次年湖南巡抚陈宝箴直接行令全省书院购置阅看,使其影响更为普及深入。据统计,光绪二十二年下半年至二十三年下半年,在湘拥有长沙、常德、衡州三处销售点的《时务报》省内总销量超过 2800 份,高于在浙江的 2600 多份,更远超江西和安徽④,阅报需求和风气在内陆省份中仅次于湖北。这离不开江标和陈宝箴的导向之功。

由以上梳理可见,江标所借助的思想和知识资源其实是近代史上老生常谈的对象,但他并非临时被动地寻觅,而是对相关文本已有多年积累,更借助了不少私交。其中江南制造局和广学会的出版物、

---

① 《沅湘通艺录》,第 222 页。

② 《时务报》,《近代中国史料丛刊三编》第 33 辑,文海出版社,第 322 册,第 44—45 页。

③ 《江标集·致汪康年(十)》,凤凰出版社,2018 年,第 88 页。

④ 廖梅《汪康年:从民权论到文化保守主义》,上海古籍出版社,2001 年,第 74—75 页。

《时务报》有自行流通的一面,如广学会在九江的驻点负责面向江西和湖南的书刊销售,《时务报》在武昌和长沙有销售点,但显然也受到江标命题考试的务实趋新偏向带来的兔园册效应带动。至于具体学生的消化吸收水平,必然参差不齐,而从江标所选范文来看,优生的积累和识见令人欣慰。这些优生不仅被江标取录为拔贡,其中一部分还成为湖南本地新学媒介《湘学新报》《湘报》等的知识和思想创造者。

第二节　书院改革和学会、学报的创办

江标在传统体制内所作的改革,一是以经古场新六科选士,另一点是改造省会校经书院的培养模式。其中校经书院的改造不仅有科目变化,还依靠书院生员创办新式学会、学报,构建了学以致用的良性循环。

一、校经书院及其书楼建设

长沙校经书院的前身是湘水校经堂,道光十三年(1833)由时任湖南巡抚吴荣光创立,寄地于岳麓书院西斋。吴荣光(1773—1843),嘉庆四年(1799)进士,该科主考官为阮元。吴氏笃好金石书画,尊尚朴学,在校经堂以经义、治事、词章分科课士,左宗棠曾肄业其中。道光十六年,吴氏去职。咸丰二年(1852),校经堂毁于太平天国战火。光绪五年(1876),湖南学政朱逌然与巡抚邵亨豫筹得经费,在城南书院旧址上的民居中赁屋,复立湘水校经堂,调集各府州县高才生于此肄业[①]。限于经费,每年用银三千余两,定额二十四名,内有商学额

---

　　① 郭嵩焘《重建湘水校经堂记》,《校经书院志略》附录二《校经书院文献辑存》,岳麓书社,2012 年,第 101 页。

四名。"调院诸生三年一易,视其学术以判去留"①,如光绪十一年调来肄业者二十八人,内含商学四人、原肄业者四人、重调者二人。朱迨然以降的十余年,湘水校经堂育才可观,光绪十一年湖南乡试即中式举人十二人,又拔贡十七人(与举人名单有交集)②。后来学政张亨嘉按试湖南边郡时也能发现通雅之士,"询之则皆尝在校经堂肄业者"③。

至光绪十七年,张亨嘉奏改校经堂为校经书院,咨商湖南督销淮盐局增加捐税,并得外地湘籍官员和东安县廪生捐款,共筹款一万三千余两发商生息,使经费大裕④,遂得择地建屋,将与课名额扩至四十四名,每名每月膏火银八两。同时请皇帝颁赐御书匾额悬挂中堂,得旨获颁"通经致用"之匾⑤,这既是对学生的勉励,也是稳固建置的保证。张亨嘉还将书院历史和相关文牍撰成《校经书院志略》一卷,成为重要史料。

之后继任学政的张预没有改动制度框架,而是用功于日常培养,见于试牍《湖南校士录存真》的书院课卷部分。书中四书文有来自岳麓、求忠、城南书院的18篇范文,而无校经学生之作,反映了校经只课实学不课八股的定位。经义和治事部分的书院堂课课卷则由校经

---

①　曹鸿勋《校经堂初集叙》,《校经书院志略》附录二《校经书院文献辑存》,第109页。

②　陆宝忠编《校经堂二集》,光绪间刻本,中国国家图书馆藏。

③　《湖南学政张亨嘉奏为湖南设立校经书院请颁赐御书匾额事》,光绪十七年十月二十八日,中国第一历史档案馆藏,档号04-01-38-0187-026。

④　《湖南学政张亨嘉奏为筹捐银两发商生息作为湖南校经书院经费事》:"陕甘督臣杨昌濬集捐钱二千,折银一千二百五十两,新疆布政使魏光焘集捐银三千两,贵州布政使王德榜捐银一千两。东安县廪生席曜衡、分部主事席镛、附生席汇湘等捐银三千两。"光绪十七年十月二十八日,中国第一历史档案馆藏,档号04-01-38-0187-027。

⑤　《清实录》,光绪十七年十一月,第55册,第1026页。

和诂经书院(同治间湖南巡抚刘崐所创)大致平分秋色①,说明张预对这两所实学书院倾注精力较为平均。

江标到任后,很快从校经监院、长沙县学训导伍镜川处得知校经管理问题颇多②,如"常年住院诸生不及其半,其余或有未经调取而反住院中者",随即谕令整改,有意增加临时员额:"原额四十四,尚多空屋十九,使者略筹扩充之法,如有真肯读书好学之士,未经调取,或格于旧例而愿自备膏火住此院斋空屋者,许由原调四十四额中诸生四人出结互保,呈明监院,禀明院长,即准进斋住宿,随同月课"③。

其次是颁布加课章程,自光绪二十一年起四季加课,与岁科两试的经古场一样,分经学、史学、掌故、舆地、算学、词章六学,与张之洞主掌的广州广雅书院的经学、史学、理学、文学、算学、经济学分课亦颇类似。每学各四题或六题,作过半者即为完卷,鼓励多作。除将题纸张贴于校经院内,还分发给通省各府州厅县学,不论生童皆可参与答卷,题到后四十日为期,汇送学政④。至于具体考题考卷,没有专集,从皮锡瑞所记光绪二十一年冬季经学课题《释儒》《释士》《补经义考自叙》《跋唐写本玉篇后》⑤来看,与观风和岁科考试题目的风格和宗旨一致。比如《释儒》一题就来自乾嘉名儒孙星衍的同名文章,孙文既引《说文》释义,更强调"应劭区别古今之言、荀子称大儒之效,即《周礼》所谓以道得民、孔子所谓禄在其中"⑥的通经致用精

---

① 张预《湖南校士录存真》各卷目录,《稀见清代四部补编》,台北经学文化事业有限公司,2019 年,第 163 册。

② 《江标日记》(下),光绪二十年十一月十二日、十六日,第 586、587 页。

③ 《手谕校经书院诸生》,《江标集》,第 15 页。

④ 《校经书院加课章程》,《江标集》,第 14 页。

⑤ 《皮锡瑞日记》,光绪二十一年十月十五日,第 1 册,第 341 页。

⑥ 《孙渊如先生全集·平津馆文稿》卷上,《清代诗文集汇编》第 436 册,第 229 页。

神。江标本人在光绪二十一年十月的日记也记录道："课校经诸生于萱圃，共四十五人，《通经致用论》《喜雨诗》。"实与《释儒》题同条共贯。

　　长沙校经书院的加课门类还影响到省内其他书院，如沅水校经堂。该书院是由江标友人沅州知府朱其懿(1846—1910)所创。至光绪二十四年，沅州知府连培基将原课经学、史学、理学、算学、词章、时务六门改为经学、史学、算学、掌故、舆地、译学，除译学外皆与长沙校经书院改章相同。连培基将改过章程上禀学政，江标欣然批允，其批语曰"实与本院鼓舞胶庠之隐念深相符合"①。江氏按试芷江、黔阳、麻阳、晃州诸地时，专门为沅水校经堂调取诸生四十余位②。

　　再次是校经书院藏书楼的建设。早在江标出京之际，张亨嘉就叮嘱他关注校经藏经阁的管理和扩充③。江氏到达长沙的次月即改革旧章，以广东《丰湖书院书藏四约》为藏书条例。江标游幕广东时曾亲至惠州丰湖书院及其藏书处④。丰湖书藏为书院掌教番禺梁鼎芬创立，藏书五万多卷，《书藏四约》亦出自其手。梁氏在广东也与江标见过数面，同为王先谦弟子，同与费念慈交好，后来受张之洞推荐，于光绪十七年至二十三年间(1891—1897)任湖南岳州书院院长，又正值江标督学期间。故江标采纳梁氏章程既直接缘于《书藏四约》制度的美善，也与两人交游有一定关联。

　　校经书院旧有藏经阁"制极卑小"，诸生也"以有志读书而不得图籍为憾"⑤，至光绪二十一年九十月间，江标开始着手大为改造。一边"以二百三十二金属长沙廪生任元德至上海购书，为校经书院添设

---

①　《江标集》，第31页。

②　《江标日记》(上)，第275页。

③　《江标日记》(下)，第631页。

④　《江标日记》(上)，光绪十二年十二月初一日，第222页。

⑤　《江标日记》(下)，第631页。

各种西学图籍"①，一边向时任湖北布政使王之春、山西按察使刘鼒、湖北巡抚谭继洵致信，求为书楼捐款②，后来收到谭继洵四百两、王之春一千两以及两广总督谭钟麟一千两③。这是仿效此前张亨嘉向外地湘籍大员醵资的做法。同时还向陈宝箴提请预先借支光绪二十二年正月至六月的养廉银，先行填给二十一年十一月开始施工后的工费④。在相度地基的前几日，其日记还出现了如下记录："以五百金押得书百箱，共七八百种，可云大观矣，限以廿三年八月十五日为满期，缴还本利六百两回赎。"⑤这应该是江标将自己多年藏书抵押给当铺来为书院和书楼筹款，其心志之诚可谓不遗余力。多方筹措下，最终实现了在校经书院西北空地建立书楼三大楹的计划，建成时间大约在光绪二十二年初。据学生回忆，校经新藏书楼仅时务类图书就不下七千种⑥，规模惊人。

通过其日记中一段类似书楼章程的底稿，可以得知其书楼还储藏了试验仪器甚至枪炮器件，有借助藏书和器械进行讲学和操练的规划：

> 书楼三大楹，上庋书籍，下储器皿及制造枪炮各件。器皿分电学、矿学、化学、声学、光学、水学、重学各器，每隔七日试验一类。如有人学习考究此事者，先二日函告管理之人，领一凭纸，届时持单入堂，挨次坐定，听试验之人申说其用处，日验其变化。如有人能会通其理，推广用法，即归而成说，录写成篇，送管理

①　《江标日记》(下)，光绪二十一年九月廿三日，第620页。
②　同上书，光绪二十一年十月廿九日，第623页。
③　《江标集·致陈宝箴(四)》，第121页。
④　《江标集·致陈宝箴(一)》，第118页。
⑤　《江标日记》(下)，光绪二十一年十月初二日，第620页。
⑥　《江标集》附录三，第499页。

处,候会中人公同考究是否可行。

枪炮则向军装局先借,每件一物,每月考察两次,如何装药,如何测角,如何打靶,如何装卸,惟不发机,使人人皆知何炮何名,何枪何名,式样之不同,轻重之各异,或宜于陆,或宜于水。近日战事,尤重于炮,而炮之用,绝非付一愚梦邨民便可取胜,第一须知角度之高低,装药之巧妙。若平日无人学习,一有事起,有炮与无炮等。去年用兵,半坐此病,言之痛心。

近日各学□因皆译有成书,故不能不先考究读书,兹已向上海各处购得□书,一一完备。拟每日下午一点钟起,四点钟止,即属在院诸生之专门者将书演说,任人观听,以各类分日,假如第一日电学,第二日化学,以次轮推,周而复始,则人不苦其烦。惟化学一门,其用甚大,其费甚巨,拟请分此学于求贤馆中,校经则略具小器皿,以便初学试验。

再,近日译书中尚有公法、交涉、律例等学,亦拟属在院诸生各人分任一门,专心讲究,解释书义。若有读书人愿习各学者,准其向管理处报名,届时听其抄录,每次若干纸,不准中辍。①

当中有"会中人"一词,容易令人误解为光绪二十二年七月以后拟建的校经学会。此底稿出现在光绪二十一年十二月十五日以前的日记册中,十五日以后的记录在另一册,故不可能晚于十二月十五日;同时文中有"去年用兵"一语,甲午战争绝大部分战斗是在光绪二十年下半年,故说话时间应是在二十一年。江标的这份业习安排,七个自然科学领域是核心,方式上以讲学、试验以及书面总结相结合,而属于文科的法律和交涉学相对次要,训练方式是抄书和释义,这也

---

① 《江标日记》(下),第631页。《江标集》拟题作《校经学会书楼章程稿》,不确。

与后来的方言、算学、舆地三学会完全不同,故应属于早期规划而未及施行。

另外,上述引文提到"拟请分此学于求贤馆中",这是指与校经同在长沙的求贤书院,由湖南巡抚主持,故曰"请"。光绪二十一年十二月末,按试常德的江标收到湘抚陈宝箴"四百里排递",嘱其送各属知名士子于求贤书院①,大约此前就向江氏提过对求贤书院的建设规划。

二、校经学会创建的政策背景及其章程

光绪二十二年(1896)十月,江标在给汪康年的信中提到,拟创《湘学新报》,拟在校经书院开设方言、算学、舆地三学会,分别以长沙郑涟、巴陵傅鸾翔、新化晏忠悦为斋长,场所即新藏书楼下②。该年十二月,江氏致湘抚陈宝箴函述及"新建实学堂"以及上述三人分教三科事③,则此时学会已创成。

此前,光绪二十二年七月上旬致张之洞函中,江标言及"加设季课,添造书楼,特欲小辟新规,渐移旧习"的政绩,但完全未提及学会、学报的想法④。那么为何十月份忽然有此成熟的计划呢?我们可以从他为学会争取经费的奏折与其底稿的差异中探得答案。

日记显示,此奏初稿在光绪二十二年正月已写好,题作"奏为推广书院课额膏火援例请旨",主体内容是请依照《学政全书》所载奉天于本省学田租银内酌拨给沈阳书院作师生膏火、直隶将藩库存公银等项酌拨给顺天金台书院作膏火之旧例,令湖南藩司将所余库存公银每年拨付五百两给校经书院作膏火之费,又言校经加课、建造藏书

---

① 《江标日记》(下),第 646 页。

② 《江标集·致汪康年(十)》,第 88 页。

③ 《江标集·致陈宝箴(三)》,第 120 页。

④ 《江标集·致张之洞(二)》,第 117—118 页。

楼事,而未言学会、学报事①。但此奏后来经过修改,迟至光绪二十三年初才上呈,题作"奏为推广书院章程、讲求新学",正文增加了一段:"且拟添设算学、舆地、方言学会,兼立《湘学新报》,专述各种艺学,开人智识,恪遵二十二年七月初三日总理各国事务衙门奏定新章,推广新学。"②

　　所谓"奏定新章",即总理衙门遵旨议刑部左侍郎李端棻奏请推广学校折。李氏折上于光绪二十二年五月初二日,内容包括:请令各府县皆设学堂,课程自《四书》、《通鉴》、小学外,辅以外国语言文字、历史及天文、地理、算学之浅近者,各省级学堂则诵经史子及国朝掌故等,辅以天文、舆地、算学、格致、制造、交涉等学;并令每县各改其一所书院为学堂,增广功课,变通章程;令各省会皆设大书楼,汇集中西书籍;于各学堂别设仪器院;于京师设大译书馆;于京师、省会及通商口岸立大报馆译西报;选派学生出国肄业、游历各省考察地理和商务③。总理衙门大体同意,表示实效"惟在地方官之劝导有方"④。李端棻折约两月后登载于上海《时务报》第七册,迅速传遍全国。

　　原本江标只是欲为扩大校经名额而争取财政支持,李端棻的上奏和总理衙门的定章一出,显然与自己在校经书院加课实学、建楼广储西书和仪器的宗旨相合,于是顺理成章地增入学会和学报创设计划,从而令申请经费的名目由地方额外需求变为对朝廷新政的响应,两个多月后顺利得到户部和皇帝批准。

---

①　《江标日记》(下),光绪二十二年正月廿九日,第 654—655 页。

②　《江标集》,第 6—7 页。

③　《京师大学堂档案选编》,北京大学、中国第一历史档案馆编,北京大学出版社,2001 年,第 1—5 页。

④　《京师大学堂档案选编》,第 7—8 页。

在户部批准财政支持的同时,江标也发布了学会和新书楼的章程。章程规定方言、算学、舆地三学会各四十名学生;上午课方言,下午十二点至两点课算学,三点至五点课舆地;每月固定日期休沐,每年多节令假期;每人发给日记本,每月由学长评阅日记等次;每年学政大考一日,分等次评奖,优者预备保送总理衙门和南北大学堂等处。至于书楼,休沐日之外每日开放,任何人皆可持凭单上楼游观①。这其实已接近近代学堂的规制。

另外,入会学习者须缴纳二十千文钱作为押金,三年期满,如数发还,严重违纪者则不退还。但据近现代著名学者杨树达记载,实际缴费金额是制钱十千文。杨氏兄弟都很乐意入会习算学,家贫而费无所出。幸而杨树达在开学之日往观算学教学时,被江标注意到,经过临时开方题考试,得到首肯,江氏遂在其书楼阅览证上批曰"准该生免费入会"②,可见其识才爱才。

三、《矿学报》的规划和《湘学新报》的创立

前文所引江标申请经费的奏折中提出创办《湘学新报》的计划,但最初想要开办的其实有两种,一是《湘学新报》,一是《矿学报》。光绪二十二年(1896)八月,他在按试完岳州前往沅江的途中,虑及当前国家之贫,认为非矿利不能救,但需要克服上官办理而下民不顾大局的问题,最快的办法是借学堂和报馆普及知识,凝聚民众共识,故致信陈宝箴,建议创办《矿学报》。信中介绍了他对报纸内容的构想:首论开矿之益及矿质之用;次述国内外开矿近事;继述湖南通省矿产概况、得利或不得利之缘由,间采读者投函;继述阻挠矿务诸案件。庶几奸人不能行其私,胥吏不能握其权,州县不敢阳奉而阴违,绅商不得利私而害公。计划每月出六纸或十

---

① 《江标集》,第 26—30 页。
② 《江标集》附录三,第 500 页。

二纸，发行范围兼顾省内外，技术上或用小石印机，或购活字印刷机，随其款项为之①。当时省内的确在讨论矿产运销至湖北的问题（见本章第一节），对矿学知识有需求，但可能是因为经费问题，最终《矿学报》没能如愿办成。

　　一年多之后，谭嗣同在南京倡办《矿学报》，"首载中国之矿事；次译各国之矿报，使皆知其利与害；次译各国专门矿学、地学、质学、化学之书"，并撰成章程十二条②，可谓与江标英雄所见略同，惜同样未果。

　　《湘学新报》创办于光绪二十三年（1897）三月，和《时务报》一样为旬刊。至光绪二十四年六月终止，共出四十五册，江标在任期间出到第二十三期。自第二十一期起改名《湘学报》。资金上由江标用此前书院书楼捐款和自身捐充解决，但十分支绌，故没有如愿采用铅印或石印③，仍是刻本。至光绪二十三年十一月江标卸任时，才购到铅印机器④。

　　报纸的定位在于学，江标《湘学新报例言》对此有详明阐释。首先，中国当前诸事之弊源于民智未开，"民智俄恶乎开？开于学。学术恶乎振？振于师"，而报馆可供周知四海时事，察验新理，故为师范嚆矢。其次，海外报馆林立，香港、广东、福建、上海、汉口、天津等地也各有知名报纸，但湖南尚无本地报馆，失之被动。复次，本报是官办，非私家之言。最后，当前报纸言政者多，言学者少，言改政者多，言广学者少，故本报不谈朝政、不议官常，借经学以讽时者亦不录，如

---

　　①　《江标集·致陈宝箴(二)》，第 119 页。

　　②　《谭嗣同集·创办〈矿学报〉公启》，浙江古籍出版社，2018 年，第 211—214 页。

　　③　《江标集·覆张之洞电(一)》，第 132 页。

　　④　《皮锡瑞日记》，光绪二十三年十一月初四日："熊云《学报》将改用铅印，机器已到。"第 2 册，第 528 页。

素王改制之说①。

其中第一点是当时通人共识。第二、第三点也有舆论指出，如《申报》有头版评论说："比年以来中国报馆之开设者夥矣，沪上而外，若天津，若汉皋，若广州，若香港，若杭州等处，合计新旧各报不下十余所，或为西人主持，或为华人经理，要皆商办而非官办。惟湘省所设《湘学报》，曾见江建霞学使奏牍中。此外由官场开办之报，则有川东一处。"②这股官办报纸的新风得力于朝廷对李端棻推广学校折的认可和宣传。第四点则是鉴于两年前北京强学会所办《中外纪闻》被查封、强学会被改为官书局的案例。该事件主因是权力倾轧③，也与触犯时忌有关，两湖地区的风气氛围又不能与放言时政的《时务报》所在地上海同日而语，故势有所难，不得不谨慎从事。

如何体现学术定位？在体例上，不同于以政论和翻译外电时讯为主的《时务报》，《湘学新报》遵循总理衙门覆议李端棻倡议，以翻译泰西报刊专著的学术内容为主，分史学、掌故（第 25 期继任学政徐仁铸接手后改名时务）、舆地、算学、商学、交涉六门。因翻译人才和西文文本资源不如上海丰富便利，故先从已经译成汉语之材料摘取整理，如《日本国志》《万国史记》以及转自《万国公报》等报刊的《中俄密约》等。

在内容上，既连载各类章程和专著，又在前 20 期开设书目提要板块，示范六科学问基本门径。兹将书目汇总如下：

---

① 《江标集》，第 193—194 页。

② 《报纪川东谕设报馆一则推广论之》，《申报》光绪二十三年十一月十一日（1897 年 12 月 4 日）第 1 版。

③ 汤志钧《戊戌变法史》（修订版），上海社会科学院出版社，2015 年，第113—115 页。

期数	史学	掌故	舆地	算学	商学	交涉
1	万国史记 泰西新史揽要	校邠庐抗议	乾隆府厅州县图志	学算笔谈	富国策	通商约章类纂
2	四裔编年表	西学课程汇编 西国学校	大清一统舆图	算学启蒙 数学理	工程致富	各国交涉公法论
3	列国岁计政要	文学兴国策	瀛寰志略	九数通考 增删算法统宗	光绪通商列表	公法会通
4	西国近事汇编	蚕业要览	舆地沿革表	算书二十一种	佐治刍言	公法总论
5	大英国志	七国新学备要	读史方舆纪要	九章细草图说 海岛算经细草图说	富国养民策	欧洲东方交涉记
6	俄史辑译	筹洋刍议	李氏五种合刊	下学庵勾股六术图解	保富述要	英俄印度交涉书
7	重订法国志略	时事新论	戴校水经注	几何原本	光绪通商综核表	薛星使海外文编
8	德国合盟纪事	西学辑存六种	皇清地理图	算学启蒙述义	铸钱工艺	万国公法
9	法兰西志	借箸筹防	海国图志	邹徵君遗书	中西度量权衡表	适可斋纪行
10	米利坚志	列国陆军制	水道提纲	董方立遗书算术	重译富国策	适可斋纪言
11	隔靴论	德国议院章程	中俄界约斠注	代数术 运规约指	续富国策	中外交涉类要表

续表

期数	史学	掌故	舆地	算学	商学	交涉
12	联邦志略	洋务实学新编	朔方备乘	代数难题	华洋税关贸易总册	金轺筹笔
13	中西纪事	前敌须知	越南地舆图说	代微积拾级	西艺知新正续合编	三朝北盟会编
14	普法战纪	外国师船图表	钦定新疆识略	三角数理	伦敦铁路公司章程	外交余势
15	希腊志略	圣武记	群经释地	周髀算经	伦敦铁路公司章程	中国古世公法
16	英国水师考	日本新政考	海道图说	张邱建算经	生利分利之别	欧游杂录
17	欧洲史略	井矿工程	湖南舆地城驿传总纂	万青楼图编	国朝通商始末记	出洋琐记
18	罗马志略	通典	内府舆地缩摹图三种	测圆海镜细草	中国工艺商业考	中山传信录
19	英法俄德四国志略	英政概 法政概 英藩政概	图史提纲水道源流合刻本	天算策学通纂	日本排除青国带湿棉花章程	东方时局论略
20	五洲各国志要	法国海军职要	地学启蒙	墨经摘疑	山东试种洋棉简法	华英廒案定章考

如果将丛书计为一种,则上表通计史学 21 种,涵盖欧美主要国家历史;掌故 21 种,涉及政治、军事、教育等制度;舆地 20 种,绝大部分为中国舆地著作;算学 23 种,重视传统数学;商学 19 种,包括货币、度量衡、贸易、种植业、交通等多方面。第 14、15 期的商学书目重复,是由于刻工讹误,报馆有专门指出;交涉 20 种,以国际法介绍和出洋游记为主,兼顾古代会盟历史和当代交涉案例。

就来源论,约有以下数端值得注意。首先,部分书籍可能是由江标选定,如《俄史辑译》《朔方备乘》《钦定新疆识略》《金轺筹笔》等书曾出现在《咸同以来中俄交涉记》江译本中,督学考题也有《书曾惠敏公金轺筹笔后》,《天算策学通纂》是其长兄江衡所作,《德国合盟纪事》《德国议院章程》《中西度量权衡表》则收入江标在湘刊刻的《灵鹣阁丛书》。其次是益智书会(School and Textbook Series Committee)、广学会及江南机器制造局的出版物备受重视。如《大英国志》《俄史辑译》《联邦志略》《希腊志略》《欧洲史略》《罗马志略》均为益智书会编译的教会学校历史教科书①。制造局出版者分量最重,超过 20 种②。

就内容而言,《湘学新报》的六科书籍推介栏目(以下简称江目)③受到梁启超《西学书目表》(以下简称梁表)④的直接影响。首先

---

①　益智书会这几种书的内容简介参郭蔚然《晚清汉译历史教科书研究》,光明日报出版社,2021 年,第 72—77 页。

②　包括《四裔编年表》《列国岁计政要》《西国近事汇编》《列国陆军制》《英国水师考》《前敌须知》《井矿工程》《几何原本》《代数难题》《代数术》《运规约指》《代微积拾级》《三角数理》《佐治刍言》《保富述要》《各国交涉公法论》《公法总论》《欧洲东方交涉记》《英俄印度交涉书》《东方时局论略》等。

③　后文所引《湘学新报》推介书目的提要原文均引自《湘学报》,《湖湘文库》影印《湘学报》合编本,湖南师范大学出版社,2010 年,第 3 册,第 1749—1855 页。

④　梁启超《西学书目表》,影印《慎始基斋丛书》本,朝华出版社,2018 年。后文所引均出自此版本,不再赘注出处。

是具体收书,江目全部百种左右推介书中,只有十几种不见于梁表。个别书(如《学算笔谈》)虽然不见于梁表正文,但在梁表附录的《读西书法》中有专条述及。其次是具体著录方式,梁表没有解题,但著录了出版方、册数及价格,江目对应条目下大多数照抄了梁表的这三类信息,同时有所增补,特别是石印本。梁表不收的书,江目也模仿标注,如《大清一统舆图》附注曰"武昌局翻刻本,二千"。

另外,江目还直接提到了梁启超的其他著述。一是《希腊志略》《日本新政考》《生利分利之别》《中国古世公法》诸书添注了《西政丛书》本,该丛书由梁启超编纂,光绪二十三年(即《湘学新报》创刊同年)刊行。只是添注不全,如《佐治刍言》同样被收入《西政丛书》,但江目《佐治刍言》提要只依照《西学书目表》著录了制造局刊本。二是《中国工艺商业考》解题,除了最末两句,其馀均抄自梁启超二十三年八月十一日发表于《时务报》的《中国工艺商业考提要》①。该提要属于其另一种著作《西书提要》的一部分。梁氏在《西学书目表序例》(落款曰光绪二十二年九月)中自述,《西书提要》一书"缺医学、兵政两门未成"。而光绪二十二年秋《时务报》还刊行了梁氏的《西书提要农学总叙》,这说明至少农学类已经纂成,且《西书提要》的体例是有类叙的,符合李端棻对该书"仿《四库总目》之例"的描述②。三是《五洲各国志要》提要提到"近得梁启超论李提摩太以振兴中国取怒英国政府(《时务报》三十九册)",《适可斋纪言》提要言及"梁启超为之序,与《纪行》一书并行"。这都表明江目编者对梁启超著述十分关注,显

---

① 《梁启超全集》第一集《论著一》,中国人民大学出版社,2018 年,第256 页。

② 《西书提要》虽未见出版,但部分亲友知晓此书的存在,如李端棻光绪二十二年三月致张之洞札曰:"梁生并著有《西学提要》一书,仿《四库总目》之例,每书为解题一首,似于新学诸生不为无补。"并请张之洞作序。张周全主编《李端棻研究资料汇编》,中央民族大学出版社,2021 年,第 85 页。

示出早在梁氏受邀主持时务学堂之前,其学说和思想已经在三湘大地颇有流传,而《湘学新报》则对其学说起到了鼓吹作用。

江目还与《书目答问》有交集,表现在个别版本标注上。《书目答问》的《周髀算经》版本标示为:"聚珍本,福本,津逮本,学津本。"而江目标注为:"聚珍本,福本,津逮本,学津本,微波榭本,石印本。"省称和顺序都一致,明显是在前者的基础上增补而成。《书目答问》在《戴校水经注》条下标示:"聚珍本,杭本,福本,戴氏遗书本。"江目大致因袭并增补了后出刊本:"杭州刻本,福州刻本,戴氏遗书本;四川刻本价廉,惜有误字。"但在《瀛寰志略》和《读史方舆纪要》的版本上,江目标注完全不同于《书目答问》。

当然,江目也有自身特色。第一,江目分类名目较少,但实际收书涵盖了梁表的算学、地学、史志、官制、学制、法律、农政、矿政、工政、商政、兵制、船政、游记、报章、西人议论之书等类别,惟缺声光电化动植医学专书。

同时,梁表中列入附录简表《中国人所著书》者,或与西学无关、梁表不录者,江目多有收录。舆地类和算学类尤其明显,江目舆地类仅有《海道图说》一种、算学类仅有七种属于梁表正文所列。这固然是因为江目本是着眼于实学而不限于西学,但同时也能从所收算学诸书看出,江目并不希望士子习算时完全弃绝中国传统术语和算学体系,而是期待在继承中学的基础上沟通中西学理,并加以延伸。

第二,面向湘省士子,多收录湖南刻本乃至湖南学者著作。如《泰西新史揽要》在梁表所列版本外特别添注了"湖南删本";《五洲各国志要》《七国新学备要》《华英谳案定章考》则增加了浏阳质学会刊行本;《内府舆地缩摹图三种》提要提示"是书湘省坊间通称《皇朝舆地略》,湖南北及江宁、广东官局并刻行之";《德国议院章程》《朔方备乘》《中西度量权衡表》都标注了"元和江氏丛书"本,即江标本人在湘刊行的《灵鹣阁丛书》;《法兰西志》《米利坚志》《金轺筹笔》等则标注了湖南新学书局刊本①；《时事新论》《中俄界约斠注》《数学启蒙》《中外交涉类要表》还特别强调了湖南刻本价廉，《光绪通商综核表》更列出了价格对比："原刻本合《类要表》价一元；湖南新刻本价五角。"这都便于湘省士子购觅。而收录湘人纂述的《越南地舆图说》《群经释地》《图史提纲水道源流合刻本》《湖南疆域驿传总纂》《墨经摘疑》，则属于传扬乡邦实学业绩、引发本省士人兴趣、激励志气之举，其中长沙梁文桂所作《墨经摘疑》仅有钞本，不便于获取，但仍予列入，尤见本土情怀。

第三，通过与同类书的对比提示读法。如史学类《西国近事汇编》提要曰："《列国岁计政要》汇集各国岁单，致为综核，惜止于同治十二年，欲考癸酉以后西事，则是编其大纲欤。"《英国水师考》提要曰："其铁甲船表不及《外国师船表》例之详，而有船料、吨数二者为《师船表》所无。"掌故类的《洋务实学新编》和《外国师船图表》提要都强调了可与商务类《中西度量权衡表》互补。舆地类的《地学启蒙》提要指出，煤矿之外的矿产知识需要结合未列入推介书目的《宝藏兴焉》《地学浅识》《金石识别》等书。算学类的《算学启蒙述义》提要则强调此书与《四元玉鉴》相表里，欲读《玉鉴》者，宜先读《述义》。此类表述与《西学书目表》所附《读西学书法》是相通的。

在内容编辑队伍方面，具体主笔见《湘学报》合订本《一册至四十五册题名》：史学主笔是唐才常、蔡钟濬、易鼐，掌故主笔为唐才常、杨毓麟、李钧甫、胡兆鸾，舆地主笔为姚炳奎、邹代钧、晏忠悦、徐崇立、汤家鹄等，算学主笔为黄伯英、李固松、陈棠、廖钧焘、刘佐楫，商学主笔陈为镒、李钧甫、鄢廷辉，交涉主笔唐才常、杨概、周传梓，蔡钟濬任总理。另外石陶钧也参与了史学和掌故的实际撰文。其中邹代钧为江标阅卷幕僚兼陈宝箴所聘矿务局总办，唐才常、杨毓麟、姚炳奎、徐

---

① 新学书局由梁昌骏创立于长沙，与《湘学新报》同年开办。参寻霖、刘志盛《湖南刻书史略》，岳麓书社，2013年，第316页。

崇立、陈为镒、李固松都见于江标日记汇总的考生档案中,是其新选拔入学的生员,唐、杨、姚在该报创建的当年还被江标擢为拔贡①,陈为镒则被选为优贡②。这份长篇名单跨越了江标、徐仁铸两任学政任期,所以其中部分是徐仁铸接手后才聘请主持笔政的,如算学主笔陈棠③。在创始期,以唐才常出力最多,住在学政署中④,因学报驻地即在学政衙署。

成功出刊后,如何靠销售来维持学报良性运转,成为江标着力的重点。据统计,其发行网点大致有 25 处,分布于长沙、常德、武昌、汉口、沙市、江西、安庆、上海诸地⑤,范围虽远不能与《时务报》相比,但对经费拮据的《湘学新报》而言已属站稳脚跟。

对其销售经营帮助最大的是《时务报》主编汪康年。江标与汪康年皆为光绪十四年(1888)优贡,有同年之谊⑥,汪氏为钱塘藏书世家振绮堂后人,故二人最开始是因藏书而投契。次年浙江乡试,汪氏中举,而该科主考李文田恰是江标的乡试座师。及李文田去世,江标致

---

① 《湖南学政江标题为光绪二十三年选拔湖南贡生八十六名请旨事》,光绪二十三年十一月十八日,中国第一历史档案馆藏,档号 02-01-005-023924-0061。

② 《湖南学政江标题为举黜湖南优劣生员事》,光绪二十三年十一月十八日,中国第一历史档案馆藏,档号 02-01-005-023924-0060。

③ 见《湘学报》第 25 期卷首《湘学新报二十四册以后题名》,光绪二十三年十一月二十一日。

④ 《江标集·致汪康年(十一)》,第 89 页。唐才常早前生计颇为困窘,光绪二十年底经谭嗣同介绍得入武昌两湖书院(参郭汉民、陈宇翔《唐才常入两湖书院时间考实》,《近代史研究》1996 年第 4 期),次年回湘参加岁科考试,恰得江标拔为生员,又受聘主笔学报,生活和志业得以融合和稳定,故十分勤力。

⑤ 八百谷晃义《〈湘学报〉的经营、流通以及其在维新运动史上的位置》附表1《售卖〈湘学报〉书店一览表》,台北《新史学》第 30 卷第 1 期,2019 年 3 月,第 106—107 页。

⑥ 《江标日记》(上),光绪十五年六月二十一日,第 375 页。

信与汪康年细商对李文田独子李渊硕的照拂问题①,可知二人同门之谊亦深。从函札和日记来看,二人在汪康年光绪十八年中式进士居京后颇多往来,江氏赴任学政经停武昌时,亦与汪氏面晤两次②,到湘后关于创立学会和学报的谋划也都与汪氏详说。江标创刊伊始,即请附《时务报》馆销售,并询问《时务报》在武昌、汉口寄售的流程,《湘学新报》寄沪可否仿照办理,章程、例言、总叙可否登于《时务报》以广宣传③。后来销量渐涨,汪处一度要求续寄每期五百份,江处则添印不及④。江又学习《时务报》"长购"之法,即开放整年订购的优惠,见于《湘学新报》第十一期广告:"如有先交报费三元者,送报一年;五元者,送报三年;八元者,送报五年。"但至第二十一期即告停止,原因是整散不一、派发不便。应与生产周期略长、人手不足有关。

《湘学新报》整体销量仍以湖南省内为主。光绪二十三年五月(即创刊第三个月)以后,谭嗣同就在致唐才常札中提到,闻长沙城售出《湘学新报》千数百份,销《时务报》千余份⑤,省内可与《时务报》相颉颃,受欢迎度实属可观。

学报销路除了商业渠道,还有官方渠道。出到第五期时,湘抚陈宝箴嘉其"指事类情,洵足开拓心胸,为学者明体达用之助","为湘中承学有得之言,于本省人士启发尤为亲切",饬令本省各州县订购⑥。光绪二十三年六月,出至第九期左右,张之洞来电称"《湘学

---

① 《江标集·致汪康年(九)》,凤凰出版社,2018年,第87—88页。

② 《江标日记》(下),光绪二十年十月十六日、二十一日,第583、584页。

③ 《江标集·致汪康年(十一)》,第89页。

④ 《江标集·致汪康年(十三)》,第90页。

⑤ 原文见《谭嗣同集·与唐绂丞书》,浙江古籍出版社,2018年,第206页。该文时间考证据张维欣、张玉亮《仁学(汇校本)》前言,浙江古籍出版社,2021年。

⑥ 《湖南抚院陈饬各州县订购湘学新报札》,《湘学新报》第五册,光绪二十三年五月初一日。

报》闳通切实,洵为有裨士林","弟当劝勉楚人多看",江标回电"学报幸蒙允传播"①,则应是江标当时给张之洞寄去数册、请求在湖北流通。

但湖北官方的渠道可谓劳而少功。江标向张之洞发去数期样册之后,张氏发现其中有三处正文言及素王改制,张素来不喜廖平、康有为此说,故致电江标"可否以后于湘报中勿陈此议",江氏迅即订正刊误②,在第十四期刊出专文,解释学报所谓素王改制是意在尊孔求实,大异于廖平之"哓哓古今之辨而蔽罪通学之康成"以及康有为之"恫心经术末流之祸而归狱作伪之刘歆"③。不久,张之洞通饬"除省城两湖书院发给五本,经心书院发给二本,本部堂衙门暨抚、学院、司道、荆州将军衙门各一本,由善后局付给报资外",湖北各府州县一体购阅④。次年,张氏电称"每期需报一百五十二分"。且第十期开始是直接寄到湖广总督衙署,而非径寄各学校书院。又因戊戌年以来学报中"谬论甚多",张之洞要求待派员将寄到总督衙署的第十期至第三十三期各册摘谬后再下发,自第三十三期以后更是下令停止订阅《湘学新报》⑤。这种社会变革期的话语权和价值观冲突与长官的强势有关,而与《湘学新报》官办报纸的身份没有绝对关系。即便是商办的上海《时务报》,张之洞依然就该报刊登严复《辟韩》而警告汪康年,并亲自撰写《辟韩驳议》。

江标尽心竭力,但该报纸几乎没有盈利能力,还需自身不断贴补。其卸任当月致陈宝箴札自陈道:"学报用费亦逾千两,本省收款

---

① 《江标集》,第 132 页。

② 同上书,第 133 页。

③ 同上书,第 30 页。

④ 《两湖督院张咨会湘学院通饬湖北各道府州县购阅湘学报》,《湘学新报》第十五册,光绪二十三年八月十一日。

⑤ 茅海建《张之洞与陈宝箴及湖南维新运动》,《中华文史论丛》2011 年第 3 期,第 269 页。

仅抵刻费(各县买报已皆绝响,可笑)。所有纸张、刷刻、装订,每月须用百金,皆有标填用,将来或可于省外报费内收还也。"①当他离任时,在湖北代存的学报还有两千多本,"系江南、武昌、汉口销余之报",欲托湖北江左书林陈霞裳和《时务报》分半代售②。

经营的支绌没有妨碍其质量的广受欢迎。学报在改革派士人中的风评整体较好,江标翰林院好友袁昶就在日记中赞许其平实:"议论极为平实明通,有胜于《时务报》,因摘录之。""七门所言平实,甚中窍要,不知谁手笔也。"③谭嗣同则因其中寄寓的民权意识而盛称之:"《湘学报》愈出愈奇,妙谛环生,辩才无碍,几欲囊括古今中外群学而一之,同人交推为中国第一等报,信不诬也。"④

科举改章后,各地书商不断重印《湘学新报》,或拆取其中内容拼凑伪造新书以谋利⑤,在经济利益层面这是荒诞而令人无奈的,但也在内容层面凸显了江氏办报的成功。

第三节　江标新政的成效以及日本因素

一、新政成效

在考试科目、日常课学、学术刊物等多方面的改革举措下,江标全面深化了张亨嘉、张预留下的经世导向,令湘中学业风尚和人才面貌为之一新。

---

① 《江标集·致陈宝箴(四)》,第 121 页。

② 《汪康年师友书札·陈霞裳(二)》,第 4 册,第 3471 页。

③ 孙之梅整理《袁昶日记》,光绪二十三年五月、六月,凤凰出版社,2018年,第 1242、1244 页。

④ 《谭嗣同集·与唐绂丞书》,浙江古籍出版社,2018 年,第 207 页。

⑤ 详参八百谷晃义《〈湘学报〉重编与重印研究》,《汉语言文学研究》2021年第 4 期。

在岁科考试方面,谭嗣同生动总结了学风转变时上下角力的过程:"方江学政之至也,谤者颇众,及命题,喜牵涉洋务,所取之文又专尚世所谓怪诞者拔为前茅,士论亦哗,至横造蜚语,箝构震撼。而江学政持之愈力,非周知四国之士,屏斥弗录;苟周知四国,或能算学、方言一技矣,文即至不通,亦哀然首举之。士知终莫能恫喝,而己之得失切也,乃相率尽弃其俗学,虚其心以勉为精实,冀投学政之所好,不知不觉,斩然簇然,变为一新。虽在僻乡,而愚瞽虚骄之论亦殆绝迹矣。"[①]

江标离任后,职司监察的徐树铭则站在保守立场表示,继任学政应该扭转江标的导向:"近年来士习披靡,飞扬浮动,学政江标复以西人之说簧鼓士林,以为赏罚,老成练达之儒无不切齿。本届学政徐仁铸业已到任,应请旨饬令该学政一以经学史学为标准,不得任无知之辈邪说芜论狂荡颠倒,杂乱文体,诬蔑正教,庶人心以安,士习以正。"[②]这恰从反面印证了江氏新风的明显实效。

在制科方面,光绪二十二年九月,礼部议复整顿各省书院折,要求"各省生监有通晓算法及格致等学者,由学政咨送总理各国事务衙门复加考验",录送次年的顺天乡试[③]。江标积极响应。由于此前他已经在岁科考试经古场、校经书院加课、校经学会中增加了算学的分量,以湖南省内可供选送乡试者多至二三十人。他同时专门致书盛宣怀,请求资送湘中算学生员赴顺天乡闱,盛宣怀有感于江标"于湖湘见特开风气"[④],慷慨应允"捐廉给半,以二十名为率,溯江航海以

---

① 《谭嗣同集·与徐砚甫书》,浙江古籍出版社,2018年,第215—216页。

② 都察院左都御史徐树铭片,光绪二十四年闰三月二十三日,中国第一历史档案馆藏,档号03‐5615‐029。

③ 麦仲华辑《皇朝经世文新编·学校上》,《近代中国史料丛刊》第1编,第771册(上),第381页。

④ 《江标集·致盛宣怀(五)、附盛宣怀复书》,第112、113页。

至于津,不用公牍,由阁下选举后函示名籍,饬知汉沪两局凭文减收半价"①。

光绪二十三年丁酉科湖南拔贡考试,档案显示江标录取多达86名,不少名字并见于《沅湘通艺录》100多位范文作者中。一些人物在近代史上留下了浓墨重彩的痕迹:

毕永年(1869—1902),清末在上海与唐才常组织正气会,并参加孙中山领导的惠州起义;杨毓麟(1872—1911),在日本早稻田大学留学期间与黄兴、樊锥等人创办《游学译编》,倡导民族革命,组织过拒俄义勇队。回国后参与筹备华兴会,参与创办上海《神州日报》,后赴苏格兰阿伯丁大学留学。听闻黄花岗起义失败,悲愤致病,于利物浦海边蹈海自尽;唐才常(1867—1900),戊戌变法后赴日本、南洋集资,回上海创立自立会,发动自立军起义,兵败就义;樊锥(1872—1906),与谭嗣同、唐才常同为《湘报》撰文。后参与唐才常自立军起义,失败后避走上海,参与主办《苏报》,《苏报》案之后前往日本学习法政。回国后参加华兴会起义,后应蔡锷邀请任教于广西陆军小学;程子楷(1872—1945),光绪三十年弃官东渡,考入东京振武学校,加入同盟会。回国后从事革命活动,先后参与护国运动、护法运动,抗战期间被俘自杀;胡元倓(1872—1940),毕生致力于教育事业,借债创办经营明德学堂,曾出任湖南大学校长。

丁酉科优贡试选录四人,其中谭延闿(1880—1930)是两广总督谭钟麟之子,晚清湖南谘议局议长,1912年加入国民党,后参与护国运动,1928年任南京国民政府行政院院长,也是著名书法家。

拔取为秀才者,如蔡锷(1882—1916),先后就学于时务学堂、上海南洋公学、横滨东亚商业学校等处,回国参与自立会起义失败后,复返日本,考入陆军成城学校、东京陆军士官学校,与黄兴组建拒俄

---

①　《督办铁路大臣盛覆允湘学院捐助湖南算学生员赴顺天乡试书》,《湘学新报》第5期,光绪二十三年五月初一日。

义勇队。回国后在多地教习新军,后任广西陆军小学堂总办,护国运动领袖。

带在学政衙署陶冶者,如石陶钧(1880—1948),毕业于日本陆军士官学校炮兵科,追随黄兴、蔡锷,参加护国战争。1917年授陆军少将,1927年任中方代表参加日内瓦裁军会议,1936年升国民政府陆军中将。1943年发起成立邵阳松坡图书馆。

这些熠熠生辉的人物事迹既充满了湖湘本地的血气之勇,也延续了江标当年营造的广求实学、勇于任事的士风。

从士子个人观感而言,可以唐才常、石陶钧、谭延闿为例。

唐才常率众请改南台书院为算学馆,江标大力支持,并勉励道:

> 余初出都时,或怃之曰:"湘人以守旧闻天下,子莅湘毋言时务,不然且立蹶。"比至湘,则殊不然。与士大夫言,皆怆念世局,恤恤然忧,皇皇然惧。又以史学、掌故、舆地、算学策士,则崇闳之论,明达之儒,往往而有。于是乃叹魏默深、郭筠仙、曾劼刚诸先生之流风未沫也。又益喜兹邦之热力迸奋,忠爱缠绵,为中国聪强之嚆矢也。然非浏人一举而破其局而通其阂,则吾乌知是邦趋向之颛壹,血性之充周至于此矣?吾子勉乎哉![1]

其中可能有唐才常回忆加工的成分,但整体上热血澎湃、推心置腹的情境是可信的。最终算学馆因为经费无着而作罢,只由欧阳中鹄创立了小规模的算学社,但江标与充满改革激情的士子间的精神契合令唐才常感佩不已,笔之于《浏阳兴算记》。

石陶钧、谭延闿则对江标提携培养之恩感怀终身。江标去世后,时已显达的谭延闿常来拜谒师母,一若江标在世时。"恭谨侍立,非

---

[1] 唐才常《浏阳兴算记》,《湘报》第四十五号,光绪二十四年(1898)三月初七日。

呼之坐不敢坐。谭有雪茄癖,平居吞吐为乐,其随从携有雪茄,欲私
进之,谭恐失礼,摇手以示意,建霞夫人见而命之吸,并自吸卷烟以为
倡,谭乃告罪吸取一枝焉。某次,江家迁居沪上白克路之某里,谭亲
来道贺,问屋是否己产。建霞夫人以租赁对,谭力签巨款之券一以与
之,曰:此虽戋戋,然足为购屋值。庶几居住有定,不致劳于迁徙
矣"[①],其风谊感人如此。

以史学、词章第一入县学的石陶钧更是详细记述了江标在校经
书院和学政衙署对他的日常培养以及对他的人生影响:

> ……先生颇好言通经致用,正是中学为体、西学为用之说的
> 前导。认叶[按,即叶德辉]有考据之学,以为可师。八月,先生
> 自湘南返长沙,乃不满叶所持论,命我从叶家转住督学官署内萱
> 圃。圃有藏书二万余卷,我始发愤作汗漫的博而寡要的纵览。
> 先生教我每毕一书便作一提要呈阅,虽在百忙,必为我指陈得
> 失。先生长子孟聪与我同年生,亦同受课。直到一八九六年秋
> 间,未尝稍懈。谭延阎与我订交即先生于萱圃所介绍(谭亦出先
> 生门下)。其后民国九年,谭为我题跋灵鹣遗墨,还忆旧事说"逡
> 巡引退,自愧弗如",可见当日情景甚为谭所健羡。我今虽不能
> 为斯宾纳乍先生,实是冯安德,我不能不说,我从符号生活窥见
> 中国文化的梗概,实江先生有以启之。
>
> ……每值先生辖轩巡试,我则移居书院,及归长沙,我复返
> 官署。三年之中,始终在先生熏陶之下,发起并完成了许多自研
> 究,已自忘其在考试类型生活中度日。
>
> ……次年所谓戊戌政变之年,先生忧时疾世,由通信示我以
> 今后为学谋国的方术,显为排满复汉说张目……
>
> 一八九八年三月,长沙时务学堂开学,其组织与所倡学说倾

---

① 《江标集》附录三,第505页。

于民主政治及一般科举常识,并主张废科举、设学堂,梁启超为其主要导师。仁铸推荐我与子善及蔡锷加入梁门为学堂学生,我尝因唐才常得交谭嗣同……在顺流中,我一味天真烂漫的积极趋新;转入逆流,却不得不沉思反省的消极疑古。家塾生活所铸成的尊孔一念,动摇之下乃至扫荡无余,始有更进一步探取新的宇宙观及人生观的渴望,以期将来为民族指示伟大而适应的文化路线。这项有意义的发起,要算是考试类型生活期中最重大的收获。我应该再说一句,实江先生有以启之。①

江标储备大量藏书,令石陶钧在博览中开阔视野,又为其读书提要指出得失,更在卸任以后交流为学谋国之术,接引邵阳小村少年在混乱时势中涵养学力,助其摆脱旧秩序的观念束缚,这不仅是巨变下的良师益友,也是期待其陶冶成才后,为更多普通人争取新的未来。

当然,我们不能忽视本地原有的趋新的根苗,甚至有些当地士子的规划与江标十分接近。如刘善涵至迟在光绪二十一年(1895)就有意创办报纸《湘报》(不是与南学会同时的《湘报》),且撰成了章程,好友谭嗣同曾为之作跋,谭氏还称赞刘善涵"《湘报》与湘矿并举,惬心贵当之作也"②,而办报与开矿的规划正是江标最注目处。唐才常与刘善涵、涂儒翯等生员请改浏阳南台书院为算学馆,亦与江标导向相符合,江氏曰:"久矣夫,余之辍食弃餐,抚剑东向,欲求振刷于是邦也。不图义声首唱,与余耿耿之心相符契者,有浏人士也。"③令唐才

---

① 《江标集》附录三,第499—500页。

② 详参黄彰健《论光绪丁酉戊戌湖南新旧党争》,《戊戌变法史研究》,上海书店出版社,2007年,上册,第398—401页。

③ 唐才常《浏阳兴算记》,《湘报》第四十五号,光绪二十四年(1898)三月初七日。又见《觉颠冥斋内言》卷四。又《中国近代教育史资料汇编·戊戌时期》,上海教育出版社,1993年,第353页。

常印象深刻。

　　江标最重要的贡献是将这些趋新的士子由分散或隐藏的状态会合到校经书院、学会和学报的旗帜下，摆脱孤立、压抑及惶惑的状态，持续进行声量宏阔的新知再生产事业，从而唤醒更多士子，共同扩大眼界、提升知识储备水平。

　　关于施政效果，江标本人也感受到了各方的积极评价。光绪二十一年宝庆府按试结束时，"出城，适大雨，送者不绝，诸生童有二百余人，远至七八十里。瑶生、武生童、贡生皆远道相送"。得人心如此，他既惭且喜："自愧无益于诸生，尚得诸生见爱，颇自喜也。"①光绪二十二年，《万国公报》刊出《三湘喜报》一文，称赞其通权达变，命题课士能够博古通今，促使三湘人士将广学会译书视为枕中鸿宝②。他看到后，在日记中表示："自愧不足启导，以见此勖，益觉惶悚。惟愿湘人以后不以俗学相扞格，不以鄙陋之心待人，公求新学，为国家雪无穷之耻，则余之愿也。"③欣慰的同时并不自矜功伐，仍有任重道远之感。

二、访日经历对新政的影响

　　江标访日时期并没有在日记中留下太多政治经济方面的感受，但督学期间的文献则为我们显示出甲午战败刺激下其游日经历散发的深刻影响。

　　晚清湖南被视为全国最排斥洋人的省份④。十九世纪八十年代

---

　　①　《江标日记》(下)，光绪二十一年三月初九日，第 600 页。

　　②　《万国公报》1896 年第 90 期，第 19 页。

　　③　《江标日记》(下)，光绪二十二年九月初七日，第 685 页。

　　④　罗志田《近代湖南区域文化与戊戌新旧之争》在溯源湖南排外形象时指出，湘军兴起导致湘人排外几为不根之谈，排外名声很可能因周汉反洋教事件而起，且很大程度上是外国人协助传播形成的，参《近代史研究》1998 年第 5 期，第 68—74 页。

有外国传教士表示：

> 湖南之对于中国，正如拉萨之对于西藏一样。多年以来，它是大陆腹地中一座紧闭的城堡，因而也是一个无与匹敌的、特别引人注意的省份。中国的保守主义，以及对于所有外国事物的反感，都在这儿集中起来了。因此，这里不仅产生了中国最好的官吏和军队，也出现了对基督教最激烈的攻击。不管别的省份采取什么态度，湖南仍然毫不容情。所以，在中国其他各省向传教士和商人开放很久以后，湖南人继续吹嘘没有一个外国人胆敢进入他们的省境。①

十余年后，以周汉为代表的激烈的反洋教运动仍然无法遏制，湘省流传赞扬周汉反洋教事迹的歌谣与揭帖甚至流传至湖北宜昌境内，赞成此类歌谣的湘鄂民众"十人而九"，"长沙三书院尤佩服周"②。但在当时普遍强调湖南风气极端保守、难以变革的舆论氛围下，江标敏锐地体察到湖南士风与日本明治维新之际士风的相似性：

> 余尝至日本，见其人民聪秀而性强悍，乡曲豪举游侠之雄，遍于八洲三岛。其明治以前，杀朝臣，攻使馆，劫师船，纵横挚毂，飙忽万状。有处士十六人者戕法兰西人，及临刑时，戕至十四人，慷慨就死，无少瑟缩，法使乃反袂掩面，泣不忍视，曰停刑

---

① 马歇尔·布朗荷(Marshall Broomhall)《中国内地传道团亚当·多尔瓦德和其他教士的开拓工作》(*Pioneer Work by Adam Dorward and Other Missionaries of the China Inland Mission*)，伦敦，1906年。兹转引自(美)周锡瑞(Joseph M. Esherick)著、杨慎之译《改良与革命：辛亥革命在两湖》，中华书局，1982年，第39页。

② 张之洞《致天津李中堂(李鸿章)》，光绪十八年正月初九日电稿，《近代史所藏清代名人稿本抄本》第二辑，大象出版社，2014年，第3册，第9—10页。

停刑。夫其桀悍若此，以云更变，难乎难矣。然自迭遭挫辱以来，瞿然于闭关销港之非，而一意开通，大修学制，为亚东雄国。吾之以日本望湘人士也久矣，今其气象庶几近之。①

日本维新前后的强烈反差，令其意识到保守背后的忠勇决绝之气正是雪耻重生的强大动力，关键在于引导。正因如此，在湘军惨败于牛庄、湘人视日为仇寇的现实下，江标才敢于"以日本望湘人士"，对改革充满期待和信心，并以此勉励湘士。其按试黔阳、麻阳、凤凰等地期间的日记载有如下策问题：

> 问：忠义之气出自天性，然博观史书，往往有平居若无能，而遇事则敢为者，亦有素日以此自励，而遇危急之际忽有改其初操者，岂根柢未深欤？抑不可预定邪？试撫举史事而论断之，以觇平日读书之益。
>
> 问：用兵之道，饷足则堕，饷绌则溃，自来忠臣烈士，往往误于饷者十之七八。故用兵，筹饷为第一义，试举其平日储备之策及临时挽救之法。此实事求是之学，非空言所可条对者。②

很明显，其发问意在引导考生多读史书和名臣奏议等，从而将血气忠纯的天性落实为有勇有谋的才干，避免了高蹈虚浮，正体现了他以日人望湘士的循循善诱。

在具体施政方面，其创办报纸的想法一方面缘于纸面得来的关于西方报馆众多的知识性介绍，但更直接的印象是在日本的观察："侄昔年游日本，见上至国政，下至厨婢，无一不有专门日报，故改变

---

① 唐才常《浏阳兴算记》，《湘报》第四十五号，光绪二十四年（1898）三月初七日。

② 《江标日记》（下），光绪二十二年四月，第 669 页。

之速如此。无他，一有启导之功，一无偏私之见，人皆信之，而事实由此兴矣。"其《湘学新报例言》亦谓："欧洲各国报馆日报不下一千三百余种，南北美洲日报不下一千余种，即日本区区一岛，而各报亦多至二百余种，以此致富致强，有同操券。虽妇孺莫不以阅报为事。其报馆往往其退位大员或亲王之学识兼优者主笔，郑重周详，埒于建学。"当中对欧洲、南美和日本报馆数量的记录来自《申报》①，但"退位大员或亲王之学识兼优者主笔"的细节应是来自在日本的具体见闻。

　　及至江标离任，《湘报》、南学会、时务学堂、保卫局等新政将湖南维新推向高潮阶段，数年之间，湖南由保守代表一跃而成为改革先锋，全国瞩目。沪上报纸遂有人评论道："西报以日本为东方之英人，今湖南殆吾华之日本矣。"②可谓与江氏初心遥相契合。但在荆棘未开之时能坚持"以日本望湘人士"，江标显然具有更高的识见和勇气。

第四节　丛书编刻

　　江标在例行岁科考试任务、主动的维新改革之外，尚有一项重要活动，即编刻丛书。丛书编刊是乾嘉时期大为兴盛的文化行为，官方有文教工程《四库全书》的抄纂，民间则有学者文人的四部要籍汇存、近人考证著作、稀见善本、杂艺玩赏等类型的汇刻。至晚清又出现算学、格致、富强等主题的丛书。江标师友编刊丛书者颇多，如张炳翔《许学丛书》、赵元益《高斋丛刻》、黎庶昌《古逸丛书》、金武祥《粟香室丛书》以及叶昌炽为潘祖荫编辑的《滂喜斋丛书》《功顺堂丛书》和为蒋凤藻编校的《铁华馆丛书》《心矩斋丛书》等。

---

　　①　《论日本能夺西商之利》，《申报》光绪十七年六月二十一日（1897 年 7 月 26 日）第 1 版。

　　②　《读湘报》，《申报》光绪二十四年六月初二日（1898 年 7 月 20 日）第 1 版。

丛书编刻之用，一方面是传存古今著述，研习和推广学术。正如张之洞《书目答问》所言："丛书最便学者，为其一部之中可该群籍，搜残存佚，为功尤巨。欲多读古书，非买丛书不可。"缪荃孙也说："虽云有椠刻而书易传，然传书之功，亦惟丛书为最大矣。"①江标曾在日记里列出各丛书所刻书目，欲按图索骥；购买《玉函山房辑佚书》，学习辑佚；又典衣缩食购买《古逸丛书》；汪鸣銮则出示《士礼居丛书》助其编纂黄丕烈年谱②。另一方面衍生出了交际赘礼的功能。如友人吴丙湘来见江标时赠以自刻《传砚斋丛书》（仪征乡贤焦循、徐石麟著作集），江标曾以翁方纲《苏斋丛书》（经学、金石、诗词内容为主）一套给汪鸣銮贺寿，陆心源来拜访江标时赠以顾湘《小石山房丛书》（史部和子部书为主）一部，潘任来见时赠以自刻《希郑堂丛书》（自著集）③。

他自少即熟悉此种书籍出版方式，督学湖南所出词章考题也有《丛书赋》④。其在湘期间完成刊刻的丛书包括《江刻书目三种》《宋元名家词》《宋本唐人小集（或名唐人五十家小集）》《灵鹣阁丛书》。其中《江刻书目三种》已见本书第一章，在此只讨论后三种。

一、《宋元名家词》

此丛书包括宋人词集十种、元人五种，共十七卷，光绪二十一年（1895）秋长沙思贤书局刻。底本由江标提供，故仍算作江氏刻书。

据书前江标序，他在京师从况周颐处见到彭元瑞抄本《汲古阁未刻词》二十二家，遂抄录副本。彭抄本附目中尚有三十七家，同有写

①　缪荃孙《艺风堂文集》卷五《积学斋丛书序》，《续修四库全书》第 1574册，第 98 页。

②　《江标日记》（上），光绪十一年四月初六日、五月十四日、十一月十九日、十三年正月二十七日，第 103、112、146、240 页。

③　《江标日记》，光绪十一年八月十八日、十七年六月初一日、十九年三月二十五日、二十年七月二十日，第 125、438、529、569—570 页。

④　《江标日记》（下），第 634 页。

本,但况周颐迟不相借,江亦得任学政南下。到湘后得知思贤书局欲刻各家词集,遂交湘绅张祖同(字雨珊)付梓。之所以改名为《宋元名家词》,是"欲为毛氏之续,不必专守彭氏一钞也"①。其中有九家已被王鹏运四印斋刊行,就不再入刻。

江序之后是彭元瑞原跋,以及彭氏所抄《汲古阁未刻词》二十二家、所藏《南词》二十五家、《宋元人小词》十二家的目录。王鹏运已刻者,书名下标明"临桂王氏四印斋已刊"。

对照《宋元名家词》与彭目,可知江本《演山词》是从彭藏《宋元人小词》抄出。惟江本《雪坡词》不见于本丛书所附彭目,亦不见于今存毛氏汲古阁抄本《宋元名家词抄》七十种②中。故《雪坡词》抄自何处,暂不可考。

考其《日记》,江向况周颐借彭抄本事在光绪十八年(1892)九月,当时准备自刻,但刻资不足③。日记中抄有彭抄本部分目录,不如本丛书所附之完全,其中江目在《断肠词》《漱玉词》上方标明"四印斋刻",《大风遗音》上标"此当别刻"。

清末校刻五代宋元词集成风,江标之前有王鹏运《四印斋所刻词》,之后有吴昌绶《双照楼景刊宋元本词》、陶湘《涉园续刊景宋金元明本词》、朱祖谋《彊村丛书》、王国维《唐五代二十一家词辑》等,其中《彊村丛书》规模最大,收录一百六十七家,共二百六十卷。此类丛刻

---

①　江标原抄今存上海图书馆,题《汲古阁未刻词二十二种》。其卷首题识与今刻本前自序基本相同,见王昊《〈汲古阁未刻词〉传钞源流及传钞〈汲古阁未刻词〉本〈漱玉词〉文献价值衡估》,《中国诗学》第十三辑,人民文学出版社,2008年,第39页。

②　毛扆校,唐晏跋,北京大学图书馆藏。

③　《江标日记》(下)光绪十八年九月初八日,第509页。这天似乎没有借到,但同天得到了王鹏运赠予的新刻白朴《天籁集》。《日记》原稿本第十六册末已抄有二十二种词集全目,第十七册则记自十八年十月初八日,故至少在十月初八日以前已经借到彭抄本。

保存了众多命悬一线的孤本,为今天的词学、音韵学、史学研究提供了无可替代的宝贵资料。如《雪坡词》《风雅遗音》等词集刻本就仅见于本丛书。特别是彭元瑞原抄本后长期为日本大仓财团所有(今归北京大学图书馆),国内留存一度全赖江标与王鹏运所刻。商务印书馆所刊《全宋词》中的《演山词》等集也以江刻本为底本①。

江刻的缺点是刊而不校,彭抄的错漏未据他本校订。如《古山乐府》中《水龙吟》缺二十字,《彊村丛书》本则不缺②。

二、《宋本唐人小集》

此丛书收录唐人诗集五十种,共七十三卷,是江标根据自藏南宋书棚本影刻,刻版于光绪二十一年,与《宋元名家词》同年。从书内题签看,刊版时间从六月(《卢照邻集》)至冬月(《林宽集》),历时至少半年。

这五十种书其实大多并非宋本,如《殷文珪诗集》《王勃集》是明人辑本③,《骆宾王集》二卷是明人将宋代蜀刻十卷本删减而成④,《戴叔伦集》阑入元明人诗,亦为明刻⑤。今存江标藏书中有两套唐人集,可能即本丛书的底本。这两套唐人集今存日本天理图书馆,该馆均鉴定为明本,但江标当时可能认为是宋本。其中一套为二十四种,

---

① 马里扬《〈演山词〉研究》,南京师范大学硕士学位论文,2008年,第99页。

② 邓子勉《宋金元词籍文献研究》,复旦大学博士学位论文,2006年,第308页。

③ 赵荣蔚《唐末五代十家诗文别集提要》,《图书馆论坛》2005年第6期,第358页。赵荣蔚《〈续修四库全书〉清人唐人别集注提要四种》,《图书馆工作与研究》2011年2月,第82页。

④ 赵荣蔚《〈续修四库全书〉清人唐人别集注提要四种》。

⑤ 蒋寅《大历诗人研究》,北京大学出版社,2007年,第461页。

是光绪二十年九月缪荃孙以二十金的价格售予江标之本①。另外一套有三十六种，今人定为明嘉靖刊本②。

或以为江刻底本为明代铜活字翻宋本，笔者核对后发现，至少江刻《王勃集》《骆宾王集》《严维集》《耿㳫集》《司空曙集》《李端集》《羊士谔集》这七种与明铜活字本的行款、篇次都不同，字句多异③。而今存《唐求集》《李丞相集》《鱼玄机诗》的南宋书棚本与江刻本行款、字体、缺字都相同④。在见到日藏嘉靖刊本唐三十六家诗之前，仍难确定江刻底本是哪些。

书刻成后，江曾赠予缪荃孙等人。印数不少，传播较广，为之后的唐诗研究提供了重要原始资料。今人校补《全唐诗》时就有所利用。据称江标在湘曾以皮纸刷印若干部，极为精美，苏州某书肆曾以此书残本染色冒充宋本，吴梅购归数日才发觉受骗⑤。

三、《灵鹣阁丛书》

江标于光绪二十一年正月刻成《洨民遗文》，为《灵鹣阁丛书》开刻之始。其去世之前刻印的《汪胡尺牍》红印本版心也镌有"灵鹣阁丛书"，说明在现存六集之外，原本计划续刻第七集或更多。现存六集各书按内容大致可分作数类：

一是经传小学著述，共 4 种。陶方琦《韩诗遗说》、王闿运《尚书大传补注》、张度《说文解字索隐》皆为江标师长著述，《校定皇象本急

①　缪荃孙《艺风老人日记》，光绪甲午九月十五日，第 2 册，第 675 页。

②　《天理图书馆稀书目录·和汉书之部第四》，天理大学出版部，1988 年，第 447 页。

③　笔者比照对象为明铜活字本《唐五十家诗集》，上海古籍出版社，1981 年。

④　今存南宋书棚本《李丞相集》缺字用墨丁表示，而江刻本相应处用空格。唯一实质不同在《感故府二首》中，书棚本作"披衣□风立"，江刻本作"披衣随风立"，参《续修四库全书》，第 1313 册，上海古籍出版社，2002 年，第 220 页。

⑤　《江标集》附录三《江建霞藏书》，第 518 页。

就章》为乾嘉学者钮树玉之作。

二是传统史部杂著,共 8 种。《汉事会最人物志》《国语校文》分别为乾嘉学者惠栋、汪中著作。缪荃孙《士礼居藏书题跋记续》、江标《黄荛圃年谱》皆与乾嘉校勘学者黄丕烈有关。《钦定四库全书总目提要四部类序》、章学诚《文史通义补编》属于学术史著述。《西游录注》《朔方备乘札记》皆为座师李文田的西北史地著述。

三是金石著作:《积古斋藏器目》《平安馆藏器目》《清仪阁藏器目》《怀米山房藏器目》《两罍轩藏器目》《木庵藏器目》《梅花草庵藏器目》《簠斋藏器目》《簠斋藏器目第二本》《恪斋藏器目》《嘉荫簃藏器目》《爱吾鼎斋藏器目》《石泉书屋藏器目》《双虞壶斋藏器目》《选青阁藏器目》《江宁金石待访目》《山左南北朝石刻存目》《和林金石录》。这 18 种书中有 15 种藏器目,是江标对金石收藏名家之目录的删削重编,只录有铭文的重器,部分器物命名也有改动,处理方式与他对藏书家目录的删削重编(见本书第一章)是一样的思路。至于具体藏器目的渊源和新旧差异,已有论文讨论①,兹从略。《和林金石录》是碑文集存,其来源和价值见本书第二章。《江宁金石待访目》,乾嘉学者严观撰,严观乃学者严长明子,实地考察南京碑刻后将存石录文集为《江宁金石记》八卷,见于载籍而俟访者录为《待访目》两卷。《山左南北朝石刻存目》是江氏游幕山东时的好友尹彭寿之作。

四是传统子部杂著,共 6 种。唐秉钧《人参考》是医药类书籍。王懿荣《天壤阁杂记》、徐康《前尘梦影录》皆为江标师长所作金石书画掌故书。《董华亭书画录》则纯讲书画。周永年《先正读书诀》、王筠《教童子法》均为蒙学书。

五是形式上的诗文集,共 12 种。其中《汉铙歌十八曲集解》是谭献所作古诗集解,王士禛《衍波词》、陈文述《碧城仙馆诗钞》、《张忆娘

---

① 黄政《〈灵鹣阁丛书〉十五种藏器目考释》,《古籍整理研究学刊》2012 年第 9 期。

簪花图卷题咏》描写女性为主,赵彦修《画友诗》是由杜甫《饮中八仙歌》衍生而来。王筠《菉友臆说》、钮树玉《匪石山人诗》是嘉道间《说文》学者的别集,孙传凤《洨民遗文》、程秉钊《琼州杂事诗》是师长别集,《沅湘通艺录》是科举试牍,萧雄《西疆杂述诗》是诗歌体的西北史地著述,《藏书纪事诗》是师长叶昌炽所作诗体类传。

六是时务相关著作,共 7 部。李凤苞《使德日记》、刘锡鸿《英轺私记》是出使记录,李钟珏《新嘉坡风土记》、赵元益等译《澳大利亚洲新志》有关域外地理,徐建寅《德国议院章程》《新译日本女学校规则》事关外国社会制度,赵元益等译《光论》是自然科学译作,《中西度量权衡表》属工具表。

从上述梳理来看,经史考据类占据绝大多数,其次是诗文,再次是时务书。但如此分类只是方便今人理解,并不代表江标有意进行数量上的安排和区分。《灵鹣阁丛书》之刻是随时增加种类,即使标注了第一集、第二集等序号,实际刊刻顺序却可能彼此错综,情形如下表:

光绪二十一年正月	洨民遗文	第一集
二十一年三月	英轺私记	第二集
二十一年四月	钦定四库全书总目提要四部类叙	第一集
二十一年夏	匪石山人诗	第三集
二十一年六月	怀米山房藏目	第二集
二十一年七月	新嘉坡风土记	第二集
	西江杂述诗	第三集
二十一年八月	两罍轩藏器目	第二集
二十三年春	文史通义补编	第四集
二十三年三月	前尘梦影录	第四集
	张忆娘簪花图卷题咏	第四集

二十三年七月	新译日本女学校规则	第六集
二十三年十一月	藏书纪事诗	第五集
	黄荛圃先生年谱	第六集

此外，6 集 56 种书中有 21 种是师友著述①，这一方面体现了其古道热肠，如致信汪康年搜集老师李文田遗著："弟拟刻顺德师遗书，闻伯唐兄处多抄本，乞转假。如有信致孔曼世兄，亦祈代索，或求师手抄、手批小种书刻之亦好，祈竭力为之。"②延续了此前搜刻相关零种的精神（如沈塿《留沤唫馆词存》、陶方琦《许君年表》，又拟刻前辈黄国瑾遗著而未成③），另一方面，其师友大多擅长传统考证，整个丛书旧学比例自然会随之升高。如果将其购置的校经书院藏书楼数千种时务书纳入视野，亦可知此丛书的新旧学比例不足以代表江标实际上的新旧兼顾的学术宗旨。

　　在丛书的《德国议院章程序》中，他主张议院制度在当前中国不可遽行。其《士礼居藏书题跋记续序》谓"世方以泰西之学为新学，弃此等事如宿垢"，《前尘梦影录序》谓"方今事事崇新学，而于金石书画图籍一切好古之事，恐二十年后无有知之者"。此类对趋新潮流下过于鄙薄旧学倾向的不满，也不可简单归为他在新旧之间的摇摆或倒

---

　　① 　分别为：陶方琦《韩诗遗说》、王闿运《尚书大传补注》、张度《说文解字索隐》、缪荃孙《士礼居藏书题跋记续》、李文田《西游录注》《朔方备乘札记》《和林金石录》、陈介祺《簠斋藏器目》《簠斋藏器目第二本》、吴大澂《愙斋藏器目》、尹彭寿《山左南北朝石刻存目》、王懿荣《天壤阁杂记》、徐康《前尘梦影录》、徐建寅《德国议院章程》、孙传凤《洨民遗文》、程秉钊《琼州杂事诗》、李凤苞《使德日记》、李钟珏《新嘉坡风土记》、赵元益等译《澳大利亚洲新志》《光论》、叶昌炽《藏书纪事诗》。

　　② 　《江标集·致汪康年（十）》，第 89 页。孔曼即李文田独子李渊硕。

　　③ 　《江标日记》（下），光绪二十年十二月初五日，第 589 页。

向,而宜视为对新学的鼓吹并不盲目。

在丛书的《士礼居藏书题跋记续序》中,江标还提出了所谓藏书"苏州派"的问题:

> 余尝谓藏书有派,而苏州为最精。苏州之精,前有毛、钱,后有黄、顾,今则知之者稀矣。世方以泰西之学为新学,弃此等事如宿垢,今得缪前辈搜辑之勤,而标复录付刻工,俾苏州藏书之派绝而未绝,岂仅传先生一家之言而已哉!前辈江阴人,江阴藏书之派出自毛氏,仍苏州派也。[①]

这一新说是对旧有藏书流派理论的发展。

此前,胡应麟、洪亮吉等从图书利用角度对藏书家进行过分类,尤以乾嘉间洪亮吉所分考订、校雠、收藏、赏鉴、掠贩五家之说流传最广。不过地域论视角也很流行,如雍乾间孙从添(1692—1767)《藏书纪要》曾谓"大抵收藏书籍之家,惟吴中苏郡、虞山、昆山、浙中嘉、湖、杭、宁、绍最多"[②];嘉道间,黄廷鉴(1762—1842)言常熟远有秦四麟、赵琦美、钱谦益、毛晋、钱遵王诸家,近有席鉴、孙从添、鱼元傅"衍其一脉",今则得张金吾而"曩日之风复振",强调地域藏书之盛前后呼应[③];道光时,顾广圻明确提出"藏书有常熟派",指出该地手抄本之盛[④];光绪间,潘祖荫进一步表示:"常熟有二派:一专收宋椠,始于钱氏绛云楼、毛氏汲古阁,而席玉照殿之;一专收精钞,亦始于毛氏、钱

---

① 《江标集》,第205页。

② 祁承爜、孙从添《澹生堂藏书约·藏书纪要》,古典文学出版社,1957年,第35页。

③ 黄廷鉴《第六弦溪文钞》卷二《爱日精庐藏书志序》,《清代诗文集汇编》,第475册,第286页。

④ 顾广圻《思适斋集》卷十五《题清河书画舫后(戊寅)》,《清代诗文集汇编》,第482册,第755—756页。

氏遵王、陆孟凫,而曹彬侯殿之。"①今人在研究藏书流派时复将常熟派(又称虞山派)与浙东派相区别②。

虽然前人并不将常熟县藏书家称为苏州派,孙从添更将苏郡、虞山(即常熟)分立,但江标新说意在显示府辖各区藏书文化的普遍兴盛。这一概念本身足以成立,且因纳入黄、顾,较之旧有的常熟派可以增加校勘精审的特色。只是以书籍递藏关系为由,径将常州府江阴县的缪荃孙归为苏州派,不免使地域标准发生偏移。

另一个意在延续和光大"苏州派"的计划是保存苏州书业掌故。这体现在丛书的《前尘梦影录序》中:"书肆为湖州侯念椿所设,侯年亦六七十,目睹各家藏书兴废,分别宋元椠刻校钞源流,如辨毫厘,尝称之曰今之钱听默。曾属其将数十年来藏书见闻杂写一册,亦吾乡掌故也。"③

嘱托书贾记录藏书见闻之事,在江标日记中有详细记录④。其中就人物而言的条目包含:"乾嘉道咸同五朝各藏书家姓名地址","黄荛圃、顾千里、胡心耘、劳季言、顾湘舟、汪阆源、叶苕生各家事","江浙藏书多能校勘,以何家校本为多,何人善校,何人善过临,何人校本写楷书,何人校本写行书","嘉道咸同四朝书坊主人能知旧书者","以前向有书船专售古书,当日何书船之主人为最能识古书","同治以前卖旧书掮客何人","何人最工影宋,何人专能手抄","某家装潢系何人经手,装法若何",涉及藏书家、校勘家、书坊主、书船主、卖书中介、抄工画工、装潢工匠等,涵盖了书籍生产流通的各类人群。

---

① 潘祖荫《稽瑞楼书目序》,《中国著名藏书家书目汇刊·明清卷》,商务印书馆,2005 年,第 28 册,第 5 页。

② 黄裳《书林漫话》,《黄裳文集》第 6 册《春夜卷》,上海书店出版社,1998 年,第 74 页;曹培根《苏州传统藏书文化研究》,广陵书社,2017 年,第 142—156 页。

③ 《江标集》,第 206 页。

④ 《江标日记》(上),光绪十四年十一月十一日,第 337—338 页。

有关古籍物质特征的条目包括:宋元明刻本的"行款、字样、纸色、抄补","抄本书纸色之黄白,版格之红蓝","假如同一《史记》也,某本行款若何,某本字形若何,及共有几本,所见共几种","何家藏抄本最多,何书坊抄本最好,明抄款式若何,国初抄款式若何,乾嘉年间抄款式若何,道咸间抄款式若何","故家藏书有书室、有书架、有书橱、有书箱、有书匣,各各不同,且多出新意,精美绝伦,亦宜一一详记某家若何,某家若何"。既强调了版本学领域的古籍的版刻特征、抄本格式,还特别重视装具和陈列细节,这与他为汪鸣銮藏书室万宜楼亲自设计布置格局的事迹恰可呼应。

综合观之,这些草拟条目在门类的齐全和详细程度上具有鲜明的史学自觉。江标对此事寄望很高,以其"有关吾郡一脉,能得传此一册,当绝而不绝矣",然而其稿今人无由得见,很可能毁于后来江标上海寓所的火灾。所幸书贾徐康的掌故之作《前尘梦影录》因《灵鹣阁丛书》而传世。

江标的书林掌故保存计划后来在一定程度上被叶昌炽和叶德辉实现。叶昌炽很早即辑有"杂录藏书人姓名稿"(见本书第一章),又草创《藏书纪事诗》,包含不少吴中学者与坊贾;叶德辉补之于后,撰成《书林清话》,梳理宋元明三朝坊刻情形,也论及纸张、字体、工价等问题,还据黄丕烈《士礼居藏书题跋记》整理出部分苏州书肆书贾之名,撰成专节《吴门书坊之盛衰》。江标对此二书的行世也有贡献,《藏书纪事诗》是由其首次付梓,《书林清话》中则利用了江标刊刻的《前尘梦影录》和黄丕烈题跋。

叶昌炽和叶德辉的两部著作均为学者式整理,远比一般笔记要系统全面,但江标仍强调书贾自身记录,显然是特重书商本身无可替代的独特历史价值。其眼光之通达,与传统士大夫轻视坊贾的习气迥然不同。

因此,如果说此前笔记著作对书业掌故的记载是文人学者闲情雅致的随手发挥,那么江标对苏州书贾史料的加意搜藏、整理与刊刻,则体现了晚清社会剧变中藏书家的文化自觉,其专门化的条例与思路也因此具有近代时期文化总结的色彩。

最后,在刊刻丛书的目的上,江标首要目的是保存文献,包括保存古刻古抄和师友著述。次要用途是作为师友间的赞礼或对考生的奖励,如赠与乡绅易顺鼎和新进生员王宗潮①。复次是留下书版,获得一定的刷印销售收入。

第五节　与湖南主要官绅的交往

江标担任学政期间,正值湖南新旧各派势力关系纷杂之时。其间支持改革的外来官员有陈宝箴、江标、黄遵宪,本地士绅有谭嗣同、熊希龄、邹代钧等,另外又有作为时务学堂总教习被引进的梁启超。相对保守者有王先谦、叶德辉等。改革与保守势力之间当然有各种博弈和角力,即使在支持改革者内部,也因个性、利益冲突而产生分裂甚至形同水火。江标积极推动改革,又敦崇朴学,个性温良,行事松弛有度,因而在与各方交接时极少发生正面冲突,但其各项新政措施的执行也并非尽如其期望。

一、陈宝箴

陈宝箴早年即入湘军,在湘任知县、道员多年,光绪二十一年重回旧地,担任湖南巡抚。他务实稳健,坚定推动矿产开发、造船与内河航运事业,创立保卫局,扶持时务学堂、南学会,是戊戌前后湖南新政的核心人物②。其子陈三立与江标为进士同年。

---

① 《江标日记》(下),光绪二十二年八月廿三日、九月初七日,第683、685页。

② 详参刘梦溪《陈宝箴和湖南新政》,故宫出版社,2012年;茅海建《戊戌变法的另面:"张之洞档案"阅读笔记》,上海古籍出版社,2018年。

　　陈比江上任晚一年,到任第二天即造访江标,畅论时势。陈宝箴"极言吏治之宜整顿,矿务之当兴办,电报之须接通,书院之要整顿",江在日记中深表钦佩,言"贤者固自不凡"①。二人对时局所见略同,因而在陈宝箴擘画各项改革措施时,江标虽然离开省城的时间居多,仍能给予默契的配合与支持。例如,陈宝箴大力推动矿产开发,曾与盛宣怀等接洽,从请矿师到买机器筛选锑矿,无不亲力亲为,而早年即以开矿为强国首策的江标也随之有开办《矿学报》之议,希望能进一步开化民智、畅通管理,在奔走按试的途中,还不忘实地考察矿产,曾致书陈宝箴请留意湘南炼银之矿:"过郴、桂诸山,见煤矿层迭,而黑铅一矿大可炼银,法易而利巨,不知已有行之者否?"②陈宝箴支持校经书院与学会的改革,欲请数学名家华世芳来湘任教,亦由江标联络(因华、江二人为发小)。华世芳因故不能来,江标又向陈宝箴推荐自己幕友。在延聘沈曾植来湘作校经学会讲席时,两人也在聘金等细节上互相沟通。

　　正是基于高度契合的改革主张与深厚的信任,江标在离任之际将自己所兴新政都托付给陈宝箴继续料理:"标行将交替,所有书院、学会、学报各事,亦粗有头绪。将来尚乞长者暨研芙同年实力维持,日新月改,俾成妥善,旧章不足久恃也。"③甚至在江标离任半年之后,陈宝箴支持的时务学堂在请沈曾植来湘讲学时,仍由江标起草电稿④。对于江的政绩,陈在《江标任满循例具奏折》中亦不吝赞誉:"该学政学术淹贯,智识阆通,衡文备极精详,去取胥归允当,士林推服,毫无间言,且本忠爱之忱,力求有用之学,湘中士习渐次改观,于

---

① 《江标日记》(下),光绪二十一年十月十二日,第 621 页。
② 《江标集·致陈宝箴(三)》,第 120 页。
③ 《江标集·致陈宝箴(四)》,第 121 页。
④ 《江标集·致陈宝箴(七)》,第 122 页。

造就人材之方殊多裨益。"①

因为陈江二人议论投契,互相扶持,王先谦遂以司马光、范镇为况,称其"濂沅聊复托同心,马范喜闻如一口"(《次韵陈右铭中丞送江建霞学使任满回京》)②,虽不免客套溢美,但二人之融洽亦可见一斑。

二、熊希龄

熊希龄是湘中著名绅士,也是新政方面的实干家,在申办湘省轮船和路矿、管理时务学堂、发起创立《湘报》等事务上尽心尽力③。光绪二十四年七月,熊希龄和黄遵宪、谭嗣同一起被李端棻上奏保举。

江标来湘后,欲将自京师带来的相伴六年的坐骑赠予熊希龄,熊希龄作词《疏影》一阕表示感谢:

> 天寒岁暮,正家书切切,逼人归去。落日西南,一段乡愁,飞入乱山深处。临源忽见桃花色,却赠与、冷吟开府。也应怜、游子行程,催送一鞭风雨。回首东方鼓角,又烽烟万里,和战都误。草泽孤臣,有意勤王,慷慨折冲樽俎。如何了却封侯志,借突骑、立功千古。到年时,血战归来,记取封侯相遇。④

词末所说的是,面对甲午战争中清军节节败退的情形,熊希龄欲从戎报国,"自练数营征倭人"。江标也作同题一首,与爱马一同相赠:

---

① 《江标集》,第 12 页。
② 见王先谦《虚受堂诗存》卷十五。
③ 参周秋光《熊希龄与湖南维新运动》,《近代史研究》1996 年第 2 期。
④ 《江标日记》(下),光绪二十年十二月二十二日,第 590 页。

　　乱山云暮,有碧騑款款,送君归去。难得进风,却爱权奇,共我六年相处。世无伯乐将惟寄,空冷煞、斋盐衙府。愿自今、千里相从,踏遍沅溪烟雨。正是海波东沸,遥天空窃叹,前辈多误。如此中原,未必无人,铁骑化为樽俎。忍教万马喑风雪,漫勒缕辽阳吊古,休提汗血酬功,总是家驹知遇。(同上)

两人都寄寓了对国家前途命运的深切忧思。此次宝马赠英雄的佳话,也奠定了私交的笃善。后来在江标函商盛宣怀以轮船带送算学生赴北闱时,熊亦致书盛宣怀请其襄助①。

　　熊希龄对于江标的改革持肯定态度,曾言"三楚曾翻文海波,侯官之后有元和"(《题石醉六所藏灵鹣遗墨》之一),认为江标是继侯官张亨嘉之后对湖南文教卓有贡献的宗师。张亨嘉是熊的恩师,曾将熊送入长沙校经学堂深造,其《湖南校士录》中还选有熊希龄的《拟补〈方舆纪要〉东三省序》。江标离任之际,欲将两名爱徒带往上海就读,遭叶德辉阻挠而未能成行,熊希龄亦曾居间调停,并感叹江标爱才如命②。

　　1936年,江标之子江小鹣曾携其父所作来蝶仙堂画册请湘中诸故人题辞,熊希龄提笔作绝句四首,前三首云:

　　　　凄风残月古燕台,梦里春明至可哀。寂寞草堂人去后,可怜仙蝶不归来。
　　　　白头重读故人词,画社题终甲午时。泥爪不胜今昔感,伤心

　　①　《熊希龄致盛宣怀书》,《盛宣怀档案名人手札选》,复旦大学出版社,1999年,第233页。
　　②　《题石醉六所藏灵鹣遗墨》之三:"爱才如命起相争,左右为难楚两生。我亦其中排解者,共留佳话说多情。"《熊希龄先生遗稿》,上海书店出版社,1998年,第5册。

国难尚如斯。

　　怆然泪堕党人碑,国瘁人亡胡可为。本有楚材能纵起,沅湘
兰芷动退思。

当年相识于国难深重之时,虽力图革新,终未能挽救清廷的覆亡,而
42 年后中国仍陷于军阀混战的泥潭,自己要继续面对半个世纪以来
"胡可为"的时势,字句间见出近代改革家的痛心历程,亦衬托出二人
志同道合的真谊。

三、谭嗣同

　　谭嗣同早年随父亲谭继洵住湖北巡抚署中,发愤读书,甲午战开
的次年返回湖南浏阳,欲与乡绅合办煤矿。闻知对日战败,遂转为致
力于传播西学。

　　为振兴格致之本算学,谭嗣同率众奏请将浏阳南台书院永改作
算学馆,得到江标积极支持。江标在湘南按试途中看过谭嗣同的《兴
算学议》,大受感动,称其"令人不能有萎靡之气,亦雄杰文字"①。两
人成为莫逆之交②。在江标《修书图》《东邻巧笑图》中,都有谭嗣同
的题辞,嗣同名句"世间无物抵春愁,合向沧溟一哭休。四万万人齐
下泪,天涯何处是神州"即出自其《题江建霞东邻巧笑图》。新任学政
徐仁铸到任之后,谭嗣同在致函徐氏时仍然对江标赞不绝口,含有希
望继任者能够萧规曹随之意③。

　　江标卸任之后,朝中御史黄均隆曾衔怨上奏弹劾江标,当时新入
军机处的谭嗣同寝均隆疏而不报④,更是对江标的直接帮助。

---

①　《江标日记》,光绪二十一年十二月初二日,第 629 页。

②　唐才常《前四品京堂湖南学政江君传》,《江标集》附录二,第 481 页。

③　《谭嗣同集・与徐砚甫书》,浙江古籍出版社,2018 年,第 215—216 页。

④　胡思敬《戊戌履霜录》卷四《江标传》,《江标集》附录二,第 480 页。

四、黄遵宪、梁启超

黄遵宪到任湖南盐法道时已经迟至光绪二十三年(1897)六七月间,故江标与其相交时间较短。江离任时,黄遵宪的赠诗"慷慨淋漓"[①];江逝世后,黄所作《己亥怀人诗》亦有一首怀念之。故二人当属君子之交。

梁启超与江标颇有共同之处,如都赞赏西方"有一学即有一报"的制度,二人都有大量的西学阅读基础,梁氏《西学书目表》将西学分为学、政、教三类,江标拟组织撰集的《西学通考》《西政通考》分类亦类似。

具体交往上,光绪二十三年下半年,梁启超受邀来主长沙时务学堂讲席,两人始相识。梁启超对江标《修书图》《甲午销夏册》有题辞。江氏离任之际,梁氏曾设宴钱行[②],江氏则为其菊花砚台刻字。该砚乃唐才常赠予梁启超,谭嗣同为之题铭,江标为之镌刻,梁氏多年以后仍作文纪念:

> 余生平所历,镂刻于神识中最深者,莫如丁酉戊戌间之在长沙。时义宁陈公为抚军,其子伯严随侍,江建霞、徐研父先后督学,黄公度陈桌,谭壮飞、熊秉三、唐绂丞以乡党之秀左右其间,咸并力壹致以提倡当时所谓新学,而余实承乏讲席。未几,建霞受代去,舣舟待发,来时务学堂与余别,绂丞方赠余一菊花砚,壮飞为之铭。铭曰:"空华了无真实相,用造莂偈起众信。任公之砚佛尘赠,两公石交我作证。"建霞睹之,曰:"此铭飨刻,岂可委

---

① 吴仰湘整理《皮锡瑞日记》,光绪二十三年十一月廿六日,中华书局,2020年,第2册,第535页。

② 《皮锡瑞日记》,光绪二十三年十一月廿三日,中华书局,2020年,第2册,第534页。

石工？能此惟我耳。我当留一日，了此因缘。"遽归舟脱冠服。向夕，褐裘抱一猫至，且奏刀，且侃侃谈当世事，又泛滥艺文，间以诙谐。夜分，余等送之舟中，剪烛观所为日记，忽忽将曙。建霞转相送于江岸，蒙蒙黄月，与太白残焰相偎煦，则吾侪别时矣。①

说明二人虽共事不长，但颇为投契。

另须指出的是，由于梁启超致汪康年札曾提到："江建霞顷督湘学，此君尚能通达中外，兄与之厚，盍以书鼓动之？令其于按试时，非曾考经古者不补弟子员，不取优等。而于经古一场，专取新学，其题目皆按时事（尝见建霞所命题甚通），以此为重心，则禄利之路，三年内湖南可以丕变矣。此事关系大局非浅，望酌行之。"②故有今人著述据此认为江标经古取士之变来自梁启超的劝示③。但梁氏此札落款六月一日，《汪康年师友书札》整理者在《梁启超（九）》后括注曰"此二笺系《时务报》未刊出前之便条"，《时务报》创刊于光绪二十二年（1896）七月，则此札作于该年六月一日，当时江标任期已过半，经古改章早已施行一年半，与梁氏意见无关。

五、王先谦、皮锡瑞

王先谦卸任江苏学政后，回湘任岳麓书院山长。他崇尚朴学，但并非食古不化、敌视改革者，其《科举论》以策论代制艺的主张即可概见。他与江标的朴学宗尚契合，又有学使和门生的恩谊，故二人关系

---

① 梁启超《饮冰室文集》卷七十七《石醉六藏江建霞遗墨》。

② 《汪康年师友书札·梁启超（八）》，上海古籍出版社，1986 年，第1834 页。

③ 如罗志田《近代湖南区域文化与戊戌新旧之争》，《近代史研究》1998 年第 5 期，第 63 页；罗志田《清末科举制度改革的社会影响》，《中国社会科学》1998 年第 4 期，第 186 页；安东强《清代学政规制与皇权体制》，社会科学文献出版社，2017 年，第 222 页。

较为亲近。王先谦曾为江母 64 岁寿辰赠诗,在江离任时称赞其造就人才众多,并勉励其更上层楼:"元和使者胸峥嵘,指点觉路金绳生。众材云蒸初出土,豫章倚屋劳孤撑。九州有论非迂大,沧溟之水一衣带。沈思六合费纲维,会借长才策荒外。劝君努力毋缩手,壮年未合栖南亩。"①

　　王先谦曾任国子监祭酒,学术声望远播,但退归故里之后,在兴办工商实业的过程中与张祖同等乡绅之间矛盾颇多,与其学生熊希龄龃龉尤深(参熊希龄《上陈中丞书》),光绪末年甚至有人作《葵园行乐图》讥之②。王先谦在参与创办火柴公司、机器公司等湘中新式工商业时较为积极,由此与陈宝箴的直接交往较多。江标虽在教育之外的新政方面对陈宝箴有所襄助,但毕竟不便越俎代庖,因而在这些工商领域也不会与王先谦发生利益冲突。王先谦还因未能参与时务学堂经费分配管理(参熊希龄《上陈中丞书》)以及未得预闻聘请梁启超为教习之事而与熊希龄生隙③,后来又因《湘报》登载学生过激言论以及熊希龄的批评言论而对熊希龄、陈宝箴衔怨甚深,但江标并未参与其中。

---

①　《虚受堂诗存·丁酉·次韵陈右铭中丞送江建霞学使任满回京》,王先谦《葵园四种》,第 622 页。

②　《申报》1907 年 4 月 7 日《纪客谈湖南铁路事感言》:"粤汉铁路自废约赎回后,湘省办法与粤鄂不同,鄂督名之曰官率绅办,奏派龙湛霖、王先谦为总理,张祖同、席汇湘副之。龙既去世,张遂辞差,于是大权归王先谦一人。王之无行,素为湖南所共见共闻,《葵园行乐园》其所描绘者尚不及十分之一。其生平淫而好利,既揽路权,遂以公司为利薮,以公司之款为行乐之资。为黄某代捐中书,送土某奠仪千两。开办垂二载,于一切购垆筑路等事弗顾也。至去秋赎路还疑期迫,致将三省共管之路以黄沙至高塘一段售与粤人,又将应分之省佛枝路车利抵押与粤,订期六个月,期满不赎,则此利永归粤人。"

③　参贾小叶《梁启超出任湖南时务学堂教习首荐人考》,《历史档案》2013 年第 2 期。

皮锡瑞的学术与政治立场与江标较为接近。从皮锡瑞日记来看，两人在湖南单独交往很少，一般是与陈宝箴等多人在一起参加活动，因而有所交谈。其子皮嘉祐被江标录取为生员，调取至校经书院深造，又被擢为拔贡，其观风卷、课卷多由皮锡瑞代作。

六、叶德辉

叶德辉在礼学、目录版本、术数、诗词等方面积累较深，多有心得，而不免对他人睥睨求疵。常自称无门户之见，但认为西学之中非关器物者终究为外道。

江标初来湖南，与其交往集中在目录版本学和藏书方面：江氏曾请叶氏校订其代表作《宋元本行格表》，叶氏对此书评价很高；《灵鹣阁丛书》中的《士礼居题跋记续》曾由叶氏校勘①；江氏在京师曾收藏过明刻《列子》（起初误以为元刻），因生活拮据而售出，后来辗转至叶氏手中，知其为江氏旧藏后，遂赠还，并作跋语附于书前，可称佳话②；江氏曾以稀见抄本叶梦得《岩下放言》赠予叶氏，叶德辉尊称叶梦得为少保公，极为钦敬，故对此书颇为珍视。江氏还在给缪荃孙的信中称许叶氏为当今顾千里③，并介绍所拔邵阳生员石陶钧师从叶氏，从事朴学。叶氏也对江标课士成绩持肯定态度，认为继任学政徐仁铸不如江标博雅④，但批评江氏好大喜功、轻诺寡信，时在光绪二十一年（1895）冬，具体事由不可考，不过据江标日记反应，此批评似仍属诤友直言。

---

① 叶德辉《跋〈士礼居藏书题跋记〉》，《郋园读书志》。

② 此书今存日本天理图书馆，跋见《天理图书馆稀书目录·和汉书之部第四》。

③ 《艺风堂友朋书札》，上海古籍出版社，2018年，上册，第496页。

④ 《皮锡瑞日记》，光绪二十三年九月十四日，中华书局，2020年，第2册，第514页。

　　二人在学术上有立场不同的时候,如江标与吴大澂等人一样致力于搜集钟鼎铭文补正《说文解字》中的古文,而叶德辉则认为"钟鼎自钟鼎,《说文》自《说文》"①,"即令采摭博而审定精,不过扬雄、许慎之重僮别子已耳,曾何裨于故书万一哉"②。

　　在科举改革方面,江标按试出题力辟陈言,关注海内外形势,即如四书文题,亦多《周虽旧邦,其命维新》之类,并积极传播西学。叶德辉并不反对学习西方,他同样知道"中国欲图自强,断非振兴制造不可"③,只是鉴于水师学堂、船政局等创立三十余年而"人材寥落",故有"人材与学堂,截然两橛"④、时文"易之以策论,其弊等耳"⑤之论。叶德辉自称不喜凡事"张皇太过",而江标在新政实施过程中始终中西兼顾,讲求实效,与叶氏"维中西莫如理政教,政何以理? 曰求实。教何以理? 曰求实。实则无空谈之病"的主张实属合辙,故叶德辉在其各种撰述中痛诋陈宝箴、徐仁铸、梁启超等湘中维新官绅,还曾讥讽毕永年、蔡钟濬等江标所拔后生,而唯独不见对江标新政的微词。由此也可见二人在政治立场上未发生明显冲突。

　　叶德辉对江标态度转为恶劣,当在光绪二十三年(1897)秋。当时江标欲将爱徒石陶钧送入时务学堂,而同为石陶钧业师的叶德辉坚持不肯。该年十一月底,江标卸任学政,欲将石陶钧、刘焕辰一同带往上海,但叶竟以诡计强力将两位生徒困于斗室。江遍索不得,知是叶作祟,遂托梁启超、熊希龄先后与叶协商,叶以深恐两位生员沾染新学浮嚣之气为由拒之,且云江标不过是因校经书院名额不够、对

────────────────

　　① 《叶德辉文集·答松崎鹤雄问钟鼎彝器文字书》,华东师范大学出版社,2010 年,第 85 页。

　　② 《叶德辉文集·与日本后藤朝太郎论古篆书》,第 87 页。

　　③ 《叶德辉文集·与俞恪士观察书》,第 249 页。

　　④ 《叶德辉文集·与刘先端黄郁文两生书》,第 225 页。

　　⑤ 《叶德辉文集·与南学会皮鹿门孝廉书》,第 229 页。

此二生心有愧意才欲携出省外以为补偿。最终协商未果,江只得怏怏独行,石陶钧亦愤然与叶绝交①。

此前江标曾被书商挖改所欺,把明刻《六子全书》本《列子》《文子》定为元刻,但叶德辉在书跋中只是指出错误,并未恶语相向;然而到了光绪二十三年冬至前一日作《跋〈盐铁论〉十卷》时,则对此元麻沙本《盐铁论》前江标跋语中的疏漏大加讥刺:"至谓'以张刻略校,其精胜处甚多',是则未曾细校,信口欺人之谈,固不值通人一笑也。"(《郋园读书志》)叶曾为《灵鹣阁丛书》作序②,但今传本丛书为俞樾序,其间撤换可能也与此交恶有关。

但总体而言,江标离任时,湘省士论颇为怀念,是当时各方所公认的③。

---

① 见石陶钧《六十年的我》,《江标集》附录三,第 500 页;又《皮锡瑞日记》,光绪二十三年十一月三十日,第 2 册,第 537 页;又参光绪丁酉十二月初一日叶德辉致熊希龄札,《陈宝箴集》(下),第 1772 页。

② 《皮锡瑞日记》,光绪二十三年十一月十四日,中华书局,2020 年,第 2 册,第 531 页。

③ 叶昌炽《缘督庐日记》,光绪己亥(1899)十二月初四日,江苏古籍出版社,2002 年,第 5 册,第 3017 页。

第四章 日记和信札等所见卸任后的维新事迹、擢升及革职(1897—1899)

第一节 卸任后的维新活动和晋升

光绪二十三年(1897)八九月间,江标完成了乡试录遗和优贡考选,只待新任学政前来交接。九月中旬得重病,皮锡瑞描述为"似中风,不语",约半月后始能言语,而仍未能起床。十一月初四日与友人在岳麓书院聚会,则此时已经痊愈①。由于随居湖南的母亲欲回苏州本籍,他奏请交卸后先不直接回翰林院供职,祈赏假两月,侍亲回籍并修治先父坟茔;十一月二十二日奉到批折,旨允给假②。十一月二十五日,他将关防文卷等转致继任学政徐仁铸。二十六日,陈宝箴、黄遵宪、梁启超、徐仁铸、江标、王先谦、皮锡瑞、叶德辉、邹代钧、谭嗣同、熊希龄等人同坐时务学堂,江标召诸生讲学留别,陈宝箴和黄公度则有赠诗③。至十一月三十日,发生了江标与叶德辉争两学生事件。十一月间,江西正响应朝廷推广学校旨意,在南昌筹建务实学堂,准备

①《皮锡瑞日记》,光绪二十三年九月十三日、廿七日、十一月初四日,第 2 册,第 514、518、528 页。

②《奏为恩恩赏假回籍修墓片》《奏为任满交卸遵旨侍母回籍修墓折》,《江标集》,第 11—12 页。

③《皮锡瑞日记》,光绪二十三年十一月廿六日,中华书局,2020 年,第 2 册,第 535 页。

请江标任教席,但王先谦认为江西风气难开,劝江不必前往①。

十二月初七日,江标携家人到达武昌②。据缪荃孙日记,江氏在汉期间与湖北布政使王之春、新任湖北学政王同愈、谭嗣同、缪荃孙等师友往来③。又据江氏致盛宣怀函,他离汉前曾赴张之洞招饮,至次日四鼓始归,会谈内容是"商一非常变法之议,由南皮主稿,遍约各省督抚、学政联名入奏,如得俞允,则中国或有转机之一日也"。当时正值德国挑起胶州湾事变,占领秦皇岛,危及京津;日本即将通航长江上游,内陆门户洞开;对日第四批赔款约定期限是西历 1898 年 3 月前④,英国正在通过各渠道强迫清廷贷款并提出开埠等勒索条件。瓜分失血之祸接踵而至,张之洞忧心如焚,故有商议重大改革措施之举。江标致盛宣怀函提到,此次会商有联衔各省学政之举,则该议与学务科举有关,应该是与后来光绪二十七年(1901)张之洞、刘坤一江楚会奏变法类似的谋划。

张之洞和师友议论大局的同时,正在发生且江标参与其中的时势要点还有联合英日以抗俄德的动向。

早前沙俄已逼迫清廷割让了东北和西北大片领土,而中国趋新人士的西学认知又多来自英美传教士的译作、连带受英人排拒沙俄之立场的影响,国内普遍有防俄亲英的倾向。甲午一战,日本野心毕露,朝野遂有联俄对日的倡议。对此,与俄国在欧洲和亚洲角力的英国急欲阻之。胶州湾事变后,英人首先通过上海道蔡钧等人对两江总督刘坤一进行活动,刘氏将此主张转达总理衙门。刘氏一变此前联俄的立场,致电荣禄,指望密联英、日、法三国以抵挡德国;又电约

---

① 《皮锡瑞日记》,光绪二十三年十一月廿四日,第 2 册,第 534 页。

② 《江标集·致盛宣怀(九)》,第 114 页。《致盛宣怀(十一)》提到"侍家慈上船"。

③ 《江标集》附录三,第 556—557 页。

④ 刘秉麟《近代中国外债史稿》,三联书店,1962 年,第 13 页。

湖广总督张之洞共奏①。康有为一派亦有联合英日之策②。日本也因欧洲列强加快在华侵略而感到国际上争竞的压力,大力渗透清朝各地官绅,欲左右局势,只是不同团体有不同的思路:日本外务省重点接触清廷决策层,同时扶植亲日的维新势力;日本军方以游说地方实力派为主,具体干员也接触和联合维新派和革命派人士③。

　　光绪二十三年十一月,日本陆军参谋部大佐神尾光臣(1855—1927)来鄂谋商结盟,张之洞借事避出省会。回省后,日军参谋部官员宇都宫太郎(1861—1922)又来谒见④。张之洞遂确信日本是因唇亡齿寒而欲与华结盟,以图自保,并电奏总理衙门:"所谓联者,不过设法羁縻,免多树敌耳。所谓藉联倭以联英者,恐英要求太横,可托倭居间婉商,减其贪欲凶焰……可否由总署往晤日本公使,察其意指,以备英人发难时居间排解之用。"⑤

　　十二月,大阪《朝日新闻》记者西村天囚(1865—1924)在日本陆军参谋部次长川上操六(1848—1899)派遣下,与人来华继续游说张之洞,次年二月回国⑥。西村一行于十二月初一日(1897 年 12 月 24

---

　　①　王树槐《外人与戊戌变法》,上海书店出版社,1998 年,第 147—151 页。

　　②　茅海建《从甲午到戊戌:康有为〈我史〉鉴注》,生活·读书·新知三联书店,2009 年,第 246—270 页。

　　③　邱涛、郑匡民《戊戌政变前的日中结盟活动》,《近代史研究》2010 年第 1 期。

　　④　《日派员来鄂意欲与我联英以抗俄德法》《日员又来劝我联英恳谕示大旨》,光绪二十三年十二月初十日,《张之洞全集》,武汉出版社,2008 年,第 4 册,第 462 页。

　　⑤　《借联倭以联英者乃可托倭居间婉商减英贪焰》,同上书,第 465 页。

　　⑥　《申报》报道了此行,但与他事合述,颇为掩饰。《申报》光绪二十三年十二月二十七日(1898 年 1 月 19 日)第 2 版《汉上日商近事》:"日本某报馆主笔西村氏,子俊名下士也,素慕楚北山川人文之盛,不惮航海而来,借宿日本旅舍。鄂中贤士大夫皆与之诗酒唱酬,传为佳话。并闻西村氏夙慕张香帅(注转下页)

日)抵达汉口日本会馆,十二月初八日(12月31日)于湖广总督府拜
访了张之洞。离汉之前还晤见过总督译官辜鸿铭、汉阳枪炮厂提调
沈锡周、税务司曹邦彦、织布局乔树楠、蚕桑局晏云根、自强学堂稽查
姚石泉、经心书院山长吴兆泰、黎庶昌姻亲宦海之等。其中十二月十
六日(1898年1月8日)招待的宾客就有"《湘学报》创办人江建霞"①。

　　西村天囚此行不但在武昌会晤张之洞及其僚属,还在上海与来
自两湖、江浙、两广地区的维新名士集中往来。据其《江汉溯回记》,
江标在上海又两次参与其中:光绪二十四年正月初六日(1898年1
月27日):"与董康于棠阴别庄设宴,蒋黼、制造局翻译赵静涵、铁道
公司总理事赵竹君和江建霞等出席。"正月十二日(2月2日):"赴江
建霞招待。"②西村氏是京都学派早期著名汉学家,通《楚辞》和戏曲,
这种学术背景为与江标、董康等进士翰林交流增加了欺骗性,但江标
所谈内容无从考知。

　　正月中旬至二月初,江标仍在沪上③。二月初一日(1898年2月
21日),江标参加了督办铁路大臣盛宣怀的宴饮,同座有江海关道蔡
钧、招商局总办郑观应等人④。蔡钧与英人熟稔,郑观应则与日人来
往颇多。

(续上页注)之为人,急欲一见颜色,以遂私淑之愿,未知香帅允许否也。"《申报》
光绪二十四年二月初一日(1898年2月21日)第1版《派员历览》:"迩者某省封
疆大臣特派姚石荃司马锡光带同舌人徐姓,前往体察情形,适大阪《朝日新闻》
执笔人西村氏游历来华,萍水相逢,欣然作伴,已于前日由上海附邮船会社'长
门丸'启行矣。"

　①　转引自陶德民《戊戌变法前夜日本参谋本部的张之洞工作——关于西
村天囚〈江汉溯回录〉的考察》,张明杰主编《近代日本学者对华学术调查与研
究》,上海交通大学出版社,2022年,第321—322页。

　②　同上书,第322—323页。

　③　郑孝胥日记载正月末二人往来,见《江标集》附录三,第536页。

　④　《申报》光绪二十四年二月初一日(1898年2月21日)第三版《京卿宴客》。

大约二月中下旬,江标回到苏州,三月十七日(4月7日)复至沪,"拟即北上,适脚气大发",遂在沪滞留。十八日(8日),他致信上海女学堂负责人(应是经元善),提出讲究算学等实学的建议:"女学除中西文课外,似宜即延算学、针指之师并课。即中文亦须择读新学有用之书,讲读兼习,不必如村塾之以《女孝经》《四书》等咿唔竟日也。苏州、上海中西两女学塾,西学甚善,中学则多延时日而无大用,且不易见效,病在当日延请中文之师皆非通达之士,故觉迂远耳。"并建议邀叶瀚共商女学堂读中学书之法①。

二三月间,日本东邦协会(成立于1890年)的组织者之一,同时也是东亚会(成立于1898年春)的发起者福本诚在前往欧洲时途经上海。沪上维新人士文廷式、江标、汪康年、曾广铨等人都来过访福本诚。"他们与福本诚会谈了五六次,决定中日双方共同组织一个类似日本东邦协会或亚细亚协会式的大协会","在此期间,他们还制定了发行月刊会报和兴办日汉语学校等具体章程"②。

有传记言,江标"任满回京,路过申江,遇日本人某,谈亚洲大局,秉烛继夜。标曰:中日文字同,种类同,风俗同,壤地相近,教派合一,当和衷努力,约从相依,庶无唇亡齿寒之惧。若同室操戈,互相残贼,所谓韩卢东郭,徒利田翁也。日人起而曰:然哉,然哉。韩魏相争,齐楚构难,此六国之所以并于秦也,吾辈当僇力自强,共维大局。乃立东亚同文会"③。由前述行迹来看,其中"日本人某"可能是西村天囚,也可能是福本诚。不过"乃立东亚同文会"的表述是错误的,东亚

---

① 《新闻报》光绪二十四年三月二十七日(1898年4月17日)《女学堂接江建霞太史函》。

② 邱涛、郑匡民《戊戌政变前的日中结盟活动》,《近代史研究》2010年第1期,第44页。

③ 赵炳麟《江京卿传》,《江标集》附录二,第486页。

同文会是戊戌政变后才成立,由东亚会和同文会合组而成①。

江标在与日方人员多次会晤之后,受邀参与了上海亚细亚协会(日本亚细亚协会的中国分支)的筹备会,当时国内泛称兴亚会②。此次筹备会在郑观应住所召开,与会者包括文廷式、郑孝胥、志钧、张謇、汪康年、盛昌颐(盛宣怀之子)、曾广铨、经元善、沈敦和、陈季同、唐才常、李智傃等二十余人,皆在政学界声名显著,彼此渊源错综,在甲午战争后的趋新事业中颇多交集,如会议前一年年底,洋务企业家经元善在上海发起成立中国女学堂(即经正女学堂),就得到了江标等人的积极捐助③。

江标向主会的日本驻上海总领事小田切万寿之助提出具体行动方案:

> 协会取义甚大,包括甚广,创办之初最难著手。鄙意当从极浅极易之学为兴会之始。会中宜分别各地兴办之事,譬如余为苏州人,当认定兴办苏州之法,开宗明义,不离于学之一字。创学会为第一义,广学会为第二义,设学报为第三义。开办之初确守协字之义,宜求日东之名师,为我邦之前导。贵领事志切兴亚,不知肯以极浅极易之学为当务之急否。④

----

① 兴亚会、亚细亚协会、东邦协会、东亚同文会等机构的日方简介,见东亚同文会编、胡锡年译《对华回忆录》(即《对支回顾录》),商务印书馆,1959年,第465—473页。

② 中日双方在兴亚的泛称下有多个不同的组织,参桑兵《“兴亚会”与戊戌庚子间的中日民间结盟》,《近代史研究》2006年第3期。兴亚观念和组织的流变,详参戚其章《近代日本的兴亚主义思潮与兴亚会》,《抗日战争研究》2008年第2期。

③ 《经元善集·中国女学堂缘起》,华中师范大学出版社,1988年,第182页。

④ 《兴亚大会集议记》,《湘报》第69期,第274页,光绪二十四年(1898)四月初五日。

其旗帜鲜明的以学为核心、学先于政的改革路径继承了此前在湖南学政任上的一贯思路①。

参加完此次会议后不久，江标遂北上，此时距离光绪二十三年十一月上奏的请假两月已经超期两个月。大约在光绪二十四年闰三月上旬到达京师，据《申报》转录的《京报》，他在闰三月中旬得到召见②。停留期间会见了不少京中师友，如闰三月初五日(1898 年 4 月 25 日)见郑孝胥。初七日(4 月 27 日)见汪康年、何嗣焜、刘树屏③。十二日(5 月 2 日)，与缪荃孙、凌霞、志钧、汪康年、蒋黼、罗振玉、董康等人聚会④。十九日(5 月 9 日)，拜访仍在翰林院的业师叶昌炽，交呈新刻《藏书纪事诗》⑤。四月初，见张荫桓，谈到了湖南新政的面貌："前日晤江建霞，述湘中竟满城电灯，上年秋闱亦用电灯。湘中能通电线已不易，复张电灯，抑何开新之速也。"⑥《万国公报》曾言湖南早先有"奉旨设立之电杆，竟敢拔而投诸火"的事件，故张荫桓有此对比感叹。五月初七日(6 月 22 日)，叶昌炽来访，交流文翰。居京期间，他还拜访了旧友中岛雄，其言谈见于中岛氏《随使述作存稿》：

---

①　《申报》光绪二十四年闰三月初九日(1898 年 4 月 29 日)第二版《兴亚有机》。

②　《申报》光绪二十四年闰三月二十九日(1898 年 5 月 19 日)《光绪二十四年闰三月十八日京报全录》："宫门抄〇闰三月初十日，理藩院銮仪卫光禄寺正蓝旗值日，吏部引见二十名，户部八名，户部三库十六名，刑部六名，厢黄满十名〇庄王等搜检复命〇湖南学政江标到京请安……〇召见军机江标。"按时间顺序，江标召见时间在闰三月中旬。

③　《江标集》附录三，第 536 页。

④　同上书，第 557 页。

⑤　同上书，第 551 页。

⑥　张荫桓著，任青、马忠文整理《戊戌日记》，光绪二十四年四月初四日，中华书局，2015 年。

> 江标云:康氏之新学,与鄙人颇有异同;康氏取其虚,而吾求其实。江氏又云:近日中国主张变法之人,论政者多,而论学者少。然而,政自学中来,倘舍学而言政,其实是舍本逐末。总之,目前办事各人,均无学。有学则有识,无学则无识;无识之人,何以能办好天下之事?①

江标对康有为一派的新学表述提出了直接批评,显示出当时维新士人内部的明确分歧。而"无识之人何以能办好天下事"的严厉指责在某种程度上也预示了戊戌变法失败的前途。

至迟在当年六月底,江标南下回到上海②。前苏松太兵备道黄祖络(1837—1903)承陈宝箴嘱托,正在江西南昌创立务实学堂,延请江标主持讲习,"俟太史覆函允准即于秋间择期开课"③。江苏学政瞿鸿礼亦拟于江阴设新学堂,争相延聘江标,但当时江标致力于在沪拟设《中立报》馆,调和新旧学矛盾,故未应聘④。惜《中立报》未能办成。

七月间,他在沪与友人往来。如七月十九日与翁小舫、吴大澂、李瀚章、盛宣怀、顾肇熙聚会,各出书画赏析⑤。当月,江标迎来人生

---

① 原书藏日本外务省外交史料馆。兹转引自孔祥吉、村田雄二郎《一个日本书记官见到的康有为与戊戌维新——读中岛雄〈随使述作存稿〉与〈往复文信目录〉》,《广东社会科学》2009年第1期,第112—113页。孔文又入中国近代思想史研究集刊第六辑《戊戌变法与晚清思想文化转型》,社会科学文献出版社,2010年。

② 《顾肇熙日记》之《市隐集》(苏州图书馆藏)光绪戊戌七月初一(8月17日)、初二日有与江标会面的记载。

③ 《申报》光绪二十四年六月二十七日(1898年8月14日)第二版《讲求实学》。

④ 祝秉纲《江建霞京卿事实》,《江标集》附录二,第484页。

⑤ 《江标集》附录三,第557页。

的重大转折。

七月十九日(9月4日),光绪帝罢免六部主官,任命李端棻为礼部尚书。七月二十三日(9月8日),光绪帝召见李端棻,并于当天发下交片谕旨:"翰林院编修江标着在总理各国事务衙门章京上行走,钦此。相应传知贵衙门转传该员钦遵可也。"(见中国第一历史档案馆藏上谕档)在此前的保举热潮中,并未见到要员书面保举过江标。《申报》说"闻系有人密保"①,有学者指出,此次突然拔擢很可能与李端棻面圣时的即时保举有关②。七月二十四日,皇帝再下旨:"翰林院编修江标着赏给四品京堂候补,候补江苏同知郑孝胥以道员候补,均在总理各国事务衙门章京上行走。"③七月二十七日(9月12日),翰林院奏致军机处,"江标本年七月初一日告假回籍省亲,并无在院供职事"④。

江标在简放学政之前一直有出使之念,而此番给予的职衔不仅符合其从事外交工作的梦想,品级上也高出使臣的从五品,于是"感激涕零,以身许国,急拼挡诸事,为入都计"⑤。江苏巡抚奎俊在给总理衙门的电报中报告:"江编修定于本月初八日由苏北上。"⑥而实际上江标在八月初七日(9月22日)就辞行,准备赴京⑦。

---

①　《申报》光绪二十四年八月初六日(1898年9月21日)第2版《总署添人》。

②⑥　茅海建《戊戌变法期间的保举》,《历史研究》2006年第6期,第98页。

③　中国第一历史档案馆编《光绪朝上谕档》,广西师范大学出版社,2008年,第24册,第369页。

④　中国第一历史档案馆藏,档号03-7432-021。

⑤　唐才常《清前四品京堂湖南学政江君传》,《江标集》附录二,第481页。

⑦　《申报》光绪二十四年八月十八日(1898年10月3日)第10版《苏省官报》。

第二节　革职后的活动和猝然去世

就在其辞行的前一日即八月初六日,慈禧太后将光绪帝囚禁于颐和园,临朝训政,戊戌政变爆发。八月十三日(9 月 28 日),谭嗣同等六人被杀于菜市口。八月二十日(10 月 5 日),翰林叶昌炽在陆润庠处闻知"有密谕查办一单二三十人",江标名列其中①。八月二十一日(10 月 6 日),诏下将陈宝箴、陈三立父子一并革职、礼部尚书李端棻革职、交新疆地方官管束,"候补四品京堂江标、庶吉士熊希龄庇护奸党,暗通消息,均着革职,永不叙用,交地方官严加管束"②。所谓"庇护奸党,暗通消息",具体是指康有为在戊戌政变后得以从京师遁出并过上海,"难保非"③江标与熊希龄所指使,实为"莫须有"之翻版。实际上,江标并不认同康有为的学术和言行,亦未曾与之共事。即使他欲营救京中友人,首选也应是好友谭嗣同、梁启超,而不会是康有为。

八月二十五日(10 月 10 日),江标曾写信给好友李盛铎,祈向荣禄转告自身清白,希望能得宽免:

> 鄙意但求国事平安,则新旧之法,同一功用,杞人之心,如是而已。前日两上书后,忽奉旨削职管束,则以上两书事早成秋梦。最可疑者,旨云"庇护奸党",鄙人本不与康党亲密,何从庇护? 又旨云"暗通消息",鄙人与若辈从未通一寻常函牍,况紧要消息乎? 何从有暗通之事? 既云暗通,人何知之? 是更不可解者也。以此八字冤狱而几于置人于死地,谁人为之?(闻系木

---

① 《江标集》附录三,第 551 页。
② 《东华续录(光绪朝)》卷一百四十八。
③ 曹元忠《哭江建霞》诗自注,《笺经室遗集》卷十七,北京大学图书馆藏。

易，或云湘守旧党人)亦惨恨极矣。

　　实则今日之攻者，非攻康党也，攻湖南党也。湖南之党，实起于鄙人任满之后，而竟牵连及之，亦殊可笑矣。昨日又度拿问，事更蔓延。鄙人以后即此了结，亦难把握，然余权所握，皆在荣宰。吾兄如念旧交，洞瞩鄙冤，还望速告宰公，勿再有牵涉，至深颂祷。鄙人康党既从不联络，湘党又在去后，忽然享此大名，殊觉不称。从此当匿迹消声，不问世事。茫茫天壤，相见何时？能知鄙之心，能察鄙人之事者，惟公一人。临颖不胜悚切之至，专恳，即请文安。弟名顿首。①

信中隐晦说又传闻弹劾者为"木易"，大约是指杨崇伊(1850—1909)。祝秉纲《江建霞京卿事实》则指出，江标在湖南按试时，"御史某衔君校试黜其子，以庇护新党劾之"。而政变前夕，掌陕西道监察御史黄均隆曾上折攻讦陈宝箴、熊希龄、黄遵宪、江标等湘中维新要员，请缉拿并严惩黄、熊二人。故此次横遭党祸，很可能是御史黄均隆挟私报复。

　　江标向李盛铎辩解自身并非康党，且认为弹劾者实际是对湖南维新党人不满，而湘中激进维新之党是在自己学政任满之后兴起。其中语气既有担心，又有对攻击者的鄙薄和不屑，更有对时局混乱的深深失望，表示从此匿迹不问世事。但此次求援未果，最终被削职，回籍。

　　李伯元(1867—1906)《南亭笔记》对江标获罪回籍之初的情形有详细记述：

　　京卿带罪回籍，未入里门，先诣各衙门禀到，听候管束。各大吏皆与之为旧好，且深知其冤，即请仍归故第。惟于翌日特委

---

① 《江标集·致李盛铎(四十)》，第103页。

长、元、吴三首县带同拍照之人,前往北张家巷京卿府中,相邀共拍一照,大抵以一分寄都,为业已回籍之证据,一分粘附案卷备查,余数分则由三县与京卿各执,以志会合之缘。于时京卿笑曰:契约所载,每有"恐后无凭、立此存照"云云,今不图与三公祖共之。一时传为趣语。

江标奉管束命,某月朔,素衣至吴县署,由侧门入。县令某蒙古人也,庞然自大,略无扬谦之意。江所居与吴县署才数武,自此每日黎明必至宅门投到。县令某嗜烟甚,每迟起,十日后不堪其扰,乃使人转圜,并负荆请罪,江始莞然而罢。[1]

当地官员知其蒙冤,相待有仁。而江标亦颇坦然,甚至有心玩笑,可见志性坚定。

遭软禁之后,江氏在苏州侍母课子,同时拟在家中设阅书社,与友朋后进共同砺学,仍然积极推动当地新学活动的开展。戊戌年底,由于苏府属新式学堂苦于经费支绌,江标致信汪康年,希望能帮助安排张一鹏(苏府中西小学堂创办者,张一麐弟)禀告浙抚,援上海育才中学堂之例,于太仓、镇江、嘉兴、宝山、上海五处所销盐中每斤加价一文,以充办学经费[2]。当时江氏正因牙痛而坐卧不宁,至次年正月仍屡次催促此事,可见其热忱。平时亦常至苏府中西小学堂与张一麐兄弟谈时事,并以广东、浙江两书局全份书籍寄附该学堂[3]。

光绪二十五年(1899)初冬,著名传教士林乐知及其所属美国南方卫理公会拟在苏州设立大学堂,江标也积极参与,并与传教士柏乐文(William Hector Park, 1858—1927)在苏为其商定一切章程[4],此

---

① 《江标集》附录三,第 503 页。

② 《江标集·致汪康年(十七)》,第 92 页。

③ 张一麐《古红梅阁笔记》卷八《江标》,《江标集》附录三,第 506 页。

④ 《江建霞京卿事实》蔡尔康跋,《江标集》附录二,第 485 页。

即东吴大学堂[①]，亦即后来的东吴大学。其实早在戊戌之前江氏即有此计划："拟于苏州创一大学堂，而同好者无其人，愿南皮再至两江，则事可成矣，此皆呓语也，可叹可怜。"[②]此时终于得偿所愿。这也是其此前亚细亚协会筹备会上"不离于学之一字"之主张的延续与实现。

不久，他至沪上长住，与友人往来频繁，其中再次出现日人身影。例如常与日本邮船公司上海支部长永井久一郎诗词唱和，其中戊戌年十月初八日的上海双清别墅文宴上，在座者有伊藤博文、志钧、汪康年、董康、袁祖志、罗振玉、章太炎、翁绶琪、姚文藻等[③]。去世前一个月，尚在日本驻长沙领事馆前领事白岩龙平家小住[④]。

据唐才常所作传记描述，江标被禁锢之后，常怀屈子之忧，"恒汲汲顾影附心，中国之无可为，欲身为牺牲而不可得，辄诵庾子山'袁安念王室，傅燮悲身世'与夫'日暮途远、人间何世'之句，凄然泪下，盖其私忧窃叹，无生人之趣久矣"[⑤]。这与前述戴罪回籍时的玩笑自若似不甚相合。以江氏襟怀，其忧世感时自不可免，但尚不至于了无生人之趣。一方面，其在学政任末即屡有归田之念，又向参佛理，较为豁达；另一方面，如前所述，江氏一直尽力于推广新学、培植民智，并未万念俱灰。故仍当以蔡尔康的评述较为准确："京卿仍夷然自适，不以荣辱撄心，而其启迪来学之诚，尤不以升沉改操。今年秋自苏来沪，流连文燕，欢若平生。"[⑥]

但江标的身体状况则每况愈下，清癯之甚令友人惊诧。光绪二

---

① 陆允昌编《苏州洋关史料》，南京大学出版社，1991年，第81页。

② 《江标集·致汪康年(十五)》，第91页。

③ 永井久一郎《西游诗续稿》卷一，1910年。

④ 中村义《白岩龍平日記：アジア主義実業家の生涯》，东京研文出版社，1999年。见录于《江标集》附录三，第496页。

⑤ 《江标集》附录二，第481页。

⑥ 《江建霞京卿事实》蔡尔康跋，《江标集》附录二，第485页。

十五年(1899)秋,好友陆锦燧见其咳嗽,即云"君咳不畅,有外邪闭塞肺经,宜服开泄药",而江氏不以为意,仅服西药止咳水。后来病情渐重,中医曹元恒告曰"尺脉弱甚,肾亏已极"[1]。十月中旬,柏乐文在给林乐知的信中提及江氏病情,"撄肺热证,殆不可治"[2],大约即重症肺炎。十月十九日(1899 年 11 月 21 日),江标病逝[3],年仅 40 岁。

江标英年早逝,长兄江衡得闻噩耗,悲不自胜:

> 艰难况味久同谙,昆季中年共苦甘。连折两枝天太忍,孤支一木我何堪。
>
> 无端蜮射中危机,三字衔冤难保非。元祐毁碑终有日,可怜墓草已添肥。
>
> 一霎浮荣四品官,殁时英气尚眉端。剧怜震旦何时旦,长夜漫漫一例看。[4]

在自伤家世之外,更表达了对国家前途的深切担忧。

其师叶昌炽得知消息,一夜未眠,作挽联云:"藏书纪事,幸附丛编,荡节言旋,张范盛名撄党禁;士礼征文,遂成绝笔,菟裘来筑,应刘

---

① 陆锦燧《景景医话》,铅印本,1916 年。曹元恒(1849—1931),字智涵,江苏苏州人,著有《曹沧州医案》等,胞弟福元、元弼均为翰林。

② 《江建霞京卿事实》蔡尔康跋,《江标集》附录二,第 485 页。

③ 据江衡《七十述怀》,江标是因肝病卒。今考江标日记,其应酬饮酒太过频繁,肝脏大概因此受损严重。其后人又说是因"血喷心"猝死于日本友人家中,见陆建初《人去梦觉时:雕塑大师江小鹣传》,第 33 页。但综合传记以及王同愈、叶昌炽日记的记录来看,仍以卒于肺病为可信。

④ 江衡《溉斋诗存》卷一《哭季弟》第一、六、七首,《江标集》附录一,第 421 页。

幽愤损天年。"①其海内外友人都为之痛惜。章太炎有挽联曰："东吴
菰庐,乃有江氏。诵数之贤,一二三四。虽未知时,主文善刺。虽未
知人,好龙亦至。今也则亡,永塈永泗。"丁立钧挽词给予了极高评价:
"为国碎身,君死在庚年前可矣;要终原始,此狱俟再世后定之。"②

附述　夫人汪鸣琼和子女

江标去世后,夫人汪鸣琼独力抚养子女。

汪鸣琼(1862—1936),字静君,浙江杭州人,钱塘汪炳勋次女,汪
鸣銮之妹。光绪七年(1881)适于江标。能诗,夫妻时常夜灯联句。
能鉴赏古籍,今存江标藏书上仍有"汪鸣琼""静君长物""江标汪鸣琼
夫妇同买藏书记"印记。为人忠厚,未能保住江标去世后的藏书。盛
宣怀曾借口清廷办图书馆之名向江家征购灵鹣阁藏书,"言定价值银
三万两,并允给孟聪优差。时小鹣、揆楚尚幼,江太夫人及孟聪本极
忠厚,任其将书全部运去,当时仅给值十分之一,计三千两。后江氏
家用拮据,曾由江太夫人亲赴盛宅索取,不得要领。孟聪谋事,去时
辄被挡驾。后托盛氏亲家彭子嘉说项,盛允给万金,为盛庄太夫人所
阻,未能如愿。彭盛因此失欢,孟聪差事亦成泡影。后该珍本书籍置
之苏州留园,小鹣、揆楚每游留园,辄见之,每为神伤陨涕。据揆楚
云:留园所置之江家旧物珍本藏书,其后尽为盛氏子孙鬻去,现无一
册存留"③。

江标共有四子三女,长子江聪(1882—1912?),次子江通(早殇),

---

①　叶昌炽《缘督庐日记》,光绪己亥(1899)十月廿九日,江苏古籍出版社,
2002 年,第 5 册,第 2991 页。

②　以上两联皆出唐才常《清前四品京堂湖南学政江君传》,见《江标集》附
录一,第 420 页。

③　芷香《记江建霞父子》(下),《海报》1944 年 1 月 4 日。

三子江新(1894—1939),四子江中。长女江媄(1888—?),适苏州潘绶三;二女江嫚,适上海摄影师祁佛青(摄影社团"华社"成员);三女适汉口某君。

江聪,字孟聪,生于江标结婚次年(光绪八年,1882)十月十七日。少年时得江标精心培养,先得江标好友祝秉纲为师,后得乾嘉学者钮树玉之孙为师,江标一度期待在钮氏启导下,江聪"他日能略得我郡乾嘉诸老先生绪余"①。江标自己还依《四库全书总目》编成四言韵语《目录篇》,抄录黄桐叔《说文部首韵语》,予江聪读之;又教其读《尔雅》②。

江标去世后,江聪留学日本,先入冈山闲谷学校③,后来毕业于大阪高等工业学校(今大阪大学),习化学,成绩极优,为学校当局所器重。卒业后,任广东制革局会办兼总工程师。见官办腐败,辞职返苏,任苏州商业学堂及草桥中学化学教授。翌年,集资创办利用公司,制造肥皂、洋烛,旋以经营所托非人,亏蚀倒闭。江聪在日本结识孙中山及陈其美等,加入同盟会。民党领袖知其与日人相熟,密嘱其向日人购买军火。民党所用军火由日输进者,大半为其所介绍,故孙中山就任临时大总统后,曾给予贩卖军火的特别许可证,但江聪未尝贩卖。

辛亥、民国元年之际,江家避兵爨于无锡荡口镇,居所是华世芳家宅,因其夫人为华世芳次女。在此期间,他终日研究化学,欲加强火药爆炸力而多次试验,结果发生意外爆炸,手部和面部严重受伤。由于荡口镇无医院设备,遂雇小轮驶至苏州福民医院医治,但时间过久,流血太多,施救无效,至翌日不治而卒④。有一子,名江宪召,抗

---

①　《江标日记》(上),第230页。

②　同上书,第251、259、284页。

③　详参土屋洋《閑谷学校の中国人留学生・江孟聰——備前児島・野崎家文書を中心に》,《閑谷学校研究》第27号,2023年5月。

④　以上江聪传记,撮述自芷香《记江建霞父子》(中),《海报》1944年1月3日。

战期间加入淮南路抗敌后援会[①]。

三子江新,字小鹣,以字行,生于光绪二十年正月初一日[②]。民国时期著名雕塑家,同时在绘画、书法、篆刻、书籍装帧设计等方面卓有建树。在书画篆刻、京剧等领域兴趣浓厚,积累颇深。自少即"好涂抹",江标因告之曰"中国无画师久矣,汝其好自为之",意即若以绘画为志业,则恐成学谋食维艰。1912年,江小鹣赴日本国立东京美术学校,学习西方绘画五年。1917年回国,与刘海粟等发起成立美术协会天马会。1921年春,赴欧洲继续深造五年,其间留学法国较久,"历比、德、瑞、奥、俄,从诸名家游,默察今古巨制与夫东西通变之源","在欧习人物居多,不恒作风景"[③]。1926年归国后,曾任上海美术专门学校教务长、江苏省教育会美术研究会评议员。1928年,与王济远、张辰伯、朱屺瞻创办艺苑绘画研究所。1929年,教育部全国美术展览会成立,江小鹣与蔡元培、林风眠、徐悲鸿、刘海粟等人列名总务委员。曾在上海多次举办个人画展。又开设美术工艺厂,仿造古董。1938年上海"八一三"事变之后,携妻儿避居云南,后病逝于昆明。

江小鹣交游广泛。与吴湖帆、郑逸梅为同学。与政界(如谭延闿、龙云、哈同等)、文化界(如徐志摩、黄宾虹、刘海粟、张大千、郑逸梅、徐悲鸿、陈小蝶等)人士交往密切。江小鹣曾为孙中山、黄兴、蒋介石、谭延闿、哈同、龙云、陈嘉庚、陈三立、陈师曾、陈其美、邵洵美、李平书、朱祖谋等民国名人塑像,惜多毁于二十世纪五十年代初[④]。

---

① 《中国工人抗敌总会筹备委员会工作报告》,1938年,第27页。

② 《江标日记》(下),第556页。

③ 《江小鹣绘画展览目录自序》,《江标集》附录四《江小鹣事迹与作品选录》,第561页。

④ 刘礼宾《江小鹣——活跃于民国上层社会的早期雕塑家》,《雕塑》2008年第6期,第41—45页;《郑逸梅选集》第四卷、第六卷,黑龙江人民出版社,1991—2001年,第557—558、662—663页。

其美术主张强调扎实基础和文化内蕴，认为当前国内美术界"以派别主义相号召的，无非要省一点工夫来抄近路"，"上不能继承先民的遗产，中不能刻苦学习西方的精粹，下不能发展自己的体验"，亟须从中西传统中汲取菁华、重新创造①。其自身创作亦在西方经典基础上向中国传统审美复归，如油画即"均用淡雅之复色，不用深色，无假借之习；光阴方面，且将渐趋于淡薄，或竟不用阴影；画人物，或竟作平面之状，如东方之古意"②。其自画像有一幅名曰《黄金时代》，合雕刻与油画为一，技术上别开生面；画面是身著传统衣服，手执展开的卷轴，睛光明亮，卷轴上是工整篆书，显示出其父江标重视《说文》教育的影响。

江小鹣与其父一样有强烈的救国心，抗战期间曾助张聿光主持游艺大会募捐，救济东北难民，又曾参与保护家乡苏州甪直保圣寺的唐塑罗汉③。有一子，名江端。

江中，字揆楚，以字行。1927 年前后就职于上海江一平律师江万平会计师事务所④，1928 年，经谭延闿介绍，进入新成立的农矿部之矿政部工作。

江标长兄江衡（1852—1928）⑤，字霄纬，与标为光绪十四年（1888）同榜举人，二十年进士。少时就读于苏州紫阳书院，表现优异，有十余篇文章收入《紫阳书院课艺》。后与继母华氏共同承担家中生计，因此耽误不少光阴，登进士时已 43 岁。后来二弟江钧、三弟

---

①　江小鹣《对于十五年以后中国艺术界的希望》，《江标集》附录四，第572—573 页。

②　《与江小鹣论画》，《江标集》附录四，第 568—569 页。

③　《江标集》附录四，第 591、593 页。

④　《申报》1927 年 3 月 3 日第 1 版《江一平律师江万平会计师事务所迁移通告》。

⑤　江衡生年据《清代硃卷集成》，卒年据张炳翔《忍盦诗存·余生集》中戊辰年《挽江霄纬观察衡》（苏州图书馆藏稿本）。

江标先后过世,堂上膝下,内外杂务,一力承担。50 岁时,女儿又先嫁期而卒。可谓一生坎坷。曾任江南水师学堂汉文教习,登第后授官陕西城固县令。民国时曾任苏州府立中学监督、苏州府筹办谘议局议员、江苏两级师范学堂监督等职,最后受唐文治之邀,为交通部上海工业专门学校图书馆(今上海交通大学图书馆前身)整理图籍[①]。通算学,专门讲求几何计算的《算式集要》四卷即由英国傅兰雅口译,江衡笔述。自著有《勾股演代》、《中西算学丛抄六种》、《天算策学通纂》(又名《中西天文学算学问答》)、《溉斋算学》、《溉斋杂识》、《溉斋诗存》、《人道须知》等。

江衡之女江熹,字缃芬,亦擅算学,有《西楼遗稿》。俞樾曾作诗赞叹:"才命相兼自古难,此才留与后人看。千秋两卷《西楼集》,压倒前朝叶小鸾。"[②]

江衡之子江彤(1881—?),光绪三十二年赴日,三十四年六月进入日本长崎高等商科学校,商科举人[③]。

江聪、江小鹣、江彤均曾赴日留学,可谓继志江标,是近代中国人负笈海外寻求济世之道的典型缩影。

---

① 江衡《溉斋杂识》卷三《七十述怀语》,1925 年。

② 王蕴章《然脂余韵》卷三,上海商务印书馆,1925 年。

③ 《清末各省官自费留日学生姓名表》,《近代中国史料丛刊》第 2 辑,文海出版社,第 494 册。

结　语

　　江标一生志业可用考据和救世来概括。他生命短暂,但在这两方面都取得了较为突出的成绩。此种成功首先基于其天性禀赋,叶昌炽曾感慨"此子天分绝人,余所见蒯礼卿(按,即蒯光典)外,殆无其匹"①,汪鸣銮也说他"天才绝世,秀异过人,鸣銮自有知识以来,求之戚郏友朋中,吴通政外,殆罕其俦"②。又因为根植于苏州、京师浓厚的乾嘉朴学氛围和沪上丰富的西学资源,同辈友人叶瀚(1861—1936)曾言:"时苏省风会亦未开,士夫多讲求经、小学、词章、时艺等,惟地近上海互市场,又士夫亦多肄数理化学者。生得乘间托人缔交,得识江君标、乌程严君某,皆有意于经世学。"③最重要的是其本人从花间词赋向乾嘉朴学的坚定转向,以及中法战争、沙俄鲸吞土地、甲午战败等带来的现实刺激。在与师友的切磋琢磨中,江标博览群书,迹涉多方(如游幕湖北、山东、广东、台岛,远赴日本),思罩而笔勤,刻书亦颇多。尤可贵的是,其著述和施政都融入了学术和时代发展的主流。

　　在朴学著述方面,他继承了乾嘉考据学的学术格局和特点,重视小学、金石、目录版本等领域,如辑佚《仓颉篇》《声类》,撰《说文经字

　　①　叶昌炽《缘督庐日记》,光绪甲申九月三十日,江苏古籍出版社,2002年,第 2 册,第 983 页。

　　②　汪鸣銮《与江师邮书》,《江标集》附录一,第 476 页。

　　③　叶瀚《块余生自纪(上)》,《中国文化研究集刊》第 5 辑,复旦大学出版社,1987 年,第 478—479 页。

疏证》，编撰《黄丕烈年谱》，搜辑考释金石拓本，撰克鼎释文、唐墓志年表、唐墓志例，考证好太王碑，整理重要藏家目录的宋元校抄本目录等；同时又在乾嘉学术的延长线上进一步延伸，其《宋元本行格表》即属于对旧有书目的细分领域整理，也属于版本学独立的开端之一；其文字音韵训诂、目录版本、校勘辑佚等方面的系统实践，比叶德辉稍早，都在实际上显示出后来的文献学学科的轮廓。

在新学领域，其《咸同以来中俄交涉记》虽未得普遍重视和现实利用，但得到了沈曾植、李文田等当时西北史地学优秀学者的评点助力，而作为同文馆之外的自由译者，他本身已经是1900年以前少有的从事直接西译的人才。在新学眼光上，其《交涉记》之译力图补充咸丰至光绪初年中俄交涉记录之阙略，不仅是西北史地学著述的衔接，更将格局由传统地理考释扩展到了外文全书译述；后来为叶瀚的学堂阅卷时，在马裕藻（字幼渔）的《三国多游说之士论》答卷后批曰"可与谈《天演》"，而严复《天演论悬疏》是该年（光绪二十三年，1897）底才连载于天津《国闻汇编》，故"幼渔遍问人，人无知者，乃翻检《佩文韵府》，亦不得"①，这也足见其搜览和消化新知之迅速、识别和重视新知眼光之敏锐。其视学湖南时的考题《尊新》《尊专》《论公私》所涉，其实也是严复重点关注的议题。

在救世层面，中国官绅对日本教育作专门实地考察并在回国后真正改变国内教育，此种现象自甲午战败之后（特别是胶州湾事变之后）才大规模出现。如光绪二十四年（1898）张之洞派姚锡光等人赴日考察军校制度，广西巡抚黄槐森派出邹凌翰等，管学大臣孙家鼐派出李盛铎、李家驹等，游历者中后来多有出任文教官职进而推动新学

———————

①　《江标集》附录三，第497页。"天演"一词为严复独家译法，故江标应该是见到了严复译本，只是不知具体为报纸发表版本或是抄写流传本。同年底，孙宝瑄通过叶瀚也读到了严复译本，但并非报刊版本，参马勇《严译〈天演论〉与叶尔恺、吴汝纶》，《安徽史学》2019年第2期，第67页。

者,如李家驹、王同愈等人。而江标则远早于这些人,却又是被忽视①的得风气之先者。

在具体改革态度和路径上,他秉持考据学的求实、体系化、反对曲解和浮薄之风的立场,强调必先变学,再及其余。其变学的入手处是新旧途径双管齐下:旧体制内路径是科举的经古场,新的路径是正在兴起的报馆、学会。在路径落实的内容层面,其经古场新六科命题紧扣时事,贯彻尊新、尊专理念;报馆、学会之创则是以体制内响应朝廷新章的名义出现,因此名正言顺,阻力大减。他从改章后的岁科考试中选才,以新建的校经书院藏书楼、分三科研习的校经学会来育才,以分六门述学的《湘学新报》用才,形成良性循环,并充分利用个人交游网络筹资,打开学报销路,有效盘活了各类资源。不仅通过旧有的岁科考试普及新观念,更建立宣传阵地,持续传播新知,与上海《时务报》、澳门《知新报》等相呼应,产生了全国性的影响,也为后续的南学会、时务学堂等维新活动奠定了扎实基础。卸任学政之后,他加入联日英抗俄德的地方官绅救国路线,政治视野固然受到时代局限,但实施路径上始终强调普及新知,不陷于新旧意气之争、政治派系之争。

就著述和政治影响力而论,江标不属于晚清最优秀者之列,而大约属于王尔敏提出的"经世小儒"(包括王韬、郑观应、薛福成、文廷式、盛宣怀、刘光蕡等)②、戴海斌所言晚清时期"身份地位不大不小,而对于历史实际进程产生过重要影响中等人物"③之伦。其本人的

---

① 汪婉《清末中國對日教育視察の研究》附録一《清末中國對日視察者一覽表》(東京汲古書院,1998 年)、熊达云《近代中国官民の日本視察》附录二《清末民初における中国官民日本視察者のリスト》(东京成文堂,1998 年)等书的相关统计与论述中均未将江标旅日的记录纳入。

② 王尔敏《近代经世小儒》,广西师范大学出版社,2008 年。

③ 戴海斌《陶森甲:近代中日关系史上的"双面人"》,《史林》2012 年第 3 期,第 127 页。

成长经历和学术进路是乾嘉考据与近代新学新政相融合的典型案例。虽然在精深程度和理论自觉上不及略晚的王国维、梁启超等人，但跳出个人成就层面，此案例一方面体现了江南和京师的朴学和新知扩展到内陆省份湖南的历程，另一方面也深度串联起了陈宝箴、李文田、汪鸣銮、叶昌炽、赵元益、王先谦、李盛铎、汪康年、唐才常、谭延闿、蔡锷等近代史上的重要人物，展现出一张多维网络，这一网络在相关学术和政治生态上前承传统的幕府、翰苑、书院一系，后启报馆、学堂、大学、海外学校一脉，在魏源、罗振玉、王国维、康有为、梁启超等学界最瞩目的人群之外，为我们提供了另一个窥觇晚清学术和政治脉络的重要视角。而在对此案例的探索中，日记、信札等材料为我们观察其复杂肌理提供了最重要的支撑。

后　记

　　笔者初次接触江标这一历史人物，是缘于替友人查阅相关金石文献，当时正值硕士学位论文选题，遂以江标生平、著述及刻书作为论文的研究对象。博士阶段则将研究范围扩大到整个清代学政群体的书籍编刻活动。参加工作后，承蒙陕西师范大学优秀学术著作出版基金资助和凤凰出版社应允，得以将博士阶段整理出的《江标集》付梓。其间承徐雁平老师之邀，整理出版《江标日记》。本书同样是蒙徐老师邀请，收录于北大中文系张剑老师主持的"中国近代日记文献叙录、整理与研究"项目的系列丛书中。

　　首先要对南京大学文学院徐雁平老师表示郑重感谢。我在硕士论文写作时曾给徐老师写邮件请教过一则江标材料的出处问题，徐老师热情回复。这也是后来徐老师邀我整理出版《江标日记》和研究专著的因缘起始。没有徐老师的推动，我关于江标的三本书不会集中且顺利地面世。其次要感谢曾经向我提供各类江标史料和论著以及指出《江标日记》和《江标集》舛误的各位师友，包括北京古籍出版社熊立章编辑，江标后人陆建初先生，中国社科院孔祥吉教授、马忠文教授，浙江大学白谦慎教授，慈济大学八百谷晃义教授，首都师范大学桂栗教授，北京师范大学董婧宸教授，人民文学出版社董岑仕编辑，苏州博物馆李军教授，杭州孙田女士，名古屋大学土屋洋教授等。最后要感谢恩师漆永祥教授拨冗赐序。

　　潘祖荫收集黄丕烈题跋时曾说，"先生有知，当佑我得秘本"，江标借用潘氏此语，在《黄丕烈年谱》撰成后作诗曰："今若先生知许可，合教异本尽来归。"笔者在作江标著述搜集和研究时，也有类似的希求。虽然还有一些藏地的史料暂时无缘得见,但本书主体内容不太受影响。同时,撰述本书的过程也让我对清代中后期考据学流变历程、乾嘉学术对近代学术面貌显隐各异的塑造有了更多角度和细节的观察,也令我深刻感受到民族危亡之际传统士人在学术上、仕履上的困境及其锲而不舍的前行力量,这已经足以令人感动和受益终身。

本书力图通过还原江标的学术成长和致用历程,管窥其所处时代的部分风尚及其与乾嘉学术间的流衍关系、对时局变动的反应、对域外新知的容受,但涉及领域庞杂,限于学力,阙谬浮浅之处尚多,敬祈读者见谅与指正。

黄政书于华中师范大学历史文献学研究所

2023 年 3 月 6 日